革命とサブカル

「あの時代」と「いま」をつなぐ議論の旅

安彦良和
yasuhiko yoshikazu

言視舎

はじめに

現代という時代は、いったいどういう時代なのだろう。そういうことを考え中の人は、ずいぶん多いと思われるが、僕もその一人だ。

現代は生きにくい時代だ、と云われる。

閉塞した時代だ、と云われる。

少子化で未来がない時代だとも云われる。

内向きの時代だとか、排他的な時代だとも云われる。

格差社会とも云われる。

大衆迎合主義（ポピュリズム）の時代だとも、ファシズムが台頭する前夜のような時代だ、とも云われる。

だがどうだろう。

生きにくい、といっても現在日本に絶対的な生活困窮者は少ない。貧しさ故に餓死するような人がいれば「今どき可哀想に」と、それはニュースになる。物不足もなく、コンビニは生活用品をあまねく揃えて終日店を開け、巨大なショッピングモールは家族連れで賑わい、子供は、希望すればほぼ全員が大学まで進むことが出来、（少なくとも現在日本では）徴兵制はなく、街頭でいきなり拉致されてタコ部屋に放り込まれることもなく、今のところは就職率もよく、失業率もそう高くはなくて、日銀と政府が必死になってインフレ誘導をしているのに物価も安定している。

少子化は困ったことだが、女性に「子供を産んでくれ」と言えば、差別だセクハラだと当の女性たちから猛反撃を喰らう。つまり、かつては差別に呻吟していた女性たちも現代では相当に自由で、発言力や権力を有し、ごく自然に居酒屋で女子会をするまでになり、愛人や不倫の唄がお茶の間で流れていた昭和演歌の時代は遠くなった。

もちろん、日本は比較的静穏でも世界では動乱や飢餓や貧困が絶えていない。かつてのローマ時代の末期を想わせるような巨大な民族の大移動もある。しかし、それでも現代は過去の時代と比べて、とび抜けて残酷な時代ではない。

暗黒の中世や、息苦しい封建時代や戦国乱世を、ひきあいに出すまでもない。

たかだか百年前、世界は巨大な戦争の惨禍の中にあった。ロシアでは革命の混乱があり、スペイン風邪が猛威を振るって世界中で何千万という人が死んだ。

二〇世紀にはさらにもう一度の大戦があり、ホロコーストがあり、核戦争による人類の全滅的被害が明日にでも来るのではないかという不安から、人々が逃れられない日々があった。

人々は、我々の父母はそういう時代を生き抜いてきた。生き抜いてきながら「ひどい時代を生きてきた」という愚痴をさほどに語ってはいなかった。貧しかった開拓時代の苦労や悲惨だった戦争体験を当然語ることはあっても、「生きにくい時代を人生にあてがわれて割をくった」というような愚痴話のトーンとは、それはちょっと違った。

時々思うことがある。

現代という時代の当事者達は、(それは筆者のような既に高齢期に達したものや、働き盛りの中年の人々や少年少女までを含めていうのだが)若干甘ったれているのではないか、と。現代という時代の位置づけをしっかりとすることもなく、ただなんとなく「嫌な時代だ」と鬱な気分になっているのではないか。末世的な危機がやってくると、のべつふれ回る狼少年になっているのではないか。

こんな言い方が、真剣に時代を見つめ、重い警句を世間に発している人に対して失礼に当たることとは、充分承知している。だからそれは、なんとなく現代に不満を抱き、現代に生きていることに文句があると常々思って、それを自身の怠りの言い訳にしているような人に対して言っているのだと、考えて貰っていい。そして、そういった種類の人が歴史的に見てもかなり多いのが、現代という時代なのではないかと、率直に言って僕は思っている。

現代という時代はどういう時代か。

様々なとらえ方はあるだろうが、僕にとってはこの時代の決定的な呼び名はひとつしかない。それは『社会主義が終わった時代』だということだ。もっと限定的に『マルクス・レーニン主義が終わった時代』と言ってもいいのだが、それでは意味合いがあんまり狭くなる。レーニンが現れ、ボルシェビズムが猛威を振るいだすより以前の、社会主義的な正義の重圧が人々の心にのしかかった状態を包括することが出来ない。

では「社会主義」とは何か。それが「終わった」とはどういうことか。それについて語らなければならないのだが、それはこの「まえがき」には過分な内容になる。だからその分は後述に回したいのだが、この「終わったということ」に関しては僕に確信がある。問題はそれが、いったいいつ「終わった」のかということだ。

社会主義体制は一九八九年に崩壊した。が、同年の「ベルリンの壁崩壊」がその象徴だという云われ方には、僕は強い違和感を覚える。以前、別の本に書いた文章で僕は「ポーランドの選挙で『連帯』が勝利し、その結果に干渉しないとクレムリン（ゴルバチョフ）が表明した時」がそれだ、とした。それは同年の六月、世界の耳目が天安門事件の高まりにひきつけられている時、その後景でひっそり報じられていた事態なのだが、僕は何も先見の明を誇りたいのではない。むしろ言いたいのは、そのワルシャワの政変よりもずっと前に、世界でも、日本でも「社会主義の時代」は終わっていて、それを、僕を含めた当時の若者達が「うすうす」以上にかなりはっきりと感じ取っていたということだ。

そう感じた若者達が政治的な場から去っていく様子を、世間は「政治の時代の終わり」と表現した。長い反抗的な髪を切り、ジーンズを脱いでリクルートスーツを着る様は「もう若くないサ…」とフォークソングの歌詞にも唄われた。しかし、それは若者に特有な通過儀礼のように見なされていた。「麻疹が癒えて大人になる」ように、若者たちは社会参加していくのだととらえられ、事実、そう思ってネクタイを締めた同世代人も多かったことだろう。

が、この時代に若者たちがかかった麻疹は、それ以前のものとはウイルス株が違ったものだった。だから、彼らに続いて麻疹にかかるはずのより若い世代は、その流行にとらわれなかった。「政治の季節」は、これ以降はもう巡っては来なかったのだ。

代わってやって来たのが「サブカルチャーの時代」だった。

かつての若者たちが反抗期で身にまとった「カウンターカルチャー」とは、それは明らかに別のものだった。反抗期でもなく、とがっている必要もなく、それはただ「面白ければ」よかった。

もちろん、この「面白さ」には相当の幅があった。インタレスティングでもマーベラスでもよく、洒落でも抒情でもよかった。今風に言えばともかく「イケてない」ものは駄目で、その〝駄目〟の筆頭が「政治」だった。

この「政治」的事件が、しかし一刻日本中の耳目を文字通り集めた。一九七二年の『あさま山荘事件』だ。視聴率八〇パーセント越えとさえ云われたそのクライマックスのテレビ中継は、言ってみれば政治の残り火の中に隠れていた三尺玉の大花火の突然の爆発のようなものだった。後には本当の暗闇が来た。そして、その暗闇の中で事件の前段が明らかになった。それが『連合赤軍リンチ殺人事件』だった。

連合赤軍事件には旧知の二名が連座していた。青砥幹夫氏と植垣康博氏だった。

弘前という地方都市に在った大学での、「闘争」などと呼ぶこともはばかられるような小さな闘争の、二人は活発なリーダー格だった。少人数の活動家仲間とはいえ、二人とは学年も学部も違い親しいというほどの間柄ではなかったが、両氏の連赤事件での逮捕は衝撃的だった。花火の爆発の閃光とそのあとの暗黒は、僕の中で余計に消し難いものになった。

数年前、病死した同学年の活動家氏を追悼して、有志が文集を出すということになった。その時、「追悼」というかたちに僕は違和感を持った。追悼、というだけで良いのかという、坐りの悪い思いだった。

追悼、では、あの時代の巨きな意味が流されてしまう。人生を終えていく者に、余計なざわめきは要らないという気持ちが、当然送る側の身には宿るからだ。しかし、それではあの時代の意味は聞こえない。

『諸兄』へという、所収の文章を僕が書いたのはそういう事情からだった。そしてそれをきっかけに、僕は「あの時代」を問う仲間たちへの「訊き書き」を始めた。

仕事の合間を縫っての訊き書きは、断続的で舌足らずだった。本人の了承を得てとはいうものの、テープ起こしすらしないメモからの復元と脳内編集では内容の正確さも覚束なく、貴重な部分の聞き漏らしもあってそれを厳しく指摘されたこともあった。

さらに内容を補い本にしたい、というのは当初からの希望だった。貧しいものであれ、そうすれば仲間内の文集よりは一歩でも外に向かって前に出た、「あの時代」の証言の一つになるのではないかという思いからだった。

思いの一部は既に形になった。青森県全域を販売エリアに持つ地方紙『東奥日報』斉藤光政記者の厚意で、氏の時代解説と僕の過去語りは紙上で長期連載され、僕の加筆を経てそれは書籍化された（『原点』岩波書店刊・二〇一七）。

しかし「訊き書き」はその本には入れなかった。なによりも「訊き書き」そのものが中断している不満足なもので、自伝的な色あいの濃い『原点』では時代への考察も掘りの浅いものになることが見えていたからだ。

この本には、だから当初の目論見をできるだけ込めてみたいと思う。「あの時代」がどういう時代で現代がどうかということを、僕がはからずもくぐり抜けてきた「サブカルの時代」を経由するかたちで考えてみようと思う。

革命とサブカル――目次

第二部　論考

第一部

対話

諸兄へ

安彦良和

今年、二〇一四年の夏も過ぎた。

夏は戦争の語られる季節である。今年の短い夏も例外ではなかった。年老いた戦中派たちは、まるで往く夏を惜しむように彼らの戦争体験を語り、彼らの生きた時代を語り、語り部としての一夏を終ろうとしている。

もちろん、戦中派は夏にのみ昔日を語っているわけではない。それがあたかも夏の風物詩であるかのようなのはメディアがそう仕立てあげるからだ。が、そうであるにせよ、彼等世代の声を聴く季節はやはり夏がふさわしい。例えば、この文を書いている今日、九月十五日の新聞は李香蘭の死を告げている。老いた語り部達の年齢層に見合う九十四歳という歳で、彼女は夏に死んだ。感慨を覚えざるを得ない。

いったい、戦中派達はいつごろから時代体験を語りだしたのだろう。

戦中派、といえば我々の父・母の世代である。当然、我々とは濃い接触があったし、父母ならずとも、子供時分から我々の周りには、戦争期をくぐってきた大人達が多勢いた。しかし、我々は果して彼らから大量の体験情報が発せられるのを聞いてきただろうか。

そうだった、とは言えない。圧倒的な数の体験者たちと、過去のどのような時代をも圧倒する、まさに、世界と国家との存亡を左右するような過酷な時代情況を考えるならば、彼等世代の子供であった我々が見聞きしてきた情報は信じがたいほどに少量だったと言い得るのではないか。

間違いなく、我々の父母は、戦中派は寡黙だったのだ。その寡黙な殻を破って、もはや少数になって老いた体験者たちが多弁になっている。老いてやっと今、語り部の任をかって出ようとしている。僕にはそう思える。

時を経て、歴史や体験が「風化する」とされる俗言を僕は好まない。むしろ、一定以上の時を経てこそ体験は発酵し、酒や、味噌・醤油のようにして「歴史」になるのではないか。そう思っている。

近い例を引く。

三年前の災害は記憶に新しいが、新しいなりに早くも「風化」が懸念されている。確かに記憶の鮮度は相当に落ちたが、それは「風化」とは違うものだ。外傷の痛みが失せて傷口にかさぶたが出来るようなもので、それは人間の持つ、謂わば自衛本能の一種の顕れではないのか。

逆に、

話題の『吉田調書』の一端などから、大津波の惹き起したあの原発事故が、実は「東日本の壊滅」をも招きかねない規模のものであったことを、今、我々は知り得ている。知り得て、あらためて体験の重大さにおののくのである。「歴史」とは、そのようにして生き残り、選択され、重みを増した事々の堆積物を言うのではないか。

再び、体験者や当事者達が間もなく消え行こうとしている「戦争」に話を戻す。

我々世代はかつて『戦争を知らない子供達』と呼ばれ、そう自称もした。が、そのことにひけ目を感じてはいなかった。我々の生まれる直前に終結し、従って我々が直接には知らない「戦争」は父母の世代や、それよりさらに以前の祖父母の世代が犯した間違いの産物であり、それにかかわりを持たない自分達は父母や、祖父母たちよりも純な優越性をすら持っている――そう思っていたのではないか。

「戦争を知らない子供達サ」という無邪気な自称と開き直りには、そういう自惚れがこめられていた。そういう「子供達」の一人であった僕自身にも、はっきりそういう自惚れがあった。父母とは違う、祖父母のように蒙昧でもない。そういう、今にして思えば思いあがった確信のもとに、僕は思春期を終えて「社会的に生きる」青春期を選んだ。諸兄も多くそのようであったのではないか。

なんのことはない。戦後、わずか二十数年という経年では戦後史は熟成し得る筈もなかったのだ。

それだけの話だ。

父母は依然として口をつぐむか、余りにも巨きかった体験の重さに呆然としており、戦後という時代の層は、いまだ時代と呼べる厚みを獲得していなかった。しかし、我々は戦争以前という忌まわしい過去と幸いにも切れている自分たちの時代をいかにも過信していた。『戦後民主主義』という旧左翼的にリベラルな物言いに生理的な違和感は覚えつつも、やはり自分達には旧い世代を凌駕し得る能力があると思い込んでいた、のではないか。

そういう思い込みの是非を問おうとは思わない。元来若気とは思いあがりと表裏一体だし、青臭さを気にし過ぎているような若者は若者ですらないからだ。

だが、当時そういう若者であった我々も、それから四十数年を生きた。薄かった戦後史にも厚みが加わり、ようやくそれは歴史と呼びうる質量に達し、熟成に似た経年変化を示しつつあるように思える。

我々もまた、語るべきことを語り始めるべきではないのか。いや、それよりも以前に、語るべきなにものを我々が持っているか、そのことについて考え、来し方をふり返ってみる時が来ているのではないか。そう思って僕は数年前からある提案をし、今こうして、甚だ遅きに失したような文章を書いている。


思えば、我々の世代も寡黙だった。

我々に名づけられた様々な世代名の中から『全共闘世代』というひとつを取り出して今後自称するなら、それに対応し、先行した「六〇年安保世代」に比しても、我々はほとんど何らの発言もせずにここまで来たと言っていい。この沈黙は何を意味するのか。

もちろん、無邪気な若者を相手に「オジサンも昔は…」などと他愛のない与太話をする必要はない。そういう「告白」を好み、既に散々口を汚してきたような人たちは、もともとこれを書いている相手として念頭にない。

僕なりの結論を言ってしまうなら、『全共闘世代』の沈黙を、僕は概ね肯定的に考えている。それは、我々の体験の空疎さではなく、むしろ、重さ、巨きさの証しだと考えている。

もちろん、先に述べた父母の世代、『戦中派世代』の体験の実体的な重さには、それは比すべくもない。実体的、ということでいえば、戦中派に続く所謂『焼け跡・闇市派』の体験の重さにも、それは遠く及ばないだろう。何しろ我々は空腹を記憶していない。空襲の恐怖も、死と隣り合わせの引き揚げ体験もない。それらの痛切な体験を持たぬことを、『戦争を知らない』という居直りで以て「引け目なし」と清算したのが、先に言ったように我々世代のアイデンティティそのものであるからだ。

父母や小父、小母の世代を『戦中派』として区別し、兄や姉達の世代を『六〇年安保世代』として「もう古いのだ」と切って捨てた我々は、では何を見、何を希み、何を目指して生きていこうとしていたのか。そして、そういう志向がその後、どういう事情でどうなったのか。僕は僕自身の人生の中で、切れ切れにではあれそれを僕なりに考えてきた。僕が今これを書きつつ念頭に置いている諸兄も、それは同様であると思う。

諸兄と僕の人生は弘前での四年間でのみ交わる。六十余年の人生のうちでの、わずか四年間、である。しかし、僕はそれを短い、限定されたものとは思わない。すでに我々の世代の呼び名を『全共闘世代』として選びとった時点で、僕は同世代のイメージの核に、数十人の弘前の群像を据えてしまっている。「諸兄」とは、その中の、僕ごときの提案に対して聞く耳を持ってくれる人を指している。

更に私的な結論を云う。

諸兄と僕の人生が交わった弘前での四年間と、それに前後する「あの時代」は巨大な時代だった。弘前には無論空襲もなく、飢餓もなく、殺し合いも激しい争いもなかったが、世界には戦争があり、「革命」があり、史上空前といっていい全世界的な若者運動があった。そうした大きなうねりとの一体感こそが、言ってしまえば『六〇年安保闘争』との根本的な違いとして無条件に我々が是認した要素だった。しかし、巨大な時代の、巨大なうねりの中に位置づけたにしては、我々の運動と呼べるものはなんと小さなものだったことか。個別『弘大闘争』なるもののみをイメージして言っているのではない。我々をも翻弄した東大闘争や全国全共闘運動、ベトナム反戦運動や成田・三沢闘争の反基地闘争、青砥・植垣氏をはじめとする数名を巻き込んだ『連合赤軍事件』等々、あの時代の、諸々の運動や事件のすべてを統合したとしても、その全部は「巨大な時代」の中にあってはごく小さな事象でしかなかった。

はたして「巨大な時代」は、当時すでに予感することが可能だった大変化を二十数年後に全世界にもたらす。言うまでもない。社会主義側の完全敗北による冷戦終結、である。


過ぎた二十世紀で最大の事件は何だったかと問われれば、僕は『ロシア革命』だったと答える。それでは二番目の事件は?と問われれば『ソ連邦の崩壊』と答える。

先の『革命』の方は見聞できなかったが、のちの大事件『崩壊』の様は世界中にテレビ配信され、僕もそれを連日お茶の間のテレビで観た。

意外、ではなかった。『ベルリンの壁崩壊』でさえ予想外ではなかった。「巨きな時代」の中での「小さな闘争」を通じて、既に一つの時代の終わりは予想出来ていたからだ。出来ていなかったのは事態を受け入れる心の準備だけで、その準備も、弘前を出て上京した当時の空っぽの寂寞感を思えばなんということもなかった。


私見に走りすぎたかもしれない。が、僕は諸兄の反論や異論を期待しつつ敢えて結論めいた発言をしている。要するに、諸兄を挑発している。

寡黙であった諸兄に発語を促したいからだ。現役世代から徐々に降りつつあるとはいえまだまだ若い我々が「老いた語り部」を気取る必要はない。が、しかし、「語り」は一朝一夕でなるものでもない。二十年後、三十年後の検証や取捨選択のためにも、今、この時点での語りは、多種多様、かつ広範であったほうがいい。

人は皆一回きりの人生を生きるしかない。しかも、その生きる時期や場所を、誰も、長い歴史や広い世界の中から好きに選び取ることはできない。ならばその一回きりの人生の後処理をおろそかにしてはなるまい。ふり返り、位置づけ、時代とともに検証してみてはどうか。

僭越を承知で、敢えて諸兄に問うものである。

〈2014・9・15〉

青砥幹夫氏との対話
（元弘大全共闘／連合赤軍）

【第1回】

弘前から赤軍派へ——「戻れない」という感覚

青砥幹夫

一九四九年福島県生まれ。六七年、弘前大学医学部に入学。元赤軍派。その後連合赤軍に参加。足かけ23年の獄中生活を送る。

特別参加　中澤紀雄

一九六八年、弘前大学入学。元中核派。

青砥君は
全共闘(準)のモテ男
いろいろあって…
今はダンディな
シルバー親父
シブイよ．

医学部のノンポリ学生はどのようにして全共闘運動に関わるようになったのか。そして赤軍派の武装闘争を経て、連合赤軍へ——。内在的モチーフを問う。

●安彦　医者になろうとは思ってなかったって言ってたよね。静岡で（102頁）。

●青砥　ええ。むしろ生物学。研究のほうをやりたかった。

●安彦　それが何で医学部を受験することに？

●青砥　三年の時にね、ケガしたんですよ。

●安彦　どういうケガ？

●青砥　足折っちゃって。体育の授業で、サッカーやってて。それで入院して、その時担当の医者がね、生命科学も面白いぞ、と。医学部へ行って生命科学を研究してもいいじゃないかっていわれて、それもいいかな、と。

●安彦　政治意識のほうはどうだったの？

●青砥　それはもう、全然。

●安彦　ノンポリ？

●青砥　まったく。ただ、ね。父親が満州で応召してるんですよ。それで終戦になって、その時に嫁さんと子ども三人、全部死なせてるんです、朝鮮でね。お腹に赤ん坊がいたっていうから子ども四人、ですね。その話を泣きながらして、高校卒業の時に。

●安彦　ふううん……。その話はその時に初めて？

●青砥　いや、知ってましたよ。親爺が再婚で、前の嫁さんと子どもは死んだんだってことくらいは。でも、どんなふうにして、とか、そういうことは。子どもだから。

●安彦　それで、死んだのは？

●青砥　餓死、ですよ。可哀相なことをしたってね、泣くんですよ。そういう話なんか聞いてたから、なんかこう、理不尽なことは許せない、みたいな気持ちはありましたね。社会的な不正義とか、ね。

●安彦　なるほど。で、お父さんは戦後再婚して。兄弟は？

●青砥　男三人。で、長男。

▼民青批判から

●安彦　弘前の話になるけど、政治活動のきっかけは？

●青砥　大学の寮に入るんですよ。寮には問題がいっぱいあってね、学生も貧乏な奴がいて。

●中澤　いたね、貧乏なの、いっぱい。

●青砥　俺もそうだったし。奨学金とバイトで、親に負担なんかかけないでやってましたよ。そういうところにもね、問題が見えるわけですよ。それに加えて管理規約とか炊婦さんのこととか。で、寮役員になって、いろいろやってると民青（日本民主青年同盟、ほぼ日本共産党の青年組織とみられている）から「入らないか」と。
●安彦　それで、例の代議員総会（各クラス代議員による教養部自治会の総会）の話になるんだけど、あなたの全学デビュー（笑）。
●中澤　確かにね、（全共闘派は）中段に固まっていたんだよ。それで及川や半沢、白川が発言して情勢分析や、「六全協」がどうとか。面白いなァと思っていたら前の、左のほうで（青砥が）立って民青批判を始めた。
●青砥　批判、というか。
●安彦　どういうところに違和感を感じたわけ？　民青の。
●青砥　それはやっぱり、マヌーバー（政治的な見せ掛け）って問題もあるけど、ノンポリ装うでしょ、彼らは。選挙とかに出ても。そういうのが嫌でしたね。
●中澤　仕方ないって気もするけど（笑）。
●青砥　それで（民青内部での）査問ですよ。「無政府主義だ」とか言われて。
●安彦　そこで出るんだ、無政府主義。
●青砥　黒っぽかった（アナーキスト的、ノンセクト的）んですかね、やっぱり（笑）。
●中澤　それで、火事事件（火事を口実に、私服の公安刑事が学内に侵入、それを学生が摘発。その対応をめぐり民青系と反民青系の学生がもめる）でしょ？
●青砥　あれ、大きかったですよ。私服とか入ってましたからね、相当。で、「帰すな」って強硬だった滝浦氏（弘大全共闘の初期からのメンバー、後年、氏の追悼集をつくることになる）たちをトロツキスト呼ばわりした。

●安彦　トロツキストってどういう意味か、もうその頃は。

●青砥　知ってましたよ、勉強しましたから。あの時はね、民青、真剣でしたよ。動員かけましたから、本気で。

●安彦　当時は教養で、寮で、っていってもやはり医学部はちょっと別だったよね。その中で（活動するのが）早かったのは、森でしょ？

●青砥　森でしたね。それから西村、野田、弓野……。弓野はね、最初は黒（ノンセクト）だって言ってた。それが何で安田講堂（東大安田講堂の攻防戦）に入っちゃったのかね。

●中澤　結局弘前で第四インター（第四インター日本支部）をまとめたのは彼だから。俺は中核派（革命的共産主義者同盟全国委員会［中核派］）の組織づくりをやったんだけど、第四インターは弓野氏。

●安彦　中村、じゃないんだ。

●中澤　中村氏は労働戦線に移った。弓野氏は医学部で長いから、74年くらいまでインターの責任者だよ。

●安彦　党派の話だね。で、あなたはいつからブント（共産主義者同盟）？

●青砥　「東大（安田講堂）」以降ですよ。六九年の三月か四月ごろから。「医学部の自治会とろう！」なんて話になってきてね。党派をいろいろ比較研究して……。最初は「黒っぽかったから」

（笑）「プロ軍」いいかな、なんて思ったけど、あいつらゲバがメチャクチャで、「やめよう」って（笑）。

●安彦　（ゲバを）どこでみたの？

●青砥　それはね、まだ前ですよ。六八年の十二月八日。東大でね、民青とゲバをやった。教育学部を攻めたんですよ。そしたら屋上から石投げられてケガして。

●安彦　その頃そんなことやってたんだ。

●青砥　太田竜（日本トロツキスト連盟をつくった当時著名だった運動家）のアパートに逃げ込んで。

●中澤　個別にはいろいろ行ってるのよ。その頃って、連日のように「東大闘争支援」ってやっていた。だから弘前からもけっこう行ってる。新柵氏も革マル派で11・22の集会に行ってるし、半沢とかもね。

●安彦　太田竜はその頃、どうだったの？

●青砥　共感しなかった。

●安彦　逃げ込んだっていうのは、あなたと……。

●青砥　四、五人。

●安彦　ケガっていうのはどの程度の？

●青砥　ふくらはぎがこおんなに腫れちゃって。屋上からの石だから。通院してましたよ、その後、けっこう。

●安彦　それから六九年の1・18、19（安田講堂の攻防戦）。
●青砥　あれは大きかったですよ。インパクトが。
●安彦　あの時はどうしてたの？
●青砥　テレビで見てました。足がまだ悪くて。
●中澤　俺は本郷三丁目の路上。
●安彦　そうか、あんた本郷にいたのか。
●中澤　東大には行けないから、阻止されてて。それで神田カルチェラタン（闘争）……。だから弘前に帰るのが遅くなってしまって、「中澤も安田講堂に入ってるんじゃないか」って言われてた。
●安彦　あれはねえ……。どうしてだったか、かなり早い時期にわかったんだよね、中に入っちゃった奴が。あの時俺は『こんみゅん』（弘大全共闘の機関誌的刊行物）で一人残って、あの日は家庭教師に行ってて、その行った先の家で「テレビ見せてくれ」って、それで家の人と一緒にニュース見た。「どうしたの？」って訊かれて「友達が中に入ってるかもしれない……」。
●中澤　嵯峨さんかな。あと近藤さんたちが情報早かったんだよ。

▼「赤軍派」に行こうとバリケードのなかで決めた

●安彦　それで、あなたはブントに行くわけだけど、その辺のいきさつを。
●青砥　まず、医学連（医学部学生自治会連合：伝統的にブントの影響力が強かった）がブント（赤いへルメットを被っていた）だってことがあったんですよ。ブントに結集している。だから「ブント」だなと。

●安彦　俺のイメージの中で青砥っていえば赤ヘル。それで髪ふり乱してなんだか全然わからんアジ演説……。あれは「69年の青砥」なわけだね。

●青砥　ただ、ね。ブントは分裂するわけですよ、六九年の七月六日に。この時に赤軍派ができるわけですけど、分裂した理由がわからない。それで梅内恒夫（福島医大の赤軍派活動家）と東京へ行くんですよ。「様子見に行こう」って。

●中澤　明大だろ。駿河台校舎。

●青砥　そう。そこで集会傍聴したんですよ。そしたら「叛旗派」（赤軍派と対立していたブント内のセクト）の連中、これがまあ実に弁が立つ。

ペラペラペラペラ。あんまり調子がいいから逆に「こいつらはダメだ」と（笑）。あと「中間派」ってのはウロウロソワソワ。これもダメだ、と。で、結局わからなくてそれぞれ帰ったんですよ。福島と弘前に。それから梅内のほうから言ってくるんです。「福島医大のブントは赤軍に行く」って。

●安彦　静岡で聞いた話だね。

●青砥　そう。だから本部封鎖のバリの中で決めたようなもんですよ。「俺も赤軍派に行こう」って。

●安彦　そこへ梅内が来るわけでしょ、「弘前でオルグしてもいいか」って。早いんだよね。やけに。それで、その梅内と、よりによって俺と角谷なんてノンポリが喫茶店で話したりするわけなんだけど。ただね、「前段階武装蜂起」ってフレーズはもう俺は聞いていたわけ。たしか一般のニュースにも載ってたんじゃないか。で、それをナマで初めて聞いた時の気持ちはね、「ああ、それじゃあ全部ナシになるナァ」って感じだった。

●青砥　全部ナシ？

●安彦　だってさ、いろいろ言ってきたわけでしょ、それまでは。それこそ民青の基調報告にしたって「アメリカ帝国主義は」とか「国際情勢は」に始まって革命情勢にあるかないかっていうようなことあれこれ。そういうことが全部要らなくなっちゃう。「そこまで行っちゃうのか」って感じ。だから目の前で梅内がそれを口にするのを見て暗い気持ちになったし、角谷は「あいつ、頭おかしい」と。

●青砥　あの、ですね。「前段階的武装蜂起」っていうのは第三段階で、その前があるんですよ。「大阪戦争」「東京戦争」（69年の交番襲撃ゲリラ）、それから「前段階的武装蜂起」。だから、前の二段がうまくいったら三段目もいける、と。その頃にね、中澤と、これは半分笑い話ですけど、「うまくいくようだったら、お前、赤軍派に来い」と（笑）。

●中澤　そうそう。

●青砥　うまくいきそうもなかったら俺は中核に行くから、と（笑）。

●安彦　心は揺れてたんだ。

●青砥　そりゃあ揺れてますよ。ただ根底にはブントの「過渡期世界論（世界は資本主義から社会主義への必然的な移行の過渡期にある、という認識）」ってのがあったんです。それに立ったところの「攻勢的階級闘争の時代（従って、階級闘争は受動的に行なうのではなく、攻勢に出るべきだ。キューバ、ベトナム、世界的な学生運動の高揚などがそれを体現している）」っていう現状認識。

▼「武装」のイメージ

●安彦　もうひとつ、「武装」とは何かってこと、そこはどうだったの？
●青砥　それはね、正直、イメージ湧かなかったです。
●安彦　湧かなかった？
●青砥　そう、「大阪戦争」とか「東京戦争」は「防衛庁突入闘争」（六八年10・21）の延長でイメージできたんですよ。だから選択に躊躇しなかった。ゲバ棒や丸太でも官邸占拠はできる、自衛隊の治安出動に持っていける。でも、その先の「武装」って何か……。
●安彦　爆弾ではなく、銃？　ところで爆弾は造ったの？
●青砥　造ったんですよ、実際、爆弾は梅内の指導で。西村が……。
●安彦　それ、言っていいの？
●青砥　いいんですよ、もう。半沢の部屋や、あとで俺のアパートでも。それから青森に借りたアジトでも。

●安彦　ふううん……。

●青砥　あ、梅内はね、「爆弾の梅内」なんて言われてますけど、別に爆弾の専門家じゃなかったと思う。当時の彼の役目は爆弾を造らせること。その後、本当に専門家になった。

●安彦　梅内のこと、訊いていい？　彼は結局どうなったの？

●青砥　七一年の一月にね、彼は赤軍の中央委員会に出て解党提案っていうのをしてるんです。これは否決されて、それで彼は離脱してます。それから六月まで、僕は個人的にコンタクトをとってましたけどそこまでです。死んだっていう傍証はいくつかあるみたいです。

●安彦　じゃあ話を戻そう。例の「大菩薩峠」（赤軍派の五十三名、軍事訓練中に一網打尽にされる）ね。あれはいつだっけ？

●青砥　六九年の十一月。

●安彦　あれで塩見孝也（赤軍派議長）が逮捕されて……。

●青砥　（そのとき）塩見は逮捕されてませんよ。

●安彦　あれ、そうだっけ。

●中澤　破防法でしょ、塩見は。

●青砥　そう。七〇年の二月。

●安彦　そうか。で、武装蜂起路線は……。

●青砥　やるか、やらないか、って論議になりましたね。僕はその論議にかんではいないけど、結局、外国での武闘訓練、ハイジャックというのが田宮（高麿、「よど号」グループのリーダー）の主導でやられることになった。

そこで力を蓄えてから武装蜂起へと。

▼「お前はもう弘前の人間じゃないんだ」

●安彦　話を、あなたのことにさらに戻そう。六九年の秋、弘大の封鎖解除以降のことになるんだけど。解除の時、その直前まで、あなたは本部にいたんだよね。
●青砥　いました。
●安彦　それから……。
●青砥　九月の終わり頃東京に行ったんです。赤軍派の最初の政治集会。滝野川集会というのがあって。梅内とそれに出て、それから重信に連れられて……。
●安彦　重信房子（その後日本赤軍としてアラブで活動、二〇〇一年帰国し逮捕）？
●青砥　そう。連れられて中央組織委員会って所に行って。ちなみに、中央軍事委員会ってのもあって、そのトップが塩見だったんですけど。そこで「三里塚でパルチザン的な武装闘争やることになった」と。そこで戦う部隊を弘前でつくれといわれて一旦帰るわけですよ。その途中実家に寄って。
●安彦　福島の家に？

●青砥　そうそう。勝俣って奴が一緒で、ね。久しぶりだナァなんて朝方、川に釣りに行って。「朝釣りだ」なんて。そこで（弘大の本部封鎖の件で）パクられた（笑）。

●安彦　実家で！　親は驚いただろ？

●青砥　それはもう……（笑）。それから田舎の留置所に入れられて。そこが、なんというか、江戸時代の座敷牢みたいな、太い木の格子の入った（笑）、「なんじゃこりゃあ」というような所で、そこへ中学の時の恩師が来て、「お前、何をやったんだ⁉」とか（笑）。もォ、大変でしたよ。

●安彦　それから弘前送り。

●中澤　安彦氏はいつ逮捕？

●安彦　九月の三十日くらいかな。一番早かった。それから嵯峨さんが「私もだったよ」なんて言って留置所に入って来た。

●中澤　教養部からも一人、って話があったみたいなんだよね。それって俺？

●安彦　じゃあ、六人か。留置は半月で。

●青砥　十月の半ばに保釈、ですよ。それから三沢の弾薬輸送阻止闘争。あれは結構広い動員だったんですよ。大学的にも盛り上がっていましたよ。

●中澤　弘前からもバス二台くらいで行った。

●青砥　あの時も中学時代の恩師に会っちゃって。日教組の動員で来てて、「お前、何やってんだ」と（笑）。

●**安彦**　雨がすごくてね。初冬の雨だったんだ。あんまり雨すごいんで俺はあの時初めてメット被った、青いの。そしたら、「あいつ『解放派（革命的労働者協会、社会党社青同解放派、青いヘルメットを被っていた）』だったのか」って（笑）。

●**中澤**　よくあるよね。そういうの。

●**安彦**　そして、七〇年、だね。七〇年、冬。弘前に行くわけだね。

●**青砥**　前に話した、北朝鮮で死んだ吉田金太郎っていうやつ。明るい男でね。普通活動家って深刻な顔して悩んでたりするわけじゃないですか。でも吉田ってのは「楽しくて楽しくて……」って顔で、とにかく明るく何でもやる奴なんですよ。そいつと一緒にいるとね、当時はだいぶん消耗してたんだけど、こっちも明るくなる。

●**安彦**　今風の言い方すると、元気もらう。

●**青砥**　そうそう。で、弘前でどう組織化するかって考えてる時に今度は「東京に来い」って言われる。お前はもう弘前の人間じゃないんだ、と。それで、四月頃だったですかね。東京に行く。その時に穂積とか加藤とか、若い連中がついてくる。

▼「人を殺していい」マルクス主義なんてない

●**安彦**　あなたが「一線を超えた」分かれ目の一つにあげた、あれ、ね。「もう後には戻れない」という。

●青砥　「戻れないな」って気持ちでいえばやっぱり七一年6・17の明治公園（赤軍派、機動隊に爆弾を投げる）ですよ。あのね、「退路を断つ」っていうでしょ。僕にとってはね、それは何段階かに分かれるんですよ。この時はね、まだ退路を用意してるんです。大学も「休学」ってことにしていた。これはすぐにあきらめて、あと親のほうで休学手続きはとっていたらしいですけどね。でも明治公園の、あれでね、もう市民生活に戻る退路もなくなったな、って思った。

●安彦　大学に、じゃなくてね。その何段階かに分かれて、っていうのはとてもよくわかる言い方だね。その点では、同じように党派の活動家の途を選んでいた中澤は……。

●中澤　俺はなかったね、そういうの、全然。常任活動家になっていくというのを普通に考えていたから。

●安彦　あなたのような例は稀なんじゃないの、新左翼では。まあ、その話はまたあとであらためて。で、青砥氏の場合はまたさらに大きな分かれ目があるわけだよね。「山に入る」という。

その辺でもまた大きな葛藤があったわけでしょ？

●青砥　一番大きな葛藤はね、「人を殺していい」なんてレジームはあるのか、ってことでしたよ。そりゃあ爆弾投げたって人は死にますよ。革命とか戦争って言やあ、多かれ少なかれ人は死ぬ。でも、それは「たまたま」じゃないですか。大きく言えば、ね。でも、意図的に、ある特定の人間を殺す、というのはね、それとは違います。そこで一番悩みました。それに較べればね、「山に入る」ということは、その時点ではそれほど大きな葛藤じゃなかった。軍事訓練だと思っていたから。

革命左派との共同軍事訓練。だから一時的なもので、終わったらまた降りてくればいいって思ってました。

●安彦 そこで出てくるんだけど、革命左派（京浜安保闘争）と合体するでしょ。そこでいろんなことが変わったんじゃないの？

●青砥 合体した、なんて意識なかったですよ、当時は。連合赤軍を結成した時は、吸収合併したんだと、そのくらいの気持ちでしたね。赤軍派は、革命左派に対しては思想的にも、戦略的にも優位性を持っていた。しかし、「新党結成」となると、これはわからなかった。イデオロギーが問題にならないところにいってしまった。

●安彦 その時点でもう……。革命左派のほうでは早岐、向山を殺してきているわけでしょ。もう現実に人を殺してきてる。それに呪縛されたってことは？

●青砥 呪縛っていうか。なかったとは言えないでしょうね。彼ら（革命左派）は「逃亡者だから」って理由で（早岐、向山の二人を）殺してきてるんだろうけど、同じように「敵を殺せるか」って問題を突きつけられると抵抗しにくいですよ。「警官を殺せるか」ってことですから、当面は。そこから「人を殺せるか」っていう決意の問題になる。それができないとなると自己批判しなければならない。

でもね、人を殺すことをためらわない組織とは何だろう。そこまで突きつめて守らなければならない党派の規律って何だろう、と思う。それはもうマルクス主義でも何でもない。

▼逮捕まで

●安彦　でも……言うけど。赤軍派としては粛清や直接的な殺人と格闘しなければならないという発想はなかったの？

●青砥　内ゲバはね、ブントは否定していますよ。ブントは六九年の7・6で、前年の4・28沖縄闘争の総括をめぐって分裂したけど、その時のゲバをずっと引きずっています。

●安彦　でも新左翼には「死」がつきまとうよね。内ゲバでたくさん死んだ。中澤は中核と革マルのゲバは、〝外ゲバ〟だっていうけど。

●青砥　「死」がありふれたものになっていくってのは、怖いものですよ。ポル・ポトとスターリニズムが同根だっていわれるのは、だから肯定できますよね。

●安彦　植垣氏もどこかで発言してるよね。自分たちの革命が成功したら、ポル・ポトになっちゃってただろうって。あと、世間ではあなたのことを森恒夫の子分って位置づけてるでしょ。森の秘書役だったって。それはそれでいいのかな？　森恒夫（「連赤」のリーダー）って男を、あなたはどう思ってる？

●青砥　秘書役といわれてもいいですよ。森のことはね、好きでしたよ。山に入るまでは責任感の強い人間だった。でも、山に入ってから変わっちゃったんですよ。

●安彦　どういうふうに？

●青砥　「同志たちのボランタリーを否定し、命まで相対化するよう」に、なってしまった。

●安彦　それは、なにかひけ目のようなものもあったのかな。塩見や田宮がいなくなって、自分が身に過ぎたトップになっちゃって。負い目、というか。

●青砥　森はね、一時的に逃亡してるんですよ、さっき言った7・6の後。また戻ってくるわけだけど。そういうことが、ね、負い目としてはあったのかもしれない。

●安彦　あとね、あなた自身が身の危険を感じたこと、あった？　植垣（康博、元連合赤軍、101頁参照）、氏は大工仕事とかなんかが得意で、俺がいなくなると困るから大丈夫だろうと思ってた、それで生き残れた、なんて言ってるけど。

●青砥　俺がいなくなったら困るゾっていう自負はありましたね。

●安彦　それは、どういうことで？

●青砥　都市での組織活動、ですかね。

アジトのこととか通信とか、いろいろ手配とか結構やってましたから、また山を降りて都市に戻った時、俺がいないと困るだろうと。それと、ね、立ち回りとかもうまかったと思いますよ。

●安彦　それは、生き延びるための……。

●青砥　例えば、ね、追及される前に自分から自己批判する。保身ですけど、ね。そういうことで、自分の傷になってることといっぱいありますよ。

●安彦　あと、最後のほうになるんだけど、軽井沢で、あなたと植垣氏と他に……。

●青砥　二人ですね。全部で四人。

●安彦　逮捕されるでしょ。あれを家でニュースで見て、その時カミさんがね、「青砥さんと植垣さんだ！」ってすぐ言ったんだよ。俺はわからなかった。女ってすごいナァと思うんだけど、すぐわかった。で、二人が一緒ってことは、なんだかんだいってもやっぱり弘前の縁なんだなァ、一緒に行動してたんだなァ、と思った。でも、後で知ったんだけど、違うんだね。

物資調達に行くというんで、たまたま。

●青砥　植垣とは切れない縁を感じます。

あの時は、加藤兄弟の二番目が行くはずだったんですよ。三兄弟の一番上は総括で死んで、二人は結局あさま山荘に入るわけだけど、その二番目がね、買い物に行く話になってた。そこへ、なんでだったかわからんのだけど植垣が「俺が行く」って言い出して、それで四人で出た。

●安彦　それを俺は離脱したんだって思ってたけど、違うんだね。戻るつもりだったわけだ。用が済んだら。

●青砥　そういうことでしたね。

●安彦　戻っていたらあんた達もあさま山荘の籠城組になってた……。

●青砥　それはわからんですよ。我々が軽井沢で捕まったことで、追い詰められてあさま山荘に、ってことになるわけだから。

●安彦　ああそうか。

●青砥　佐久へ行こうとしてたんですよ。でも、どっちへ行けばいいかわからない。凍傷もできてるし、みんな。裏妙義を踏破してきたわけだから。それで、バスに乗るんですよ。乗ってから気がついて、「ああ、このまま乗っていたら軽井沢に行くんだ」って……。

●安彦　その時の気分は？

●青砥　それでもいいいんじゃないか、っていう気持ちもありましたね。

●安彦　なるようになれ、と。

●青砥　森も永田（洋子）も、もう捕まってるわけだし……。軽井沢のひとつ手前で降りようと思ったら警察署前で、結局軽井沢まで行ってしまった。その後、駅でクサいということで……。この臭いをなんとかしたいな、と思っていたんだけど。

●安彦　「あさま山荘」（での攻防戦）のことは逮捕された後聞かされるわけでしょ？

●青砥　そう、ですね。

●安彦　残っていて自分もやりたかった、なんて思わなかった？

●青砥　思わなかったですね。仲間を殺したということについて総括できていなかったから……。

●中澤　中で何を考えていた？

●青砥　重信が助けてくれる可能性はあると思っていたけど、それに乗っかるわけにはいかない、と。

●安彦　ええっ?! 「超法規的措置」で？

●青砥　そのくらいのことはあるって、考えていた。

●中澤　じゃあ、指名されて、出されたら、行った？

●青砥　それは別。行く資格はないって思っていた、自分には。道から外れたんだから。俺が植垣を評価しているのはそこなんですよ。あいつは断ってるんですよ。行かないって。あの時、持ちこたえれば助けてくれると考えていた。しかし、その道を選ばない。自分が生き残るために殺したとは考えたくなかったが、そういう側面を否定できなかった。これが正しくない自己欺瞞であるということを自覚し、認識した時に、考え方が決まった。そして、どうしてそう考えたのかを考え続けてきた。そういうことについて彼と話し合ったってことは、ないですけどね。でも、たぶん僕と植垣とでは違うと思いますよ。総括の仕方が。

▼「階級」はどこに行った？

●安彦　これは「まとめ」になるんだろうけど、今「あの時代」をふり返ってどう思うかね？　そして、今という、この時代について考えていることは？

●青砥　矛盾は、より深まっているんじゃないですかね。

●安彦　「攻勢的階級闘争の時代」という把握はどうだったのか。

●青砥　「階級」はどこに行ったんだ？　ということは思います。

●安彦　なるほど、ね。

●中澤　安彦氏は「階級闘争の時代は終わった」って言いたいわけでしょ？　書いてるものなんか見てもそれがわかる。でも俺はね、違うと思う。反撃の力が弱まっただけ。時代認識やマルクス主義の理念は正しかった。党組織論や運動論に間違いがあったのは否定できないが、にもかかわらず終わっていない。階級闘争は。

●安彦　それはまたいずれやりましょう。あなたへのインタビューで。

●青砥　なんといっても大きな変化は否定できないわけですよ。まがりなりにも、在った労働者国家は消滅した。期待していた第二革命は起きなかった。いろいろあったとはいえ、例えば文革の中に我々が見ていたのは第二革命の可能性でしたからね。文革だけじゃない。あの時代の世界的なムーブメントの中に見ていたのはそれですよ。ヴェトナムの反戦運動にしても、ね。そういう中での闘争だったわけで、大きな間違いは犯したんだけど捨てたくはない。捨て難いですよ。

●安彦　わかりました。では、これをまとめということで。

二〇一四年　六月二十一日　於　池袋　日比谷ＢＡＲ

青砥幹夫氏（元弘大全共闘／連合赤軍）との対話【第2回】

「総括」を総括する

特別参加　中澤紀雄（23頁参照）

赤軍派から連合赤軍へ、そして死に至る「総括」をそれぞれ検証する。「なぜ」そうなってしまったかを根底から考え、現在的課題にも迫る。

●安彦　前回あなたに話を訊いたのが一昨年の六月。もう一年半も経っちゃった。早いね。前回は思想的な生い立ちや弘大闘争のこと、それから赤軍派としての活動を大づかみに訊いたんだけど、今回は非常に重たい部分、山での総括やあなた自身の運動の総括、それから現状、現在のこの社会をあなたがどういう目で見ているか、とか、そういうことを訊きたいんだけど。

●青砥　いいですよ。

●安彦　で、今回も立ち合いは中澤氏に。

▼傷の深さ

●青砥　俺と中澤の共通点というのは「革命家になろうとした」ということだと思うんだよな。ただ、中澤は革共同で、俺はブントで、方向は違うんだけど。
●安彦　あ、最初にひとつ。最近まで知らなかったんだけど、村上春樹ね。彼は全共闘世代だったんだね。なんとなくもっと若いと思っていたんだけど。最近なにかで「全共闘体験」を告白した、と（『職業としての小説家』二〇一五年、スイッチ・パブリッシング）。
●青砥　早稲田、だろ？
●中澤　そうそう、早大全共闘や革マル派（日本革命的共産主義者同盟マルクス主義派）の拠点。多少は燃え上がったんだろう。
●青砥　愛情を持って言うけど、新柵みたいな奴だったんだろうな（笑）。
●安彦　あと、山本義隆（東大全共闘議長）。最近回想本を出したね。
●中澤　あれは読んだ。読む価値あり。
●安彦　思うんだけど、非常に長いわけだよ。沈黙、というか、語らなかった時間が。この長さは何なのか。
●青砥　傷の深さ、だと思いますよ。村上春樹はどうか知らないけど、傷ついているから語りたくない。そういう運動だったんですよ、全共闘運動は。
●安彦　まったく同感。だから寡黙なんだ。これが六〇年安保世代だったら即座に書くじゃない。柴田翔にしても高橋和巳にしても。それがない。だから不毛だナァということになる。それはつまり、あの運動がとても重いものだったということ。反面「軽さ」も特徴なんだよね。

弘大にしても、本部封鎖して流した曲が『唐獅子牡丹』、富司純子……（笑）。

●青砥　心情的、なんですよ。そこが日共とちがう。

●安彦　そうなんだよね。それを「人間的」と言った。もっと人間的な革命、それがあるはずだと、そう思ってた。

●青砥　語らない、ということは確かにそうですよ。その点で植垣は特異ですよ。突出して語っている。

▼スターリン主義を克服できなかった

●安彦　だから「語り部」に、なるべくして、なる。前にも言ったかと思うんだけど、俺は植垣の本『兵士たちの連合赤軍』を読んでなかったわけ。本屋で手にとって、立ち読みしただけ。読みきれなかった。で、あなたに話を訊いて、植垣にも訊いて、その後で読んだ。中澤氏から借りて。そして植垣の記憶力の凄さにも驚いたけど、いろんなこともわかった。そうしたことも今日は訊きたいんだけど。

●青砥　「連赤の全体像を残す会」というのがあるんですよ。そんなのに俺もたまに出てるんです。いろんな奴が来るんだけど。もちろん活動してた奴も。それで僕はひとつの結論が一応は出てると思っているんです。要するにスターリン主義を克服できなかったんだ、と。言い換えると「スターリン主義に呑み込まれた」。もっと言うと、スターリン主義を忍び込ませるものがあった、と。

●安彦　忍び込まれた？

●青砥　革命左派との合流で我々は彼らを理論的には完全に凌駕したわけですよ。呑み込んだつもりだった。

●安彦　それは前の時にも言ってたね。

●青砥　しかしそうじゃなかった。革命左派の持っていたスターリニズム的な部分に連赤全体が染められた。

●安彦　それはどうかな。まあ、スターリニズムとは何かっていう大きな問題がある訳だけど。あのね、毎日新聞の『一億人の昭和史』シリーズを資料としてよく使うんだけど、その中の連赤関連頁に菊池昌典氏の朝日ジャーナルに寄せた一文が引用されてる。

●中澤　ああ、ロシア政治学の、ね。

●安彦　そう。その文で菊池氏は言ってる。連合赤軍のリンチ殺人を糾弾する市民の捉え方自体がスターリニズムだ、と。これはものすごく苦し紛れの言い方で、その苦しさの中に当時の革命派シンパの動揺がよく表れてる。

●青砥　スターリニズムとは何かということではいろいろな考え方があると思いますよ。しかし、スターリニズムと最もよく闘ってきたのがブントだという自負があった。その我々がいつかそれに染められていたというのは忸怩たる想いですよ。

●安彦　森恒夫について訊きたいんだけど、あなたは彼の腹心の部下だった。

●青砥　そうです。
●安彦　そして前に訊いたけど、ある時期まであなたは彼を評価し、信頼してた。
●青砥　そう。
●安彦　その彼が山に入って変わった。人殺しになってしまった、と。
●青砥　それは少し違う。俺はね、森が変わったとは思ってない。本質的な部分では。彼の問題はもっと根本的に、あの状況をつくってしまったということにある。
●安彦　どういうこと？
●青砥　端的に言うと「M作戦（資金調達のための赤軍派による銀行強盗）から始めた」というのが間違いだと思う。
●安彦　でもあなたは七〇年の秋、清瀬の俺の所（弘前を離れ東京で働いていた）に来た時笑いながら言ってた。「銀行強盗でもやろうかと思ってる」って。
●青砥　あの時点ではまだ決まってない。そんな話も出ている、という程度。俺の武装闘争のイメージにはなかったんですよ、M作戦は。あったのは官邸占拠のような直接行動。それと海外拠点づくり。M作戦は、あるとしたらその次。M作戦については赤軍派内部でも葛藤があり、それについての議論もした。しかし、それを最初にもってきた。転機としては革命左派の交番襲撃があったと思う。あの「柴野事件」（七〇年十二月、交番襲撃の結果、革命左派の柴野が死亡）で何かが変わった。
●安彦　あなたはM作戦には？

●青砥　まったく関わってない。リクルート部隊の隊長って感じで。若い連中を集める。

●安彦　植垣は「板東隊」の一員で、消耗して。それを後で森に批判されて心外だと。

●青砥　板東隊は最後に残ったんですよ。他は失敗したり捕まったり。組織的にも消耗がひどくて。森の批判（自分たちは独立ギャングではない、組織の規律を保て、という批判だったと思う）は、ある意味当たってるところもあるが、それを招いたのも森と言える。我々の当時の意識は武装闘争を始めるのが第一、それを恒常的に持続する、だったんですよ。そういう意味では6・17の明治公園は組織が推進する闘いで、俺にとっては大きかった。

▼「自分も行きたかった」

●安彦　話を戻して、「よど号」事件（一九七〇年、赤軍派のメンバーがハイジャックによって北朝鮮に渡った事件）と北朝鮮のことで訊きたいんだけど。七〇年の時、あなたは「残念だ、自分も行きたかった」と。

●青砥　言いましたね。

●安彦　「俺達はあしたのジョーだ」という彼らのセリフが変に「明るさ」の象徴みたいだけど、あれは武装闘争の訓練のために行ったと。

●青砥　そう。本当はキューバに行くはずだった。それが難しかったからまず北朝鮮に。

●安彦　先のスターリニズムの問題にも関わるけど、当時既に北朝鮮はどうなんだと。

●青砥　今にして思えば安易な考えですよ。でも、まがりなりにも社会主義国だ。それでまだマシ、と思っていたのが、あと、アルバニア。一番いいと思ってたのがキューバ。
●安彦　金日成もホッジャもスターリニストだよ。でもカストロはいい、と。
●青砥　キューバがいいと思った要素は三つあったんですよ。第一は独立路線、それから国際主義、あとは何よりも少人数武装闘争で革命のこともあってね。理想でしたよ。

▼総括死の現場

●安彦　森のことに戻ろう。方針の上では間違ってはいたけど、森のことは信頼していた。その信頼が揺らいだのはいつ？
●青砥　南アルプスにいた間（革命左派と合体する前、赤軍派独自の山間ベースがあった）は全面的に信頼してましたよ。
●安彦　というと、榛名山（連合赤軍の山間ベース）への移動まで？　七一年の暮れまで？
●青砥　七二年の一月一日に榛名へ行って、その時もう二人死んでたわけです。
●安彦　誰、だっけ？
●青砥　尾崎（充男）と進藤（隆三郎）。それから小嶋（和子）……。
●安彦　それを見て森に対する考えが変わる？
●青砥　森は「敗北死」だと。でも「呑まれたな」と思ったんですよ。革命左派から持ち込まれた。

たぶん永田のアイディアに。永田というのはトリック・スターのようなもので、今でもそう思ってます。それでもまだ、「何にしても森がちゃんと説明するだろう」、それから「すぐに終わるだろう」と、最初は考えていた。でも進藤、加藤、遠山、行方と。行方なんて三回も逮捕されて、それでも革命戦士になるといって山へ来た奴ですよ。それが、過去にフィギュアスケートをやっていたから駄目だ、とか、森のイメージではバツなんですよ。それはおかしいと。

●**安彦**　でも、あなたは糾弾する側で実際に総括しろ、とやっている。森の腹心だったあなたは、迫られる側には相当怖かっただろうな。

●**青砥**　抵抗できなかった自分をただ恥じるだけですよ。「終わってほしい！」と思ってましたね、ひたすら。「終わったら、あとは権力との闘争だ」と。自分にとってはそれが総括の「軸」でしたから。目の前の現実をしっかり見る気持ちがあったかというと、そういう気持ちが起きてこなかった、というしかない。「終わったら闘争だ」。それだけですよ。

●**安彦**　「縛る」という総括のさせ方が特異だよね。そして縛られた者はみんな死んでる。植垣の本では「死んでた」と、ほとんどそうなってるけど。「もう死んでしまっていた」というふうに。でも何人もそうして死んで、縛られた奴は厳寒の中で死ぬ、とわかっていても止められない。

●**青砥**　殴るというのは森の発想だったようだけど、縛り放置するというきっかけはわからない。ただ、永田が、「中国革命では胸を撃たれた兵士が一晩川に浸かって隠れ、日本軍の追及を逃れた、それこそが革命兵士だ（だからこういう試練を乗り越えろ）」と言ったのを聞いたことがある。

●**安彦**　うちは小さい農家でね、ニワトリを飼ってたんだよ。二、三十羽とか、そのくらい。トリ頭なんていうから馬鹿なのか、それともトリは賢いからそうなのか、あいつらは仲間をいじめ殺すんだよね。一番弱いのをいじめて、そいつが死ぬといじめていた中の一番弱いのを今度は……。俺は連赤というとそれを連想するんだよ。

●**青砥**　スターリン主義というのは、人間の弱さを利用するんですよ。

●**安彦**　そうそう。まさにそう。

●**青砥**　ブハーリン（共産党の理論家）にしてもトハチェフスキー（赤軍の最高指導者）にしても、そうですよね。徹底的に弱さを衝かれると敗北して、最後は「革命を守るために反革命を認める」ところまで行く。

●**安彦**　その構造の極小スタイルがまさに連赤でしょう？　違うのは彼らを裁いた大衆裁判の「大衆」がいなかっただけ。でも山中の密室という閉鎖空間には同志というミニ大衆がいた。

全く同じだよ。もともと革命は、インテリの変貌した革命家なんてプチブルだという自己意識があるから、思い描く労働者大衆に対して弱さを持ってるわけよ。そこを衝く。衝くほうは自分の弱みに目をつぶって衝いて、次には自分が衝かれる。（カンボジアの）ポル・ポトもおんなじ。

●**中澤**　今の捉え方はちょっと違うよ。スターリニズムの問題は、一国社会主義という戦略的な誤りから出ているのであって……。

●**安彦**　それは、公式的にはそう。

●中澤　現実的にもそう。「一国」で「社会主義」が可能であるということが間違ってるんだよ。これは社会主義の思想からの逸脱、国を優先させる思想になる。
●安彦　そういう話は長くなる。
●青砥　批判されて当然だ、というケースもありましたよ。しかし多くは理不尽。正しい指導があったら起きなかった。
●安彦　たった二カ月だよ。あまりにも短い。あなたから見ると、そのたった二カ月の間に森への信頼が揺らぎ、十何人の総括死に加担することになる。
●青砥　自分自身に対して不本意だが、煮つまってましたね。そういうふうに捉えられるのには同意します。

▼重い言葉

●安彦　そういう中で「次は俺か」ということは……。
●青砥　全般的には常にその恐れはあった。その呪縛から逃れられなかった。しかし前にも言ったけど、変に自信みたいなものもありましたね。植垣は大工仕事とか、そういう特殊能力で自分は生き残れたって言ってるけど、同じように。自分がいないと、この組織はやっていけないはずだという自負。それと、さっきの「縛る」ということで、一人だけほどかれたのがいるんですよ。
●安彦　誰？

●青砥　山田孝。

●安彦　中央委員だった人……。

●青砥　坂口（弘、あさま山荘で逮捕）がほどいたんですよ。もう総括は終わった、と。「やっと…」と思いましたよ。でもそれは森と永田がいない時で、二人が帰って来てまた縛られた。妙義（のベース）で、ね。その山田が言ったことでね、ひとつだけ、あの総括の中で評価できると思えることがあるんですよ。

彼はね「死、は普遍的なものだ。だから死を突きつけても総括には至らない」と。誰でも一度、必ず死ぬわけですから。そこへ向かって突き詰めていっても、総括なんてできない、と。これはね、唯一評価されていい認識だと。

これについては、俺は、「死は個人的で一回限りのものだから、生死をわけのわからない規範でもてあそんではならない」ということを逆説として言ったんだと思っている。

●安彦　それを山田は森・永田への批判として言ったの？

●青砥　言ったんだと思うけど、俺は直接聞いてはいない。出所してから間接的に聞いたんです。そして「これは重い」と心に残っている。

●中澤　スターリニズムを「人間の弱さの問題」というふうにするのはどうかな。そうじゃないと思う。階級の利害を、どう考えるかという点での根本的な間違いから出てくる。

●安彦　あなたはそういう言い方するけど、スターリニストじゃないよな。キャラが違う（笑）。

だから言いたいんだけど、その「利害」を誰が考えるのか、ということ。
●青砥　即自的な階級なんてないんだよ。ありえない。つくっていかないと出来ない。そこに前衛党の役割というものが本来あるべきなんだ。
●安彦　それがレーニン主義だよね。「意識の外部注入」ってやつだ。それがおかしいって、俺は『こんみゅん』で書いた。
●中澤　「カウツキー主義の彼方から」ね（393頁）。
●安彦　今、その文章は前半しか残ってないんだけど。当時も「レーニンから疑え」って言ってる人はいたけど、俺は不勉強だから知らなくて、自分で考えて書いた。あのね、これは共産主義批判の王道なんだけど。マルクスは経済学批判の結論として「歴史の必然」を言うんだけれど、レーニンは革命的前衛党による指導による意識改革を言う。いわば人為。これは矛盾してないかと。
●中澤　必然を加速するんだよ、党は。そして前史までの「必然」を、人間の意識的な活動によって「必然」を廃棄するんだよ。
●安彦　そう。そういうふうに言ってきた。でもここまでの推移を見るとどうなのか。批判は当たってたんじゃないか。
●青砥　「上部構造」はひっくり返らない。カンタンには。中国の共産党支配を見てもわかる。彼らが必死で護ろうとしているのは「階級的利害」なんかじゃない。
●安彦　党の利害。新富裕層の利害。

●青砥　それだけですよ。

▼ＩＳをめぐって――殉教を美とするような思想はダメ

●安彦　皮肉だなァと思うんだけど、今、世界の資本主義の命運は、ある意味中国が握ってるんだよね。「社会主義国」の中国が。だから、彼らが資本主義を倒そうと考えたら、今、彼らにはそれができる。しかし、そうはしない。むしろ必死に利害を守って、資本主義を維持させようとしている。そういうことを見るとね、思うわけだよ。「革命の時代は終わった」と。

革命を志向する時代が終わった、と言ってもいい。全共闘運動というのは、そういう時代の運動だった。だから傷ついた。

●青砥　「真の革命党をつくるための闘争」、だったんですよ、我々のやろうとしてたのは。それがいつの間にか「党の闘争」になってしまった。そして「仲間を殺す」という致命的な間違いまで行ってしまった。

●安彦　あなたは前の時に言ってたよね。階級的矛盾はむしろ深まってる。しかし「階級」はどこに行ってしまったんだ、と。非常に印象的だったんだけど。それで「今の話」を訊きたい。これは微妙な部分もあって、訊くのはどうかという気もするけど、ＩＳ（Islamic State、国際政治のねじれの中から生まれたイスラム原理主義の過激派）の問題ね。どう思う。

●青砥　塩見孝也（死去）が、ね、「イスラム研究会」ってのを立ち上げるんですよ、今度。俺、行こうと思ってる（笑）。

●安彦　塩見は最低、なんじゃなかった？

●青砥　十年前、くらいの時期は、ね。最低でした。

●安彦　その頃に一度塩見から電話貰ってる。新宿でいろんな人とトークイヴェントをやってて、手当たり次第に声かけてたみたいで。だから、どういう考えなのか印刷物をくれ、と言ったら送ってきて。見るといきなり「共和国は…」なんて言ってる。北朝鮮のことを。まだこんなことを！と思って断った。

●青砥　大分、ね。ただ何を考えてイスラム研究会なんて言ってるのか、ちょっとわからない。だから行ってみようかと。ＩＳですけどね、彼らはダメですよ。アナクロニズムもいいとこ。

奴隷制の復活、とかね。中世そのままの原理主義ですから。確かに、今資本主義グローバリズムと戦ってるのは彼らだけだけど、シンパシーは感じませんね。感じようがない。ジハード、というのは、あれは宗教戦争ですから。基にあるのは殉教者思想。これはキリスト教も同じ。

●安彦　同感だね。二十六聖人も殉教者（十六世紀、秀吉の弾圧によって殺された長崎のキリスト教徒）。彼らは殉教死を聖なる死と信じさせられて死んだ。

●青砥　殉教を美とするような思想はダメですよ。だから彼らの言うジハード（聖戦）は我々が考えていた武装闘争じゃない。

▼「軸のない貧民化」が進んでいる

●**安彦**　わかった。「階級はどこへ行ったんだ」という問題へ行こう。ピケティ（フランスの経済学者、『21世紀の資本』が話題になった）なんかが流行って、「格差社会」ってことが言われて「貧乏物語」がまた語られているけど。

●**青砥**　格差社会は、階級矛盾じゃないと思いますよ。

●**安彦**　そうじゃ、ない？

●**青砥**　それは心情的すぎて言い過ぎかもしれないけど、自分が労働者階級だなんて、誰も思っていない。いわば「軸のない貧民化」が進んでいる。これに、誰も方向性を与えられていない。そういう意味では、民主党政権の失敗は痛かったと思いますよ。あれには結構期待してましたから。

●**安彦**　「革命の時代は終わった」って敢えて言ったけど、もっと言うとこういうことなんだ。すごく甘ったるい言い方になるけど、「憎しみをバネにした革命の時代は終わった」ということ。階級闘争による革命っていうのは「対立する階級を憎む」革命だから、ね。それを引っ張る前衛党の中でも、「憎しみ」に基づく敵探しが必ず起こる。そういう「革命」は人を幸せにしない。全共闘運動が求めた「心情」はそれじゃなかったと思うんだよ。我々は「ウソの平和」を撃って「革命の混乱」を望んだんだけど、いろいろと状況を見てくると腐っていても平穏がいいと思えてくる。憎しみを増やさせる革命よりも、ね。ホント、甘い言い方になるんだけど。

●青砥　「時代の不幸」だと思いますよ。我々の親の世代は戦争に行って、たくさん死んだわけでしょ。それぞれの家で、身内が一人も死んでいないというところがないくらいに。そういう時代をまた来させてはいけない、ということで我々は「こういう社会を変えなきゃダメだ」と考えて行動した。不幸だったのは、そういう時代の価値観に共産主義の価値観がダブったということ。

●安彦　そういうことだね。

●青砥　そう言っちゃなんだけど、戦後直後がチャンスだった。貫徹せず左翼反対派に甘んじた共産党が悪いんですよ。

二〇一六年一月十六日　於　池袋　日比谷ＢＡＲ

青砥幹夫氏（元弘大全共闘／連合赤軍）との対話［第3回］

われわれは何を目指していたのか？

特別参加　中澤紀雄（23頁参照）

「革命の時代が終わった」後に見えてきたものは？　北朝鮮をめぐる国際情勢、ＩＳ……、総括をふまえたうえでの「政治」を検証する。

●安彦　あなたと、植垣にはもう一回、改めて聞いておかなきゃいけないと思っていたんだ。

●青砥　弘前大学の全共闘のいわば総括といった本を出そうというのは懸案としてあったんだけれど、まとまらない。まとまらないのはしょうがない話で、みんなそれぞれ立ち位置とか切り方が違うから、どんなふうにしたほうがいいとは言うんだけど、具体的なプランは何も出ない。

それで俺と中澤が合意しているのは、結局は安彦さんが話を持ち出したということが前提にあって、安彦さんの切り口でやってもらって、好きなように書いてもらったほうがいいということ。それがひとつの記録だというのが、おれと中澤の共通見解です。

網羅するんだったら、それは資料集みたいなものになってしまうし、感想文みたいなのを集めることになってしまう。そんなものはやってもしょうがないと俺は思っている。資料集は必要かもしれないけど、たいした資料はない。余分なものはカットして、安彦さんの焦点で思うように書いてくれたらそれで十分な立派な記録になるだろうと思っています。

●**安彦**　前に『原点』（二〇一七年、岩波書店）という本を出したんだけれども、あれは俺の自伝みたいになっていて、そこにこの一連の訊き書きを入れるのはふさわしくないと思ったんで、一番短い西田洋文氏のものだけを入れたのね。

●**青砥**　俺が言いたいのは、安彦さんはなんにも遠慮することはないので、自分の思うようにやっていただいて結構、私は協力いたします、ということ、これは前提としてね。俺の考え方とかいろいろ考えていることと、安彦さんが考えていることは多少違うかもしれないけれど、根底にある共通のものがたぶんあると思うので、それでよかろうと思っています。

▼「革命の時代」は終わったという前提

●**安彦**　完全にシンクロしないのは当たり前。これについては中澤氏には、申しわけないと思っている部分があるんだ。あなた（中澤）はこれまでの「訊き書き」の全部に立ち会ってくれたんだが、かなりストレスが溜まっているんじゃないか。あなたには抵抗感があるかなと思うのは、俺には一つの前提があって、「革命の時代は終わった」という立場で話しているわけですよ。一方、あなた（中澤）は「終わってない」という立場だと思う。でも、「それでもいいよ」って言われたんで、ひじょうに気が楽になるんだけれど、本当にいいのかなという感じはある。ただ、俺自身が書いている文章も含めて、そこんところは俺の基本的な部分だから了解してほしい。

●青砥　それを曲げる必要は何もない。一方で、中澤の「革命は終わってない。革命は必然的な帰結だ」という言葉には今でも心がざわつく。

●安彦　「終わった」から、あの時代が大きかったたって言ってるんだよね。これがずっと継続していて、まだ波動が続いているんだったら、中間的な総括でしかないわけですよ。それだったら、今訊き書きみたいな形で過去を振り返ろうと思わなかったと思う。それが基本なんです。

●青砥　「終わった」という認識も、「終わってない」という認識もあると思うんだけれど、要するに俺と中澤にとって、われわれの時代の人を判断する一つの基準は「革命に艇身しようと思ったか思ってないか」、別の言い方をすると、僭越な言い方だけど「革命家になろうと思ったか思わなかったか」というところにある。ただし、革命家になろうとするモチーフとか動機というのは人さまざまで、全共闘の中で生まれてきたところもあるだろうし、それ以外のところもあるだろうと。そこが、中澤と俺は多少違うし、植垣とも違う。そういったところから現在がある。

安彦さんとしては、「革命の時代は終わった」んだと。じゃあ「革命の時代」に変わるものは一体何なのか、そこから生まれてくるものがあればいいけれど。そういうふうに俺は思ってましたけれどもね。

●中澤　「革命の時代」ということだけど、六〇年安保闘争、七〇年安保沖縄闘争という時代、全共闘運動の時代をいっているのだと思うけど、この時代は「平和と民主主義」が侵害され、戦争に向かうのではないかという危機感と、戦後民主主義的な擬制的現実にたいする主体的な告発というたたかいの時代だったと思う。

つまり七〇年闘争を前後する十年、二十年間に、革命的情勢が目の前にあったわけではなく、革命の時代を創り出していく長く困難な革命運動の本格的な出発点であり、革命に必要な諸条件、特に主体的諸条件を創り出していく時代だったといえる。

全共闘運動にしてもそこから始まる学内問題や社会的不正にたいする様々なたたかいは社会のいたるところに、あらゆる階層、市民を巻き込んだ運動の芽を創り出した。数十万の人たちが「数年間の異議申し立て」闘争から退いた後も、根本的な問題は何も解決しておらず、たたかいは続いている。資本の原理は変わっていない。それが生み出す人間圧殺の情況と人間の解放の意義。だから終わりではない。終わらない。

あの時代、あの十年やそこらで革命ができるわけはなく、数十数百万の大衆闘争の実現と革命的武装闘争が結びつく情勢を引き寄せていくことが必要だった。革命的に情勢が展開するためには数百万の人々が激動に飲み込まれていくことが必要だった。十年やそこらで結果がでてくるようなものではなく、そういう情勢を創っていくために党員を労働者階級、労働組合、地区、学生運動、市民運動、あらゆる階級、階層に配置していくことに力を注いだ。これをやってきたんだ。だから終わらないいんだ。

●安彦　今回の本は『革命とサブカル』というタイトルになるんだけれど、そこにあなたたちのコメントが載ることに対して抵抗があると思うけど……。

●青砥　抵抗感というか……。

●中澤　サブカルの意味がよくわからない。もしかしたら、同時代に芝居をやっていた鎌田義昭たちはそのへんのところはわかるかもしれない（213頁参照）。

●安彦　あなたたちが不愉快になるのを承知で言っちゃうと、「革命の時代」が終わって、そのあと何がくるかを全然見通せないで仕事をやってきて、ふと気がついたら「サブカルの時代」が来てたんだ。それは俺の周辺環境だけかと思ったら、世の中総体が「サブカル」に染まっていた。

●中澤　時代の表面というか、社会的にはそうかもしれないね。

▼地味でまじめな活動は存在している

●青砥　それと同じレベルの話かどうかわからないけど、六月末に、東京芸大で、ある履修プログラムがあって、そこで話をすることになっているんですよ。「ダイバーシティ」をどう構築するか、具体的にいうと、世の中で生きづらいと感じている人たちに寄りそう社会をどうやってつくるかというのがテーマの履修プログラム。「ダイバーシティ」というのは多様性とかそういうことですが、毎回そこにはゲストを呼んで話をさせるんです。遺伝性の病気で顔の骨が全然発達してなくて顔が歪んでいる人とか、風俗店の店長と風俗嬢だとか。そういう世の中で生きづらさを感じている人たちを呼んで話をさせて、そこで議論をするという履修プログラム。必修科目じゃないので、学生半分、市民が半分ぐらい集まってくるのね。
●**安彦**　それをなぜ芸大でやるの？
●**青砥**　芸大にそういう履修プログラムがあるんですよ。その時思ったのは、世の中は革命の方向には向いてないけれども、ひじょうに真面目で、社会の末端からどのように社会を改良していくかという考えを持った人がいっぱいいるんだっていうことですよ。それはたぶん全共闘世代が、たとえば部落の問題とか、あるいは女性解放の問題とか、いろんなところに散らばっていて、そこで活動しているということと通じるところがある。どんなことになるか行ってみないとわかんないけどね。
●**安彦**　あなたの生き様を語る？
●**青砥**　生き様は語らないですよ。長期受刑が受刑者にどういう悪影響を与えるのかという、今の状況が全然良くないというようなものに絞って話をするつもりなんだけど。
●**安彦**　あなたがなぜ長期受刑をこうむったかについては触れない？
●**青砥**　積極的には触れない。
●**安彦**　聞くほうとしては、どういう長期受刑者なんだって？　この人どういう罪で入ってたんだって（笑）。
●**青砥**　聞かれたら答えるよ。

▼脱政治的なカルチャー

●**青砥**　いまの話を簡単にまとめちゃうと、「革命の時代」が終わって「サブカルの時代」になった。要は革命に社会的なエネルギーとか、そういったものを動員する力がなくなったから、そういう社会の末端で良心を発揮していこうという運動になっているのか、それとも革命が終わっちゃったんでそういうやり方しかないいか。そういう対比でもって「革命が終わってサブカルの時代」の対比だって、おっしゃっているのかな？

●**安彦**　意味合い的には二つあるんだけれども、その二つに共通しているのは、ひとつは脱政治。全く政治臭がなく、今何が面白いかという、ほとんど趣味的な領域ね。それで一つのカルチャーが出てきた。そのメインは、とてもサブカルチャー的なものだった。

それともう一つは、今あなたが言った、政治ということよりももっとストレートに一つひとつの個別課題で、ここに生きよう、あそこに生きようという、そういうものもあったと思う。その中で一番実りが多いと思うのは、環境問題かな。あの時代から形をそのまま維持して、持続したというのはそれだけじゃないか。俺はジェンダーのほうはあまり好きじゃないので。あなたの言ってくれたのは、その別のほうに当たるわけ。

俺がニュアンスとして持っているのは、脱政治のほうが強い。ひじょうに意表をつかれたわけだよ、こういう時代になるのかという。

ちょっと先走ったことを言うと、サブカルチャー性というのは、じつは全共闘運動のなかにあったと思う。軽さとか、不真面目さとか、話し合っても無駄、インパクト勝負みたいなところ。たとえばあなたで言えば、あなたのアジテーションは、ひじょうにファッショナブルだった。けれど聞いても一言もわからない（笑）。あのスタイルは、まさにある種サブカルだったと思うわけ。言ってることはわからなくてもいい、「俺の生き様を見ろ」「俺が何をするか見てくれ」という感じ。

●青砥　実際そうだったね。そういうスタイル。

●安彦　全共闘運動のひとつのスタイルだったわけだ。これは、まさにサブカルの萌芽だなと思った。後から気がついたんだけどね。ただ、全共闘運動のなかの担い手の人たちが、どのくらいサブカルに行ったかというと、数は意外と少ないんですよ。俺はかなり例外だったと思う。口の悪い評論家、たとえば大塚英志なんかは、サブカルにいっぱい逃げ込んだって言うけど、それはいたかもしれないけど、持続しないし、形を残したやつは糸井重里くらいじゃないかと。村上春樹はメインのカルチャーだからね。

何人逃げ込んで、どういう形にしたかってことじゃなくて、全共闘運動がもっていたあるいは中に潜んでいたサブカル性が、サブカル文化が出てくるベースになっているんじゃないかという感じがしているわけ。だから革命とサブカルという対比は、そんなに唐突じゃない。

ひとつ懸念しているのは、そこから疑似政治みたいなものが、サブカルの中に忍び込むんですよ。そうすると、短絡的な言い方をすれば、それが「オタク文化」になっていく。俺にとって、それはひじょうに嫌なものなんですよ。真面目に考えろという感じがする、年齢的にもね。そういうことで政治くささを入れるな、という苛立ちを感じる。苛立ちやじれったさも含めて、両にらみで本にしてみたいと思うんだよね。

●青砥　確かに全共闘運動も、いろんな要素をはらんでいた反体制運動だったというのは、その通りだと思う。そこからサブカルも生まれてくるんだろうけれど、一方では俺とか植垣とか、ここにいる中澤みたいに、政治に特化して革命家になっていくんだっていうような人間も輩出してきた。中澤は最初から党派活動家だったから、全共闘から生まれてきたとは思ってないんだけど。

●安彦　中澤は、自分は特殊だと言ってるんだけれど、革命家で食っていこうとしたんだよね。

●中澤　社会運動に関わるという意味では高校時代からずっと。革命－社会主義の実現には長い時間がかかると思っていた。そういうふうに生きていくことを考えていた。

●安彦　それは意外といない。

あなた（青砥）の場合、革命戦士になろうとした。

●青砥　革命戦士。植垣は最初から自分は革命戦士だと思っているんです、どういう革命かはわからないけどね。でも世の中に市民権を持たないという決心をするに至った経緯は、まちまちだけれど、結局そういう結論に至った。そういう人達もいたし、サブカルに走った人間もいるし、底辺のここのテーマを一所懸命やろうという人もいるし、環境問題もそうだろうし、障害者問題に取り組む人もそうだろう。そういう人たちがたくさん生まれてきたのは、全共闘運動のまいた種だろうと思ってますけどね。いつの時代でもそんな彼らはいるんだけど、全共闘運動はそれをすごくたくさんはらんでいたんだと思いますよ。

●安彦　ある種ばらまいたんだよね。ところどころに落ちてる。ところどころから芽を出したとか。ところで、革命をやるぞという中では、植垣のように戦士として革命やっちゃおうっていうタイプと、中澤みたいに反日共だけれども、組織でやり遂げようというタイプのふたつがあると思う。俺はあなた自身がどうだったかっていうのは、まだちょっと納得がいってない。赤軍派は中核派なんかと違って、組織的なことはあんまり考えてなかったんじゃないかと思っていたし。

●青砥　ブントは、そもそもそういう組織なのね。われわれの常に実現しえない目標というのは、革命党をつくろうというもの。これがずっとブントの一貫したテーマだった。

●安彦　それは革共同もそうでしょ。

●青砥　革共同はすでに自分たちは党だと意識しているので、そこは違う。ブントの場合の、永遠のテーマは党をつくろうだが、ブントのやり方では党は生まれない。同盟は生まれても、党は生まれない。なぜかというと、革命に対する明確なイメージとして、革命家になるんだとか、革命をやるんだとか、権力を奪取するという考えはあっても、それを具体的にどうプログラムに乗せて、どういう政策を実現するのかといった中身は持っていなかったから。われわれは願望としてそれを持っていたし、党をつくろうと常に努力していた。しかしその結果、連合赤軍みたいな安易な「落とし穴」にはまってしまった。それは完全に落とし穴にはまったと言っていい。結局ブント的じゃなくなってしまった、ということね。

●安彦　なぜそうなったの？

●青砥　それは端的にいうと、ブントとしての力が衰えたから、われわれの力が弱かったから、そういう安易な方向の落とし穴にはまってしまった。

●安彦　ものすごく単純にいうと、頭数が足りなくなったっていうこと？

●青砥　ブントの人間が、連赤にあまりいなくなってしまったということ。

●安彦　人数がそこそこいれば……。

●青砥　ああいうことにはならない。

●安彦　それをあなたの前の対談で、革命左派を通じてスターリニズムが入ってきちゃった……。

●青砥　スターリニズムは、中澤には失礼だけど、必ず生まれるものなんですよ。はまってしまえば安易な道、と言ってもよい。そこに致命的に乗っかってしまった。

中澤には別の考えがあると思うけどね。まず、歴史的な希望としてのロシア革命があって、それを守るために一国社会主義の路線を取らざるを得なくなり、その中で農民を収奪しながら革命の多様性を否定してゆく過程を「克服しなければならないスターリン主義」と考えていると思うけど、俺にはどうもそれだけでは割り切れない。

▼党のつくり方

●中澤　ブントの連中は、「大衆運動」の中で育てられ、鍛えられる開かれた組織というふうに党をイメージしていた。革共同はもともとロシアの非合法時代にレーニンが革命家の組織をつくるたたかいから学んだ。党をつくるというところからスタートする発想をしていた。

●安彦　赤軍派は、党づくりのほうに行っちゃったというんだけど、その時に「レーニン主義的な党」という言い方はした？

●青砥　ブントは基本的には「レーニン主義的な党」をつくろうというスタンスをもっていた。われわれは「反帝」とは言ったけれど、「反スタ」と言っていなかった。それは当たり前だから言わなかっただけの話であって、「反スタ」の中身は何かという中身につっこんだ論理はない。

　レーニン主義に依拠しようと思うと、スターリニズムから抜けられないと考えている。

●安彦　でしょ。俺はそれを学生時代から言ってる。

●青砥　じゃあレーニン主義はどこから出てきたのかという話になる。そんなのは突然出てきたわけではないので、そこが悩ましい。

●中澤　レーニン主義、スターリン主義については、重要な問題だと思う。

　党に関する考え方や革命の困難さや試行錯誤、誤った方針、決定等々にたいするレーニンの考え方とスターリンの考え方は全く違う。党については、ロシア革命の二一年の分派禁止、二三年のボリシェビキが唯一の党という大会決定があったが、革命の危機にたいして事実としての状態に反抗し、変革していこうとするレーニンと、状態を受け入れ、それを最大限利用して一個の体制にしていったスターリン。

十月革命から「レーニン最後の闘争」までの五、六年で、（二三年にはドイツ革命の敗北もある）いったいどこまでできるというんだ。国際的、国内的に想像を絶する危機的状況のなかで試行錯誤や誤った方針は確かにあった。学生時代にあるメンバーが「クロンシュタットの反乱をボリシェビキ党が弾圧した」と言って戦列を離れたことがあったが、それと今革命運動を遂行するのとは全く別の問題だ。

スターリンが数十万人を殺し、数百万人を投獄した歴史的事実、一国社会主義論が、社会主義の思想を歪め、ひいてはソ連防衛のために世界各国の共産主義者が自国帝国主義とたたかうことを圧殺する、党を階級の意識的前衛党から党の国家化、一体化させていく。こうしたスターリン主義はレーニンの思想の実行によって生み出されたものではない。

スターリン主義が誤っていたからといってレーニンの思想や十月革命までが否定できるわけでもない。マルクス主義の否定まで行き着くわけがない。

▼赤軍派は「蜂起」すると言った

●安彦　あなたは、自分は結構「黒」っぽかった（ノンセクト的あるいはアナーキスト的）と言ってるんだけれども、端から見ても十分「黒」っぽかった。レーニン的じゃないわけ。もともと赤軍派は、レーニン的な集団ではないと思っていたし、レーニン的な党をつくろうともしていなかったと思う。

●**青砥**　目標としては、そういう目標を持っていたんだけれど、内実は全然違っていた。

●**安彦**　それが、最初の時だったかな、「前段階武装蜂起」って聞いた時に、これはもう「行くとこまで行っちゃった、何も言えねえ」って感じがしたんだよね。「前段階」ってことは、「客観情勢は関係ない、とにかく事を起こすんだ、それがどういうインパクトを周りに与えるかが問題なんだ」ということになる。「客観情勢がこうだから、何をする」ってことじゃないんだ、という意思表明だと聞いたんです。

●**青砥**　客観情勢についての現状分析はあったんだけど、主観的だった。

●**安彦**　あなたがそれをフォローして、「東京戦争」「大阪戦争」（どちらも赤軍派が交番を襲撃）を解説してくれたんだけど、でもその解説を聞いてもなおかつ、「前段階武装蜂起」というのがいきなり登場した時の衝撃はある。「よそのやつはだまれ、空論は聞きたくない、俺は行動するから」って、そういうふうな意思表示に聞こえた。

●**青砥**　それはその通りで。

●**安彦**　だから革命戦士になろうとした。

●**青砥**　ただね、革命戦士になろうといっても、植垣みたいに一挙に飛び込んでいったのとは違う。やっぱり段階があるんですよ。一挙に革命戦士になって「もう人生いらない」っていうふうには、なかなかならない。その都度その都度、段階でもって悩むし、悩むたびに「一番左から乗り越えるんだ」ということで決断してきたんだけど、それは全共闘出身だからなんですよ。

たぶん、党派に属していた中澤にはそういった悩みは、あまりなかったと思う。植垣にもそういった悩みはあまりないんじゃないかな。

●安彦　俺は最初、あなたが植垣をオルグった（組織に入れた）と思っていたんだが、とんだ間違いだったんだけどね。

▼非核化せずに南北統一したら

●安彦　ちょっと話が飛ぶんだけど、「よど号」の件もあるから、昨日は米朝会談をやったという時期なんで、ちょっと聞いておきたい。北朝鮮がどうなろうと知ったこっちゃないというと、それで終わりなんだけど、どうなると思う？　北朝鮮や金正恩の今後。「よど号」が半世紀前にあそこに行って、まだ何人か残っているわけだけど。

●青砥　中国と同じような道をたどるんじゃないですか。

●安彦　北朝鮮は中国型の小さい国家資本主義国になれる？　それよりも前に、物理的に崩壊するんじゃないかと思っているんだけどね。

●青砥　金一族がどうなるかは安彦さんが考えている通りだと思うけれど、崩壊したからって北朝鮮の体制を支えてきた多くの共産党員とか幹部がいるわけであって、そいつらが、中国の影響下で、中国みたいな道を歩むことになるんじゃないですか。

●安彦　別な話になっちゃうけれども、俺がもし金正恩の側近だったら、話を「核放棄」とか「体制の保障」とかじゃなくて、ましてや「拉致」なんて彼らにとっては小さい問題じゃなく、「話を南北統一に持っていっちゃいましょう」と提案すると思うんだ。「民族の悲願に訴えちゃいましょう、そうするとアメリカは入ってこられません」と。

●青砥　それはよくわかんないんですね。

●安彦　でも、そうはもっていかないようだよね。それが一番利口じゃないかな。

●中澤　南北の統一という方向だと思いますよ。それ以外の進め方はたぶんないと思う。

●安彦　知り合いの韓国人のジャーナリストがいて、大学院生でもあるんだけど、彼に聞いたら、韓国の世論というのは真っ二つなんだと。共産党が死んでも嫌いだっていう人と、民族の統一こそ悲願だという人で、真っ二つ。それが比率を変えて、与党野党の選挙結果に出る。左右にぶれつつね。そういう状況なので、いまでも死ぬほど北が嫌いな人は、「統一なんかとんでもない」って言う。「統一が民族の悲願」というのは、半分当たって、半分間違っている。そのジャーナリストは嫌いなほうなんだけどね。

●青砥　俺の友達で、やっぱり在日の人がいるんですよ。元赤軍派ですけどね。彼の国籍は北朝鮮でも韓国でもない。もちろん日本国籍でもない。単に朝鮮国籍。そういう人もいるんです。そいつといろいろ話をするけど、考え方は韓国ですよね。「韓国の人は、北朝鮮の核武装に反対しないだろう」と言うわけ。なぜか。それは「いずれ南北が統一すると、その核が統一朝鮮の核になるから、みんなだいたいそう思っているはずだ」と言うわけ。だから韓国の人たちは北朝鮮の核武装について、日本みたいに恐れも持ってないし声高には反対もしない。そういうトーンでいうと、「統一朝鮮」はみんなが望んでいる。でも、俺はそうならないと思う。

●安彦　ならない線のほうが強いね。でも、核放棄しないで、うやむやのまま南北統一しちゃう。そうしたら、核武装した統一朝鮮ができる。

●青砥　いま、それはひじょうに危険ですよ。

●安彦　危険だし、安倍総理なんかにとっては、悪夢のなかの悪夢でしょう。ひとつの仮定だけどね。

▼北朝鮮はトランジット?

●安彦　赤軍の話に戻すと、青砥の話を最初に聞いていてひじょうに意外だったのは、「よど号」はなんで北朝鮮に行ったかということ。最初はダブルで勘違いしていてね。当時の認識では、彼らはアラブに行きたかったんだけど、北朝鮮で足止めくらっちゃったと思っていた。その後だいぶ経ってから、意図的に北朝鮮に行ったんだってわかった。マスコミレベルの話しか聞こえてこないから。

●青砥　それは意図的に行ったんですけど、北朝鮮のあとにすぐにキューバに行こうと思ってたんですよ。

●安彦　それはあなたに聞いて初めて知った。だから二重に誤解してたんです。じゃあ北朝鮮ってなんだったんだ、なにものでもなかったのかと。

●青砥　あのころは、北朝鮮とアルバニアは、いわば中国にも与しない、ましてやソ連にも与しない国であるけれども、ちょっとボタンをうまくかければひじょうに革命的な国になる、というひじょうに安易な考えを持っていたんだね。

●安彦　それは安易と言いきっちゃっていいのか。そのときに一番違和感を持ったのは、キューバは一つの理想の表現だからいいんだけど、アルバニアと北朝鮮は、対ソ自主独立ということでは同じレベルなのかと。

●青砥　いやいや、中身の精査なんかしてないから。情報も少なかった。自主独立というだけで、あそこに行けば、保護してくれて、キューバにも行けるだろう、というひじょうに安易な考えですよ。ただ、当時の労働者国家には革命の継続が必要で、その可能性（幻想）をこれらの国に持っていたことはある。結局騙されてしまったが、中国の文革もそういう文脈でみていた。

●安彦　キューバに送られなくても、そこで武装訓練ができて……。

●青砥　キューバに送られなかったらアウトじゃないですか。実際アウトになっちゃったけど。

●安彦　武器というファクターはどうする？

●青砥　彼らは北朝鮮の軍事訓練を受けているけれども、「俺たちは軍事訓練やって、そのまま日本に戻してもらって」という考えがあった。

●安彦　キューバには送り出さないし、日本にも帰さないという話になるよね。

●青砥　キューバは国際義勇軍みたいなものをつくっていたから、キューバにいけばなんとなる、という考えはあったけど、北朝鮮で武装訓練をして、日本に送り返してくれるなんて幻想はさすがにもってないんですよ。本来はトランジットの国だったわけです。それがトランジットどころの話じゃなかった。

●安彦　意外なのは、旧植民地朝鮮という考えはまったくなかったの？

●青砥　多少あった。それよりはむしろ同じ共産主義を信奉する兄弟というか、まがりなりにもそういう国、同志の国だろうみたいなニュアンスのほうが強かった。かつての植民地支配とかについて、われわれは自己批判すべき話だけれども、それ以上の考えは持たなかった。

●安彦　じゃあ「在日」のことも頭になかった？

●青砥　ただ「在日」の人間を北朝鮮に送ることだけはやめようと。実際に「在日」の人間でも赤軍派がいましたから、そいつらはハイジャックに乗せないと。そういう判断はありましたよ。

●安彦　それはなぜ？

●青砥　送ったらひどい目に合うだろうと思ったからですよ。そういう民族同士の感情の問題については、あまり深く考えなかった。

●安彦　「在日」は送らないと。実際あの中にいないわけだ。

●青砥　実際問題として、金日成は彼らをそれなりに扱ってくれたと思いますよ。出さなかったけれど、邪険にされたわけじゃない。利用されながらだけども、革命家として彼らを扱ってくれていたと思ってます。

●安彦　金日成が赤軍派の連中を、それこそ革命戦士として教育して、革命輸出してやろうという腹があったら、日本に返しただろうね。

●青砥　ただ、彼らを革命家として日本に送り返すことなんて、そもそも考えてなかったと思います。彼らを革命家として遇するってことは、自分たちが革命家の国なんだってことの表現なんだよね。そのために彼らをかばったと俺は思っています。

▼核武装について

●安彦　この間あなたが言ったなかでの「武装」という問題がある。北朝鮮は核武装までいった。銃とか爆弾による武装ってことの一つの極北ですよ。こけ脅しであってもアメリカ相手に核戦争をやるぞと公言した。そういう武装にかけた北朝鮮に対して、簡単に言っちゃうと、シンパシーがあるんじゃないかという気がしたの。

●青砥　それはないね。われわれが武装というのは、抑圧された自分たちの権利を守ろうとしての武装、その結果として権力を奪取する武装ですよ。国家間の武装の競争とか、武装によって相手の国を脅かすとか、そういった考えはもったことはない。

今の北朝鮮の武装は、やむを得ないところがあると思いますよ。圧倒的にアメリカの武装があって、アメリカに常につぶされるかもしれないという強迫観念を持っているわけだから。それはそうだと思いますが、国内の経済はろくなことになっていないし、国内を弾圧しなければ、自分の権力を維持できないというような時に、外国の勢力から軍事攻撃を受けたらいっぺんにつぶれるのは目に見えている。そういったものを防ぐために、こけ脅しでも自分たちが核武装して、発言権を確保しようとするのは、なりゆきとして理解できるけれど、そういう行動って、社会主義建設とはかけ離れた地平でしょう。だから共感しない。

北朝鮮の核武装はアメリカが核武装してる限り正しいと言っている人間もいます。でも、おおかたはそんなふうには思わないね。ただし、核兵器がきわめて非人道的な兵器だから反対、という考えには立たない。核でなくたって十分に非人道的ですからね。

▼ISの運動のやり方

●安彦　この前、ISについてどう思うかって聞いた。

表向き「あいつら、いいね」って言う人はまずいないんだけれど、思っていた以上に、あなたは冷淡に否定したんだよね。否定してもらったのは大変良かったんだけれど、ちょっと意外でもあった。

●青砥　ISの運動は、中身は否定しなきゃいけない。国という固定的なものをつくったのは正しくないけれども、大衆を巻き込んで自分たちの主張を実現させる運動を世界中にばらまくという観点からいうと、ひじょうにおもしろい考え方だとは思っていますよ。その結果、やることが単なるヨーロッパでのテロとかそういったことだから、認められないだけの話であって。

●安彦　ただあまりにもアナクロイズム。テリトリーを持ったのが間違いだと。

●青砥　「世界横断的なゲリラ戦線」みたいなものにすればよかったのかもしれない。イスラムという前提があるから、うまくいかなかったでしょうけどね。

●安彦　テリトリーを持つことで、ひじょうに吸引力も持ったんだよね。俺もＩＳにはまったく肩入れしないんだけど、テリトリーを持ったことは意外だった。

●青砥　吸引力持ちました、で、潰されます、ここまでは計算はできます。潰されるのは当たり前ですからね。今度は潰された連中が世界中に散らばる。散らばった人間は各国が摘発しますが、その網の目をくぐって新しい運動に発展する……かどうかは、わからないですよね。一番、ありえるかなと思ったのは、中国の新疆に彼らが入り込んで、あそこの独立闘争みたいなのをやるんじゃないかと見てました。どうもそうはならないですね。

●安彦　新疆は面白いって言ってはいけないけど、ひじょうに微妙な世界でね。歴史的にも。

●中澤　運動論についていえば、やっぱりテリトリーを持ったことで物質力を持った。人も集まるし、力も得るし、資本主義的にだってなるわけです。それはイスラム教でも共産主義運動でも同じ。そういうところで、いったい人間にとってなにが根本なのかというところを明確にしておかないと、ああいう問題は袋小路に入っちゃうんだろうと思う。

▼オウムの「ポア」の論理

●安彦　ISに関しては、ネガティブなことが多すぎる。テロなどの問題にしても、宗教的原理主義にしてもそうだけど、それは青砥なんかもしっかり否定してくれた。俺は聞いた時は安心した。あと無差別テロというのはテロリズムの頽廃の極致だと思うからね。

●中澤　しかし、無差別かどうかはわからない。

●安彦　ISは観光客に車で突っ込むことも肯定するわけでしょ。それは頽廃の極致ですよ。いろんな人が同じことを言っていると思うけれども、宗教も思想も、つまるところ同じ、原理化した場合は同じだと思う。これは両方とも否定の対象だと俺は思う。マルクス主義も宗教化した段階で終わりなんだ。そういうスタンスの人間が、こうやってインタビューしてるわけなんだけれども。

●青砥　そこは悩ましいところだよね。なぜISが人に悪い印象、嫌悪感を与えるのか。それは、彼らがやってることもそうなんだけど、それ以上に「お前たちを救ってやるから殺してやる」みたいなところでしょう。それはね、オウム真理教の麻原の「ポア」と一緒なんだよ。「ポア」というのは、本来、師匠が弟子に対して行なう行為で、一般人に対して行なう行為じゃないという言い方もあるんだけれど、それにしたって他人の魂を救うために、殺してやるというのは一緒。なおかつそれが、自分の功徳というか、善を積む行為になるわけでしょ。こういう、ひじょうに欺瞞的な行為は、一番気に入らない。じゃあコミュニストの武装闘争はどうか。俺はそこには違いがあると思っている。

●安彦　俺は今書いてる文章のなかで、オウム事件というのは起きてほしくなかったって書いた（383頁参照）。邪魔だと。あんなものが起きたために、連合赤軍事件がかなりかすんじゃった。本質的な問題が、あそこにいっぱい含まれていたのに、オウム事件というひじょうに醜怪なものが起きてしまったことで、ひじょうに迷惑をこうむった。

評論家の大塚英志が、「オウム事件というのは、オタクの連赤だ」と、どっかで書いたらしい。それで十分だ。俺は大塚は嫌いだけど、その定義はまったく支持する。「オタクの連赤」、それで片付けていい。いろんな思想家とか評論家がオウム事件を考えることにエネルギーを使っているけれども、いい迷惑だと思ってる。

●青砥　俺らは「他人の魂を救うために殺そう」なんて思ってませんよ。権力を奪取するために説教をたらすっていう考えがあるけど、スターリン主義になると、今度は革命を守るために殺すという。しかし、相手を成仏させるために、相手の魂を救うために殺す、それが自分の功徳になるという考えは基本的にないですよ。

●安彦　それは連赤の粛清でもなかったと。

●青砥　それはそうですよ。連赤では「総括」のために「援助」して、それがそのまま死んじゃう、殺しちゃう、みたいなことがあったけれど、あれは苦し紛れの屁理屈なんであって、その後の苦しみの元凶でもあるけれど、同志を救うために殺すなんてことはあり得ない。

●中澤　オウムと連赤を関連づけることはありえない。異質の問題。

●安彦　俺は異質とは思わないんだけど。共通するというか、通じ合ってる部分があるから、俺は迷惑だと。

●中澤　言ってることの感覚的なイメージはわかる、でも理屈としてもわからん。

▼革命家とはなにか

●青砥　なんで俺は革命家になろうと思ったかというと、労働者の権利を守るとか、そういったものじゃなかった。共産主義の根本には、人間は限りなく「いい人間」になっていくという理念があるわけですが、そういうのを獲得したいなということ。マルクス主義の理念は単純に言うと、自然に働きかけてそのリアクションでもって、人間はどんどん良くなるという考えです。今ではそれは正しくないと思っているんだけれど、俺はそのために革命に挺身しようと思ったんだよ。労働者の権利を守ろうとか、労働者を解放するとか、それは二の次。別の言い方でいうと、正義を実現するために革命家になろうと思っただけの話。

●安彦　最初の話で、革命家と革命戦士は違うわけで……。

●青砥　俺の考えでは一緒です。政治家じゃないということだけ。

●安彦　極端な話、革命家が革命をやる、その捨て駒のひとつになってもいいと？

●青砥　そういうことです。そもそも革命党というのはヴォランタリーが優先するインテリゲンチアの党だと思っていたから。

●安彦　革命戦士は捨て駒にもなる。

●青砥　それはそうなんだけど、それは中澤が言う革命家でも同じことですよ。

●中澤　（革命の）最後まで見たいと思っているだけですよ。

●安彦　別に、党ができていくのを、見なくたっていいんだよな？

●青砥　革命するために党をつくってるわけだから。そもそも革命党は運動と切り離せないもので、スタティックなものじゃないでしょう。

●安彦　でもきっとできるだろうという希望はもって……。

●青砥　希望がなければ、やらないじゃないですか。

●安彦　希望がないと、やらないかな？　捨て駒かもしれないけど、この献身が党を生むんだと思わないとやれない？

●青砥　それはそうですよ。

――（編集部）その革命戦士は、大衆なり人民なりいろいろ言い方がありますが、そういう人たちを指導する人ですか、それとも一緒に解放される人なんでしょうか？

●青砥　以前は「レーニン主義」といったものにどっぷりつかっていたから、前衛として指導しながら自分が先頭に立って闘っていくという、そういったスタイルですよ。
●中澤　階級の意識的前衛、階級意識の精華としての前衛党として闘っていく。
――やっぱり前衛を目指されていた？
●青砥　そうです。だってね、労働者部隊をつくるとか、いろいろ言うけど、ありのままの労働者なんて革命的でも何でもない。革命的な意識をもった労働者が革命的な労働者なんであって、そういう人たちに依拠するっていうのは正しいかもしれないけど、一般に労働者の利益を優先させて、革命が実現するかというと、そんなこと思わないね。
――いわゆる「外部注入論」ですね。
●青砥　「レーニン主義」は「外部注入論」になる。
●中澤　レーニンが『なにをなすべきか』だとか『一歩前進二歩後退』に詳細を述べている。十月革命の課題でもあった八時間労働日の採用要求は、それだけではブルジョア権力でも実現できる。じゃあなぜ社会主義革命が必要なのか、ここにブルジョア権力を倒し、ソヴィエトの権力をうち立てることを目指す意識的な思想が必要なんだ。簡単にブルジョア権力が身を引いていくことはないし、この革命の中で新しい社会を建設していく力をつけていくことができる。こういう意識的な活動、思想は自然発生的には成熟しないと考えられるので外から持ち込むということになる。
――要するに、目覚めてない大衆なり人民なり労働者がいる。それを目覚めさせて、啓蒙し、正しい方向に領導する、その存在が前衛党であると。

●青砥　前衛党は新しい社会関係を作る。そのために将来の社会関係を体現する。
――でも現実的には、前衛党って全部、嘘っぱちでしたよね。標榜はしているけれど、やったことは惨憺たるものだった。
●青砥　ロシア革命自体が嘘っぱちだったわけではない。どこに嘘っぱちになる原因があるのか、が大事なところで、悩ましいところでしょう。
――安彦さんは、前衛党を目指さなかったわけですよね？
●安彦　入口まで入ったんだけどそこで駄目だと思った。民青に入って、党員にしてもらって、一所懸命仕事できるようになりたいと思ったよ。それが急速に色褪せた、全部違うと。
●中澤　そこまでは俺と同じことを考えていたんだ。俺はそのまま。
●安彦　その後、新左翼の党派は全く魅力的に映らなかった。
●中澤　俺はそれが魅力的に映ったから、移動しただけです。
●安彦　あなた（中澤）は、共産党という過程を通らないんでしょ。
●中澤　もちろん通ってます。高校では民青で、新左翼、中核派はその後です。
●青砥　中澤と方向は違うけど、植垣とちょっと似ている。中澤の場合は、党。植垣の場合は、武装闘争。
●安彦　あいつも民青だった。意外なことに。
●青砥　俺もそうだよ。

▼そもそもボルシェビズムが間違っていた

●安彦　この間のインタビューの印象的な最後の言葉が、「共産党が悪いんですよ」。いいフレーズで終わったなと思って、それで締めにしてるんだけど、考えてみれば、ずいぶんなげやりなフレーズなんだよね。

●青砥　つまり自分達は失敗した。その失敗の元凶はどこにあるかというと、自分たちの資質の問題もあるけれど、唯一の左翼としての共産党がしっかりしてくれなかったから、俺らがこんなことをしなきゃいけなかったんじゃないか、そういう気持ちは、ちょっとあるよ。

●安彦　どこから、期待はずれになったのかな？

●青砥　根を深く掘れば、やっぱりロシア革命から始まったということが、そもそもだめなんだろうね。ロシア革命自体は必然的で、時代の希望ではあったけどな。

●安彦　そこは一致するね。だから俺はボルシェビキ（ロシア革命時、レーニンが率いていた革命党、共産党）はだめ。レーニンから駄目になったと思う。

●青砥　ボルシェビズムがだめなんだって、俺は思います。ボルシェビズムのどこがだめなのか、いろいろ考えるけど、この前中澤はいいことを言った。デモクラシーは人類の財産だ、と。それはそう思う。いろんなフェーズがあるけどな。

●安彦　そもそもトロツキーはボルシェビキじゃないでしょ。もともとは。それでよかった。

――前衛が領導していく先は、理想の共産社会を実現するんだっていうビジョンがあるわけですね。その段取りは、政治権力を握って、独裁的になるけれどもプロレタリアートの権力を作って、そこで社会関係を全部変革する仕組みをつくり、しかるのち国家を死滅させる、共産社会に移行するというようなシェーマがあるわけです。その過程で、「わかってる人」が「わかってないやつ」を教えていくってことになりますよね。その構造って、ほとんど宗教にならないですか?

●中澤　それは宗教という社会的な一部の構造と、社会全体を構成する生産諸関係等のなかで起こってくる社会革命との違いがまずあるね。革命は国民国家的にも世界的にもすべての階級階層を巻き込むから、そのプロセスは数百万数千万の政治的力で、実例の力で説得し、教えていくことになる。宗教ではない。

――でも、「信じる力」と言い換えたって、あまり変わらない。

●青砥　そこは悩ましいところなんだよ。宗教と違うのは、革命は社会環境を変えれば人間は成長して、それに応じた新しい人間関係をつくるというのが基本だよね。宗教はそうじゃない。宗教は、要するに教えがあって、魂の救済があれば、それでみんな幸せになるという考えでしょ。社会関係なんて関係ないんです。

――ただ、目覚めてない人間をして、組織化《オルグ》していくわけじゃないですか宗教は。

●中澤　組織化していくのは、それはそうです。社会主義はこの概念に含まれている解放のエネルギー、人間解放の問題を軸に組織化してゆく。

オルグする側、される側、いずれも人間の交通形態としてある。オルグする側はもちろん主体的な意識的な活動であり、人間性をかけたたたかいでもある。オルグされる側もそこで人間としての立脚点を要求される。この人間の問題こそが、社会－資本主義経済諸関係の中で非人間化され、疎外されていたことからの自己回復のたたかいとなっていく出発点になる。だから宗教と同じではない。

――その構造は同じじゃないですか？

●**安彦**　それは現世利益の宗教は特にそうだよね。

●**青砥**　社会主義の運動のなかで目覚めてないのをオルグするというのは必要だけど、もっと大事なのは、社会環境を変えていくということだ。

●**中澤**　社会環境を変えるというのは、目覚めてない人たちになにをもたらすかってこと。金であったり物質的なものを含めて、すべてをもたらす。そういう意味で、実例の力。

●**青砥**　権力奪取の過程ではいろいろあるんですよ。で、社会環境を変えたら、人間の意識は自動的に成長して良くなるのか？　マルクス主義はそれについて、楽観的じゃないですか。その楽観主義に、俺はちょっと足をすくわれた。今はそうじゃないと思っている。

いままでそうじゃないと思った哲学者は何人もいる。サルトル（二十世紀に活躍したフランスの実存哲学者）なんかも、そのひとりだと思う。ルカーチ（ハンガリーの哲学者）なんかも、そうだと思う。でも誰一人として、それの解答を出せてない。だから社会環境を変える運動と、社会環境を変えたら実際にその人間が成長していくのかということについては、何の関係もないと言ったほうがいいと思う。

●安彦　社会主義について、あるいは共産主義について、マルクスはひじょうに理想主義的に提示してた。

●青砥　もともとコミュニズムというのは、あるいはコミューン主義というのはプルードン主義（フランスの思想家プルードンのアナーキズム的な思想）でも考えていた。でもプルードン主義が失敗したから、共産党、前衛党をつくってやんなきゃいけない、そのために経済分析もしなきゃいけないっていう、そういう考えでしょ、基本的には。

●中澤　プルードン主義に対する反発。

●青砥　だからプルードン主義で世の中が変われば、こんないいことはない。でもそれは無理だと。

●安彦　マルクスは、貧困には根本的な理由があることを、『経済学批判』でやったわけです。それは科学なんですよ。そこに前衛党なんていう概念はない。それをレーニンが持ち込んだわけだから。そこから「外部注入」とか戦略論とか、人為的な要素が入ってくる。そうするとそれはもう科学じゃないわけだ。「思想」がどんどん方法論化していく。

▼正義を実現したかった

●青砥　話を戻して、われわれが全共闘運動をやったとき、全共闘運動というのは、党派の問題とか、マルクスの問題とか、レーニン主義の問題を議論する運動じゃなかったんだよね。要はいろんなモチベーションがあるけど、正義を実現したいというのと、あともう一つ、面白いからやっているという、両方あったと思うよ。

その正義を実現したいという運動の根底には、自分達の親はちゃんと真面目に生きてきたこともあったと思うんだ。それを無にしたくないってところがある。なんでアメリカの手先にならないかいんのだ、ってのがあったと思う。ゲバラみたいに英雄主義を貫いた人がいる。お手本だよね。正義を完結したいというところから、いろんな道が生まれた。サブカルに走る人もいただろうし、環境問題をやる人もいた。

●安彦　サブカルには正義の概念はないんだよ。フィクションに昇華した正義はある。でもそれは、完全に社会から浮き上がった正義なんだよ。残念ながら。

●青砥　それはアメリカのネオコン（レーガン時代に台頭した新保守主義）の源流は、トロツキスト（スターリンに粛清されたトロツキーの世界革命等の思想を信奉する者）だっていうのと同じような話で、ネジ曲がったら、政治もなにもないんですよ。でも、正義のところに踏みとどまって活動してる人はたくさんいるんだよ。それがいろんな文化を生んだと思ってます。環境問題もそうだし、反原発もそう。だからそれは一概に否定できない。でも、そういう分散した運動が、世の中に多少影響は与えているだろうけど、どの程度のものなのかなということはありますよね。やっぱり政治的な課題として追求するんだったら、政治活動をするしかない、政治闘争をやるしかない。

●**中澤**　全共闘運動は何をやりたいと思っていたのか、運動全体を支えたもの、自分で自分の人生に対して真面目に考えた人たち、あの運動全体のなかで、何十万の人たちが考えた事柄をどうやって残すかというのが、安彦氏の課題だと思ってるんだけど、それでいいの？

●**安彦**　半分いいし、半分違うという感じもするな。それはたとえば、千葉の歴史博物館で『１９６８』という展示をやったわけですよ。その展示のコンセプトは、とにかく「個の主張、個の運動」だということ（351頁参照）。

●**中澤**　あのときに真面目に生きた人たちだね。

●**安彦**　そこにものすごく寄り添った展示なわけ。内覧会で「どうですか」って聞かれたから、「ずいぶん優しいですね」って言った。寄り添いすぎじゃねぇかってくらい寄り添ってくれている。

●**中澤**　政治、社会に対して、変革の論理としてなにがそこで貫かれたのかということは、非常に関心がある。

●**安彦**　前史もあるし、後史もあるし、いろんな現われ方もあるわけ。「三里塚」だってそうなんだ。いろんな矛盾がその中にはらまれているし、それは露呈もしたし、破綻したものもある。ただ、その思想の中核であった個とか主体性とか、ひじょうに実存主義的な感覚、それですべてを包むと寄り添いすぎ、優しすぎの感じがあるんだけど、そこを核として見てくれていることについて、俺はすごく嬉しかった。

●**青砥**　今は「あなたは今どういう人なの」って聞かれると、「コミュニストじゃなくて、実存主義者だ」って言うことにしてるよ、俺は。実際そうかもしらん。

▼いまどきの学生運動について

――ちょっと視点を変えて。ここ数年、安保法制等々のなかで、国会前をかなりの人間が埋めるということがあり、学生運動をしてる人たちも登場してきたじゃないですか。そういう人たちを、みなさんはどういうふうにお考えですか。

●**安彦**　お二人は、シールズ（SEALDs、Students Emergency Action for Liberal Democracy、自由と民主主義のための学生緊急行動、二〇一五～二〇一六年に活動）とかとの接点はある？

●**青砥**　個人的に接点はないですけど、中澤とふたりで座り込みというか、国会前には行きましたよ。

●**安彦**　そのとき場を仕切ってるのはシールズの連中？

●**中澤**　そうでした。

●**青砥**　われわれの場合は、現役の人間はいなくて、もう引退したOBが何人か加わっていた。頑張ってほしいという気持ちはあった、なんか孫を見るような気分だったね（笑）。

――若いシールズの人もいたと思いますけど、けっこう年配の方、六十歳以上の方が主力じゃないかと思うくらい多かった。

●**安彦**　そこでシールズとシルバーが交わることは？

●中澤　けっこうできていた、いろんなところで。
●安彦　俺はまず現場に行きたくないから、行かない。
●青砥　俺も一回しか行ってない。
●中澤　たとえばコスタリカの憲法は戦争放棄だから、軍隊を持たない国を自分で作っている。それを映画にして上映運動を日本でやっているグループがあるんですが、そこには若い連中が増えている。半分は若くて、三十代・四十代以下が半分、あとは六十代・七十代がまた半分。
●安彦　その「間《あいだ》」が「サブカル世代」なんですよ。
●中澤　そういうことか。
●安彦　そういうことなんですよ。「シールズの世代」は、大きな空白の後から出てきた、「昔懐かし」の若者たちなんです。
●中澤　「昔懐かし」じゃなくて、彼らは安保法制も含めて新しく、自分で物事を考えている。
●安彦　だからそういう世代が出てきたというのは、われわれから見たら、現象として昔懐かしい。
●中澤　そういう意味では昔懐かしい。
●安彦　「間」がぽっかり抜けてるんですよ。それが時代の特徴です。
●中澤　二十代からはじまって若者たちの最年長が四十歳以下、その上が完璧に抜けている。なるほど初めてわかった。
●安彦　だから、われわれ世代とボコッと抜けたところをひとつのとらえ方で括ると、「革命とサブカル」になる。なんでここがボコッと抜けたんだ。ここにあった「革命」というのは、どういうものので、どうなったんだ。で、今、若者たちが出てきた。そのつながりがあるのかないのか……。

●中澤 安彦氏が「サブカル、サブカル」っていうのが、ようやくわかった。

●安彦 巨大な空白なんだよ。こういう不思議な断絶がどうして生まれたんだということなんだ。俺はその空白を相手にして、そこでものを作ってきたわけだ。

●中澤 俺はその空白という中で運動実体や人を苦労して一所懸命育ててきた。うまくいかなかった責任は自分たちにもあるけれどね。そしてサブカル。それは現実の生きた社会経済様式をどうこうするものではないと思うがどうなんだろうね。いま生きた目の前の現実、悲惨な現状を解決するための方法論、イデオロギーとしてマルクス主義が最も適切であると思っているので、俺はそれにかけていきたい。

●青砥 そこの差なんだろうな。安彦さんは、その空白はなんでもありだと思ってるんですか？

●安彦 われわれの失意がそれだけデカかった。その失意の責任は「連赤」にもあるわけ。人によっては「連赤」がすべての責任だという人もいる。

●青砥 失意というのは希望が失われた結果であって、じゃ失意に至った人々の希望はどんなもので、どんな通底するものがあったのか、と問いたいね。そこにこそあの時代と全共闘運動の意味があったんじゃないのかな。『全共闘白書』（94年、新潮社）という本みたいにひどい本もあるけどね。「みんな『連赤』がいやで革命やめました」みたいな。

●安彦　「連赤」元凶説について俺は「違う」と言っている。でも若い人たちは、それを生で知らないから、ひとつの情報として受け入れる。「『連赤』でブッっと切れて、あれで革命時代は終わったんだよ」というふうに理解してしまう。ちょうどわれわれが、五〇年代の「所感派」の時代なんて知らないから、「山村工作隊」や「火焔瓶闘争」といっても、後からの情報としてしか知らないようにね。だから「火炎瓶投げて挫折したんでしょ」というふうに集約しちゃう。実際を知っている人からすれば、「いやそんなもんじゃねえ」と言うと思うんだよ。それと同じでね。

それだけ巨大な節目にされている連赤に、われわれの知人が二人関わったということが、これは捨て置けないわけですよ。しかも二人とも生き延びて時代の証言者になってくれている。われわれは他の大学や、他の全共闘グループとは違うんだ、ということになる。

●青砥　武装闘争に対する俺と植垣の違いは、どんなもんだと思う？　植垣はいつの時代でも革命家なんだよ。俺は全共闘の世代を通らないと革命家になろうと思わなかったと思う。

俺が安彦さんに希望することはひとつしかなくて、全共闘の意味も大事なんだけれど、それが生み出した結果として、それは「革命の時代が終わった」でもいいんだけど、じゃあその革命自体がどういった問題をはらんでいたのかというのがあるわけでしょ。要はレーニン主義とマルクス主義にはやはり問題があるんじゃないか、というところまで踏み込んで書いてもらいたいね。

●安彦　描いてるよ。漫画というサブカルの方法で、だけどね。今度の仕事でも描くつもり。ストレートに。テーマが『ロシア革命』だから。

二〇一八年六月十三日　於　池袋　日比谷ＢＡＲ

植垣康博氏との対話

（元弘大全共闘／連合赤軍）

【第1回】

「革命戦士」植垣康博の弘前時代

植垣康博

一九四九年生まれ。一九六七年弘前大学理学部物理学科入学、のち退学。七二年連合赤軍事件で逮捕され、九八年刑期満了で出獄。二十七年間獄中にあった。著書に『兵士達の連合赤軍』『連合赤軍27年目の証言』（彩流社）などがある。

特別参加　青砥幹夫（23頁参照）

特別参加　中澤紀雄（23頁参照）

”飢え餓鬼”こと
植垣君は
じつはフルートを奏でる
男声合唱団員で
文学青年．
今は
人も識る
ミスター
”語り部”

六九年安田講堂事件のときは民青、同年九月の全共闘派の弘大本部封鎖では行動隊長、そして赤軍派、連合赤軍へ。怒濤の行動の軌跡。

▼なんで弘前へ？

●**安彦** 静岡だったんだね、出身が。俺はそれずっと知らなかったから、静岡で店やってるって聞いた時「なんで？」って思った。

●**植垣** そっ、静岡。高校は藤枝東。

●**安彦** サッカーの強い所だ。それが何で弘前に？

●**植垣** 高校時代地学部にいてね、地質学に興味があった。地質学、というか、鉱石工学。秋田に花岡鉱山というのがある。そこの黒鉱、これに興味があったから弘前に行こうと。

●**安彦** なら秋田大学だろ。あそこには鉱山学部がある。

●**植垣** 大学では物理学をやる。これは決めていた。だから理学部。鉱山学部ではない。

●**安彦** ふうん……。静岡だったら、ね。フォッサ・マグナがあるから地質学的にはむしろ面白いだろうに。

●**植垣** 静岡でもずいぶん石を集めた。もう、あちこち、歩き尽くすくらい。それで興味が東北に向いてた。北東北。高校までに集めた石は標本にした。ずいぶんあったよ。今でも、大半は高校で展示してあるらしい。外に出てきてから、また集めている。
●安彦　まだやってるんだ。一生もんの趣味だね。で、どうだった？　弘前の石は？
●植垣　けっこう歩いたよ。花岡にも行ったし、弘前近辺でもいろいろあるんだ。
●安彦　充実の学生生活……。
●植垣　ああ、そうだよ。
●安彦　大学を間違えた、とは？
●植垣　思わなかったね。まあ、受かったのが弘前だけってこともあったけど、それでもここでいい、面白いと。ただ、言葉が、ね。
●安彦　津軽弁が。
●植垣　そっ。全然判らん（笑）。
●安彦　山本直樹の『レッド』ね。あれ、彼が取材で俺の所にも来て、それで最初、雑誌の始まりのとこ読んだんだけど、いきなり津軽弁出てくるでしょ。それで「ちがうんだナァ」と。津軽弁の奴、いなかったよな、全共闘系には誰も。みんな余所から来た奴ばっかり。
●植垣　いなかった訳じゃないけど、青森の奴も…工藤、見崎、中村とか。
●安彦　人文では『こんみゅん』一緒にやった工藤（小笠原）とか。でも彼は太宰治みたいな男で、バイリンガル。
●青砥　医学部の受験はナントカっていう女子高でやってね、終わって帰るときに駅に行く道が判らなくなった。それで通りかかったオバちゃんに訊いたら、教えてくれるんだけど全然判らん。何言ってるんだか（笑）。その時は、これは大変な所へ来ちゃったなと。で、女の子が来てね、その子の言うことも判らんかったのだけど、送って行ってやると、駅まで。

●安彦　それは親切な。

●青砥　うん、だから、言葉はわからないけどひとはいい。いい所だと。

●安彦　そういえば、あんたは福島・白河。やっぱり、どうして弘前へ？

●青砥　まずはここに受かった、ということだけど「医者になる」というつもりではなかった。なりたかったのは医学研究者。むしろ植物学のほうだった。好きなのは。

▼今しかないだろ

●安彦　植垣は鉱物で青砥は植物、面白いね、そういう違いも。で、それからだけど、これも知らなかったんだけど、植垣は民青にいたんだってね。それも意外なんだけど、その辺のところ……。

●植垣　最初はね、代議員になれと。クラスで、代議員ってなんだって訊いたら幹事役みたいなもんだと、コンパの。で、コンパの幹事くらいならいいかというんで代議員になった。それが六八年の春、かな？　すると同じ代議員に神田がいてね。そして「民青に入れ」と。

●安彦　神田も民青だったんだ。

●植垣　そう。で、入れと。で、なんでだって訊いたら「入っとったら楽だぞ」と（笑）。

●**安彦**　そんなこと言ったんだ。

●**植垣**　そう。で、入ったんだけど全然面白くない。クラスの傾向調査みたいなことを会議ではやるわけだよ。誰それはいいとか、誰それを入れようとか。

●**青砥**　それはやるだろ、普通。

●**安彦**　まあ、やるね。

●**植垣**　そのやり方が嫌なわけよ。思想調査みたいな。で、俺はコーラスもやってた。弘前メンネルコール。これは全国レベルでね。いいとこいってたんだ。で、その練習の帰りに校内通ったらボヤ騒ぎがあった（26頁参照）。

●**中澤**　あったあった。教育学部だ。コの字型の隅の方に自治会室が在った。あっちのほうだったね。

●**植垣**　だったか？　とにかく火事があって、警官が後で検証に入って、それが問題になった。

●**安彦**　あった、なあ。そういえば。

●**植垣**　学生が囲んで、返すな、と。その時滝浦氏（弘大全共闘の初期メンバー）がね、強硬で。民青は「まあいいだろう」と収めにかかっているんだけど「帰すな」と。その言い方が「格好いいな」と。

●**安彦**　滝浦がね。実はこの「弘大闘争を総括しておこう」という話は、例の『滝浦追悼文集』から始まっていて、言い出したのは俺なんだけど、「滝浦追悼だけでいいのか」と。彼の在り様は安田講堂での逮捕とか、その後の一貫した労組活動とか大きいんだけれども、それを含めて弘大闘争にはいろいろな意味がある。左翼といえば日共・民青しかいなかった所で、最終的には青砥・植垣の突出、連赤にまで至った、あの「闘争」は何だったのかということをふり返ってまとめてみる必要があるんではないかと、それを提案したわけ。

それで、あの時文章にも書いたんだけど、やはり、青砥・植垣に発言してほしい、と。何故そこまで行ったのか、弘前での何がそうさせたのか。それはまさしく六〇年代末から七〇年、七二年の連赤事件までに至る運動の、小さいけれども、小さいだけに凝縮された、まさに縮図ではないのかと、そう思うわけだよ。そうするとね、「何故今か」とか、そういう声もあがったりするわけだけども、それに対してはね、「今しかないだろ」と、そう思うわけ。今より前だとみんなまだ人生現役、前向いてて忙しい。で、今から後ということになるとまだらにボケが始まったり（笑）、人が欠けていったりで「遅いよ」ということになる。それでこうやって二人に訊きとりをしようということで、今日は青砥氏も来てくれてこういうことになっているわけなんだけれども。やっと政治運動の話になったね（笑）。

▼「行動隊長」植垣登場

●**植垣**　とにかく民青は面白くなかった。代議員だからクラスの意見とか集約するんだけど、結局都合のいいように持っていこうとするわけよ。マヌーバーというか、ね。火事騒ぎの時もそう。で、敢えて反民的な意見なんか拾いあげたりするとまずいわけだ。査問だということになる。

●**青砥** 俺もあったね。無政府主義だ、という話になる。

●**植垣** そうそう。

●**安彦** 無政府主義、ねえ。

●**植垣** で、目、つけられていったな。

●**安彦** 青砥が民青にいたというのも知らなかったんだけど、実はね、青砥の全共闘デビューは鮮明に覚えてる。だけど植垣のほうはね、覚えていない。気がつくといた、という感じ。なんか、やたら元気がよくて調子がいいのが、っていう。で、青砥のほうはね、代議員総会だったか、「教養1番」(教室)でね、大盛況になった集会があって。六八年、教養部前期代議員総会。

●**中澤** その頃東北寮連の大会もあって。

●**安彦** 寮生じゃないからその辺は……。

●**中澤** 「相沢問題」もあったでしょ。就職差別だというんでかなり大きくなってたが、代議員総会だったと思う。その集会は。

●**安彦** とにかく、あの「教養1番」に入りきれないという、めったにない盛りあがりで、その時我々は組織的に介入するぞということで全面対決した。中段に固まってね。その時前のほうの左側で立ちあがって「一般学生だけど…」なんて言って発言した見慣れないのがいて、民青批判を始めた。それをみて「誰だあれは」、「傾向いいな」ということになった。それで入って来たんだけど、来てみたら一般学生どころか（笑）、どこで覚えてきたんだかアジ演説はすごいし、長髪でルックスはいいし、とても民青にいたとは……。

●中澤　植垣は本部封鎖からでしょ。

●安彦　ああ、そうなんだ、やっぱり。

●中澤　いきなり行動隊長になった。俺は立て看係（笑）。とにかく書いた。

●安彦　俺も書いた。原稿なしでね。いきなり長文を書いたり。

●中澤　とにかく立て看なくちゃ話にならないのにやらないから、誰も。そしたら後ろでゲバ棒持って植垣が（笑）。

●植垣　理学部はね、その前すごくやってたのよ。神田と秋葉と俺中心で。神田も「楽だ」なんて俺を民青に入れたクセに一緒に辞めてあとは反民青をリードして、自治会の執行部リコールまでもっていった。

●中澤　理学部の情報は聞いていた、貝塚氏から。民青との全学的な力関係のなかでは理学部の位置は大きかった。キャスティングボードを握っている感じだった。

●安彦　そうだっけ。

●植垣　やってたよ、理学部は。中心メンバーの人数は少なかったけどね。あと貝塚とか、植田とか工藤とか、数学科の田中……。

●安彦　マドンナ、ね、理学部の。

●植垣　理学部というか。

●中澤　滝浦氏があこがれていた？　田中さんは。

●安彦　まあまあ。

●青砥　ちょっと前からね。植垣と知り合っていたんですよ。飲み友で。神田や秋葉とよく飲んでて、そうしたらそこに植垣が入ってきて。

●安彦　やっぱり「酒」ね。植垣といったら「酒飲み」。「飢え餓鬼」だなんて言ってたね。神田や秋葉は。酒に飢えてた？

●植垣　あと、行動に、ね。

●安彦　まさか、メンネルコーラスとは。

●植垣　応援団長でもあったのよ、藤枝東では。

●安彦　やれやれ（笑）。

▼爆弾

●青砥　話がとぶけど、赤軍派が出来たのは、六九年七月六日なんですよ。その次の日、俺は東京で梅内恒夫と会ってた。同じ福島出身でね、彼は福島医大。そのとき梅内が「福島医大のブントは赤軍に行くぞ」と。「お前はどうするんだ？」と。

●安彦　当時、福島医大にはブントが？

●青砥　けっこういましたよ。活動家も出してます。で、本部封鎖が九月……。

●中澤　六日。

●青砥　そのとき梅内が弘前に来て、「オルグしてもいいか?」と言った。

●安彦　あれは封鎖中だったかねえ。

●青砥　そうですよ。

●安彦　俺も話したよ、彼と。大学の前の喫茶店で、彼が俺と角谷に「前段階武装蜂起」とまくしたてて……、あとで角谷が「あいつ頭おかしい」と。

●青砥　その時、植垣とも会ってる?

●植垣　会ったよ。

●安彦　梅内と?　で、オルグされた?

●植垣　オルグ、というよりねえ。

●安彦　どんな話を?

●植垣　「爆弾を作ってくれ」と。

●安彦　ええ?!　梅内が?

●植垣　そう。

●安彦　どうして?　「爆弾の梅内」でしょ?　どうしてその彼があんたに?

●植垣　作ったことがあるから。高校生の時。

●安彦　とんでもない高校生だ（笑）。
●植垣　岩石採集と関係あるわけだよ。地質調査で鉱山に行くと、ダイナマイトを使っている。このダイナマイトを知っておかないといけないと思って勉強した。その前、中学時代にもね、東大でペンシルロケットあげた、なんて聞いたらやってみたくて、実際に作ってね、黒色火薬を。そして飛ばしたりしてた。
●安彦　いよいよとんでもない（笑）。
●植垣　簡単なんだ、爆発物作るだけならね。ニトログリセリンやニトロトルエン……（ひとしきり、うんちく）。
●安彦　で、それをどうして梅内が……。
●植垣　みんなで酒飲んだとき話したりしてたから、かな。
●安彦　それで作ってやったわけ？
●植垣　その時は封鎖中だから。
●青砥　爆弾は作ってますよ。弘前でも。でもそれも含めて赤軍派が作った爆弾はね、一個も爆発していません。まともには。
●安彦　一個も？
●青砥　明治公園のはね、あれは違いますから。ダイナマイトですから。
●植垣　うんうん。

▼六九年に二回逮捕される

●安彦　話戻すけど、理学部の全共闘派は人数少ないな、とは思ってた。学部内でやってたっていうの、俺はあんまり判ってなくて。でも基本的に植垣の登場が、本部封鎖のゲバ隊長だったという印象は間違ってなかったわけだ。

●中澤　大衆的に登場、ということでは、ね。

●安彦　とにかく元気良かったから。その後、十日くらいして俺は東京に行って戻ったのは解除後。そして九月の末に逮捕された。

●植垣　俺は六九年の「10・21」、新宿で逮捕される。その前、（六九年の弘大の本部）封鎖のことでも逮捕されて保釈中だったから、そっちの保釈取り消しであとで厄介なことになる。弘大の裁判中何遍も弘前まで護送。手錠、腰縄つきでえらいめにあった。

●安彦　拘留はいつまで?

●植垣　一年二カ月。

●青砥　長いんだよ、凶準（凶器準備集合罪）?

●植垣　長いよ、公妨（公務執行妨害）だけなのに。

●青砥　公妨だけかよ。それじゃ長いよ。

●植垣　ま、ハデにやったから。機動隊の隊列を二度ばかり崩した。わあーっとなってまとまりがなかったから、現場で指揮するような格好になって、「いけえっ」なんてやってね。最後は私服刑事たちに「あいつだ！」ということになってね、機動隊の中に引きずり込まれた。まあ、ハデにやったから。三光町の交番も焼いたし……。

この後、植垣氏は当夜、同店で行なわれるイヴェント準備のためしばし中座。インタビューは青砥氏に対して継続。

▼植垣氏は「自分で入ってきた」

●**安彦**　前にも言ったんだけど、山本直樹が『レッド』を書き始める前に俺の所へ来て「取材したい」というから「俺は赤軍派のシンパですらなかったから何も知らない。他に誰に取材するのか」と訊いたら「植垣だ」という。それで「植垣をオルグしたのは青砥という男だから彼に訊くべきだ」と言ったんだけど、反応がいまいちだった。俺はその時も、そしてつい最近まで、植垣をオルグしたのはあんただと思い込んでいたんだけど、どうも違うと判った。その辺はどう？

●**青砥**　俺はオルグしてないですよ。今日の話でも判ると思うけど、六九年の九月に、本部封鎖中に梅内と会わせたということはあるけど、その後逮捕されて長い間拘置生活でオルグする時間なんてなかった。

●**安彦**　でも、その他の若い連中はあんたでしょ？

●**青砥**　穂積とか加藤とか……。そうですよ。でも俺が東京に連れていったわけじゃない。「東京へ行こう」なんて言ってないですよ、あいつらには。正直に言いますとね、「東京へ行こう」って誘ったやつが二人いる。鎌田（義昭、213頁参照）と矢口。

●安彦　ああ、矢口ね。

●青砥　でも二人とも断りやがった（笑）。ほんと、二人だけですよ、誘ったのは。あと、さっき言った連中は「ついて来た」。そして植垣は、いつの間にかそいつらと一緒になって「いた」。七一年の正月にね、俺は弘前に帰っていたんですよ。その時にね、久しぶりで植垣と会ったんです。結局朝まで飲んだ。

●安彦　その時、赤軍派の話は？

●青砥　してませんよ。特別にしたという覚えはない。俺の方でその時「植垣は赤軍派だ」っていう認識はなかった。七一年の正月の段階で。

●安彦　ふううん。

●青砥　だから彼は特殊なんですよ。オルグされたっていうより「自分で入ってきた」って感じがする。七一年の二月に「東京へ出て中央軍で活動しろ」といわれて東京へ行く。その時に、鎌田と矢口を連れていこうとしたんだけど、二人はついて来なくて、穂積達若いのがついて来た。その前の話になるんだけど党がね、大衆組織つくろうとしたことがあるんですよ。

七〇年の三月三十一日に結成大会をやるっていうことになって、その年の一月に弘前にオルグに行った。雪の中でね。吉田金太郎という、あとで北朝鮮に行ってそこで死ぬ奴ですけど、そいつと行って雪の中で電柱にビラ貼ったりして。いい奴でしたよ、吉田っていうのは。堺反戦の、いつも明るい奴で。

でも、その結成大会っていうのはね、結局出来なかったんですよ。ハイジャック計画が遅れて、結局三月になって決行したので、その直後、公安委員会が集会の中止命令を出した。だから、大衆組織なんてないから、ついて来た奴等も中央軍に入れるしかない。そこで「M作戦」の部隊っていうのができて、そこに植垣もいた。「え？　お前もここに？　どうして？」って感じだったですよ、ほんとに。

▼「武装蜂起」のイメージ

●安彦　ハイジャック、「よど号事件」のことだけど、七〇年の秋にあなた、俺のアパートに来てくれたでしょ。その時に「乗り遅れた！」っていうようなことを言ってたよね？　一緒に行きたかった？

●青砥　……ですね。

●安彦　あれはね、これも最近まで俺はアラブにでも行こうとしていたんだと思ってた。そしたら北朝鮮で停められたんだと。ところが、違うんだね。最初から北朝鮮へ行くのが目的で、軍事訓練受けて武器貰って、そして帰ってきて武闘をするつもりだった、と。それってちょっとどうなの？

●青砥　甘いといえば甘いですよ。スターリニズム批判をやってて北朝鮮に対してどうなんだ、とかね。むしろ「変えられる」って思ってたようなんですよ。革命派として接するということで、向こうを。それが甘いといわれれば、そうだと思いますよ。

●安彦　個人崇拝のことも、それから文革のことも、あの頃はもう相当見えていたから。

●青砥　最初はね、キューバに行こうっていう話だったんですよ。実際にかけ合ったんだけど相手にされなかった。それで北朝鮮にした。大菩薩峠のことがなかったら塩見も行くことになってた。

●安彦　田宮じゃなくて、じゃ塩見がリーダーで？

●青砥　そうなってたと思いますよ。

●安彦　今のハイジャックの話も含めて、当時の武装闘争路線というものについて聞きたいんだけど、実際のところどう思っていたわけ？「武装」とか「武装蜂起」がどのくらい可能だと……。

●青砥　「大阪戦争」「東京戦争」（赤軍派が交番を襲撃）そして最終的には「官邸武装占拠」、これが方針でしたね。

●安彦　それが出来ると？まず「武装」ってどういうイメージ？

●青砥　爆弾、装甲車化した車両。

●安彦　「銃」は？

●青砥　銃は金があれば裏ルートで買えると。後で「革命左派」（赤軍派が「連合赤軍」を組む相手の党派、永田洋子がいた）の連中が銃を入手してそれがクローズアップされてくるんだけど、当時は「なんとかなる」という感じだった。それより官邸占拠。六八年の10・21でね、ブントは防衛庁突入というのをやってるんですよ。そのイメージがあった。丸太を抱えて突入する決死隊とそれを取り囲む角材で武装した赤ヘル二〇〇〇の軍団。もちろんその時の突入組はすぐにやられちゃってるんだけど、そのイメージでね、官邸の武装占拠も出来るんじゃないかと。そうするとそれを包囲する官憲の輪ができる。そして、さらにそれを取り囲む群衆の波が生まれるだろう。それは騒乱の事態だから、自衛隊は治安出動するだろう。そういうイメージですよ。

●安彦　まさにそれに似た状況が、後であさま山荘で起こったわけだけど、ね。

——「イヴェント」準備作業が一段落して植垣氏はインタビューの席に復帰。

▼一年二カ月の拘置生活

●安彦　じゃあ再開。

実は今日静岡へ来る車中で中澤氏と話したんだけど、当時の所謂全共闘系というのは日共・民青系からドロップして来る「もともとアカい」のと、ノンポリだった「アカくない」のが混じり合ってた。そういうのをひっくるめて「新左翼」だったのか？　そんなふうにくくってよかったのか？　なんて気もするわけよ。で、あなたの場合、確かに今日話を聞いて、「もともとアカい」組だったということになるわけだけど、ちょっと違うよね、普通と。

●植垣　そうだろうね。「党員候補」なんて云われてたからね、一時。

●安彦　俺もそうだった、一時ね。まあ当時の日共の水ぶくれ状態ってこともあったんだろうけど。

でも、あなたの場合はとても、なんて言うか展開が早い。短い間に一気に極限まで行っちゃってる。そこが違う。何があったわけ？　大きな転機とか、何が？

●植垣　一年二カ月の拘置生活っていうのが大きかったね。この間にいろいろ考えた。本も読んだ。東京だから知り合いもいないわけだし、ろくに差し入れなんかないわけ。だから自分で本買って読むわけよ。党派といっても、そっちもね……。

●中澤　第四インターの隊列にいたんだよな。六九年の10・21の最初は。

●植垣　そうっ。それが一瞬にして粉砕される（笑）。だからもう、あとはどうでもいい。ごっちゃになっているから。

●中澤　あの頃の東京での街頭闘争っていうのは三対一くらいで学生と機動隊がやり合うわけ。そしたらその周りにその何倍、何十倍っていう大衆が集まる。それが「やれやれ」って感じで盛りあがるから「何でもできる」って気になる。

●植垣　そうっ。それで交番も焼いちゃった（笑）。

●中澤　それであんたは中核の被告団に入ってた。

●植垣　そうだよ。

●中澤　デタラメだね。

●植垣　いいんだよ、なんでも！

▼本部封鎖の行動隊長まで

●**安彦**　話をちょっと戻してまとめてみたいんだけど、六九年の春まであなたは民青にいた。それで、神田と一緒に辞めて。

●**植垣**　そう。

●**安彦**　四月に入学式粉砕ってのをやるわけでしょ。市民会館前で。弘前に初めてメット部隊出現っていう、あれ。あの時あんたはどこに?

●**植垣**　見てたよ。見物してた。

●**安彦**　あそこにいて、見てたんだ。で、どう思った?

●**植垣**　「暴力学生集団」なんて聞いてたけど人数少ないし、弱そうだし（笑）。なんだか民青のほうが暴力振るってるようにも見えたし（笑）、なんだ、違うんじゃねえか、と。その前に沖縄の2・1ゼネストとかに行っていて中止にしたり、東大闘争支援なんて神田が東京に行かされて消耗したり、とにかく不満溜まっていたわけよ。そこへ査問とかなんとかで、もう辞めるよ、と。とにかくあの頃は核共闘とか、弘大でも明石教授のこととかで理学系はアツかったわけよ。それが七月の執行部リコールとかにもつながっていった。そして（演劇集団「未成」の）「教室占拠」な。

●**青砥**　「未成」が「14番教室」をおさえて劇場にした。それなら隣も、ということで、誰が入ったんだ。

●安彦　誰がって感じじゃなかった。

●中澤　一応「部室として使わせてください」って申請書類持っていってるんだよ、俺は。学生部に（笑）。だから「占拠」じゃなかった。

●安彦　そのうち居続けないと追い出されるということになって。

●青砥　夏休み中、新柵がいた（笑）。

●安彦　その中で「六項目要求」とかをつくって休み明けすぐに本部封鎖。あなたは行動隊長になり……。とにかく早い、展開が。

●植垣　とにかく拘置所で本は読んだ。「赤軍」とか「軍事論」とか……。青砥にパンフレットを差し入れて貰ったこともある。

●青砥　あれは弘前にいた時だよ。ハイジャックの後だったと思う。

▼〝ルビコン河〟をいつ渡った？

●安彦　あのね、一番訊きたいんだけど、「一線を超える」ってことがあるでしょう。いわば〝ルビコン河〟を渡る、もうこれ以上行ったら引き返せないって思う一線。植垣氏の場合、非常に短い間に行く所まで行った。その間にその「一線を超える」ってのあった？　あったとしたらそれはいつ？　どういう時？

●植垣　一線を超える……。ない、ね。

●安彦　ない？　もっと後でもいいよ。M作戦（銀行を襲う）とか、山へ入るときとか。

●植垣　「一線を超える」って感じではなかったね。

●安彦　そうかなァ。

●青砥　俺はありますね。ついて来ちゃったとはいえ穂積達を連れて東京に出て、彼らを中央軍に入れた時とか、あと、もちろん明治公園の時。「もう引き返せないな」って気になった。やはり〝ルビコン〟でしたよ、俺にとっては。

●安彦　「M作戦」はどうなの？

●植垣　その時も別に、ない。

●安彦　普通あると思うよ。明治の頃だってある。北村透谷が民権派の壮士だった頃に「強盗をしろ」って言われて悩んだ末に運動から抜けた。有名な話。

●植垣　「やれ」といわれたら、やるしかないと。

●安彦　ほんとに？

●植垣　板東隊に入ってね。板東が、むしろためらってた。

●青砥　そのほうが当たり前だよ。

●植垣　俺は、だから板東に「やるしかないんだよっ」と。

●青砥　横浜、だろ？　最初は。

●植垣　いや、仙台に行った。そんなにためらいってのはなかったよ。ただ、度胸試しに最初に路上強盗をさせるっていうのはなァ。あれはダメだよ。

――植垣氏、同店での「イヴェント」開始時刻が迫り、再び店のほうへ。すでに来店客、多数。

●安彦　今の〝ルビコン河〟の話は……。

●青砥　思ったんですけどね、植垣は「本当の革命戦士」だったんですよ。「ためらい」がなかったとしたら、ね。あのね、これは言っておきたいんだけど、当時の赤軍派の情況認識はね、「攻勢的階級闘争の時代」っていうものなんですよ。大衆の意識が革命に向かって攻勢に出ているんだ、と。だから武装闘争が前段階的に突出していいんだ、と。そう思っていたから前に進んだ。それにしても、特別にためらいがなかった、というのは俺から見てもちょっと……。本当の革命戦士、だったんですよ、あいつは。

二〇一四年四月十九日　於　静岡　バロン

植垣康博氏（元弘大全共闘／連合赤軍）との対話［第2回］

連合赤軍の「語り部」の現在

特別参加　中澤紀雄（23頁参照）

「我々が権力を獲っていたら、ポルポトになっていた」とは、どういう意味なのか。極限を見た男が、あくまで「わたし」の位置から語る事件の本質。

●安彦　この前、あなたと青砥（幹夫）と、あなたの店、「バロン」で話したのが二〇一四年だから、もう四年前だね。ちょうど一水会の鈴木邦男のトークイベントのある日で、ずいぶん繁盛してるなと思ったら、イベントがあったからなんだね。

●植垣　落差が激しいんだよ。

●安彦　前回は、俺が脳内編集でまとめたんで、本当はもっといろいろ話したんだけど、不完全な形になってしまった気がしていて、今回改めて話を聞きたいと思ったんだ。

▼「だめだな、植垣」は間違っていた

●安彦　ところで、俺は四年前には、あなたの『兵士たちの連合赤軍』（一九八四年、彩流社）を読

んでなかったんですよ。あの本が出た時、馬場の芳林堂で立ち読みしたんだよね。二段組みのぶ厚い本だから部分的な立ち読みだけど。率直に言っちゃうと、俺はそのときに「植垣、だめだなあ」って思って結局買わなかった。

●中澤　俺も古本屋で立ち読みしたんだよ。それまでは本の存在さえ知らなくて。俺は結局買ったけどね。

●安彦　それで、前回の訊き書きのあと中澤から借りて、改めて読んで、大変衝撃を受けたんです。何にって、あなたの記憶力の凄さ。一九八四年だから獄中で書いてるわけでしょ。獄中というのは相当記憶が集中できるものなの？

●植垣　そうだね。だって邪魔になるものはなにもないからね。

●安彦　裏は取れないでしょ。それなのに日にち、時間まで、半端ないね。

●植垣　裏は取れないけど、主な事件というのだけは日付がはっきりしてるんだよ。あの頃は、集中的に行動してたから、それだけの記憶がバシッとあった。娑婆に出てきてからのほうが曖昧だね（笑）。

●安彦　でも事件からすでに十年くらい経ってるよね。

●植垣　一審のときの意見陳述に入れるために、わりと早い段階から記録として残してあった。その後、控訴審のときの意見陳述のために、改めてまとめ直して、それをもとにしてこれを書いたんだ。さらに最終意見陳述のための原稿を元にして書いて。ある人を通じて「本にして出さないか」

という話があって、ただ、出版社から、あまりに長いと言われて、結局半分くらいになった。

●安彦　話は戻るけど、非常に不躾な言い方すると、なぜ植垣が連合赤軍の語り部になったのかずっと腑に落ちなかったのが、これを読んでわかった。

以前、漫画家の山本直樹が、『レッド』を描く前に会いに来たとき、俺の前に植垣に取材したって聞いて、俺は「植垣よりも青砥に聞くべきだ」って言ったのに、彼の反応が悪くて「じゃあ、勝手にしないさい」って、そのまま帰った。「なぜ、植垣なんだ」って思って。

でもこれだけのものを書いていたら、「こいつに取材しよう」っていう気になるなと思ったし、マスコミにずっと追いかけられて、露出が多かったのもわかった。

さっき俺が「植垣、だめだなあ」となぜ思ったかというと、すでに坂口弘（連合赤軍幹部、あさま山荘に籠城したひとり）とかが自己批判めいたことを言ったり、書いたりしてたわけだよ。それなのに、その頃植垣は、裸になって出廷に抵抗してたりしてて、それを報道で見て、植垣はなんで頑張ってるんだ、なんで自己批判しないんだって思ってたの。

外にいる連中が「あいつらにくじけられちゃあ困るから、頑張れ」というのは、俺はわからんじゃないんですよ。全く運動全体がポシャってるわけじゃないからね。ただあなたがこれだけ修羅場をくぐってきて、言葉は悪いんだけども、坂口たちも降りていく中でね、それでも頑張るっていうのは結局最後までわからなかった。あなたが長年かけて強固な思想を培った人間じゃないと弘前の経験からわかってたからね。

●植垣　そりゃあ、強固な思想なんかないよ。そもそも左翼じゃなかったし。

▼転向も非転向もナンセンス

●安彦　あなたに機関誌とか差し入れたのは青砥がやったの？

●植垣　青砥だよ。よど号のハイジャック（一九七〇年三月）があった後、青砥が「俺、これからもう東京に行っちゃうから、会えなくなるから」って、俺が弘前の拘置所にいたときに、あいつがいろいろ本を差し入れしてくれたんだ。

（赤軍派の機関誌を）読んだはいいんだけど、冗談じゃねえ、何書いてあるのかさっぱりわかんない。日本語になってないから、ひでえ文章だなと思った。まあでも、拘置所でも刑務所でも、本はたくさん読みましたよ。

●安彦　青砥は、学生時代の話の中で、「植垣は、いつの間にか、いた」って言ってたね。それから面と向かってオルグしてないから、「俺は植垣をオルグしてないよ」とも。

●植垣　それは確か。そのときはオルグじゃない。一九六九年に、弘前にやってきた梅垣恒夫（赤軍派のメンバー）に「爆弾作れるやついないか」って聞かれて、「理学部にいる」って青砥が俺を紹介したって経緯はあるけどね。

●安彦　「植垣は本当の革命戦士だ」とも言ってたよ。

●植垣　え、当時はそんなこと言ってなかったのに、あいつ。

●**安彦**　獄中で相当勉強したんだなというのはわかった。でもそれは、獄中で本を読んで思想を固めたってことはわかっていたからね。
これ、「転向」という言葉を使っていいのかどうかわからないけど……。
●**植垣**　僕はね、「転向」という言葉が嫌いなんだ。
まず、自供することが「転向」だという流れ、これは必ずしもそうじゃないと思うんだよ。当時黙秘を通せばその思想の正しさが認められた、という言い方になるわけですよ。でも党派の行動に問題があるときに、はて、黙秘で通すのがいいのか悪いのか。それに自供しようがしまいがそれは大した問題じゃない。問題はそのあとの動向をどうするかですよね。

僕の自供のきっかけは森恒夫（赤軍派→連合赤軍の最高幹部）なんですよ。森が一九七二年三月八日上申書を出したとき「遺体を遺族に返してやってくれ」という内容だと知った。「それじゃあ、黙秘している人間が悪いみたいじゃないか、この野郎」って頭にきちゃって。「いいよ、自供してやろうじゃねえか」ってことだったんです。

山の問題（同志の「総括」死）に関していろいろ言ったのは、あとになって自己弁護しないようにするためで、自分がやった行為だけを中心に自供して、あとの判断は委ねたわけだね。
●**安彦**　転向論っていろいろ出てるけど、何をもって転向というのかな。
●**植垣**　そうやって転向論を語るのは、すごくおかしいと思うんだよ。あくまで個人の生きかたの問題だから。

●安彦　ただ、今現在、あなた自身の考え方は、当時を非常に客観視できるようになっているわけだよね。
●植垣　そういうことだね。自分という人間を表に出さないようにというのは意識的にやってる。
●安彦　これ（『兵士たちの連合赤軍』）を書いていた時点ではまだ赤軍兵士だったでしょ。
●植垣　いやいや、もう除名されてましたからね。あちこちから除名されてるから（笑）。ただ兵隊であることにはかわりない。
●安彦　いまは革命老戦士（笑）。
●植垣　老兵士だね。
●安彦　あのまま捕まらなかったら、ポルポトになってたという認識も含めてね、達観というのもおかしいんだけども、やっぱりものの考え方が変わったと思うけど、俺はあえてそれを転向とは言わない。転向というのは嫌な言葉ですよ。
●植垣　というか、言葉自体が間違っている。これは日本共産党の流れなんだよね。
●安彦　だから転向も嫌な言葉だし、非転向も嫌な言葉だね。
俺が「植垣、だめだな」と思ったのは、非転向をイメージしたの。だから「そんなふうに頑張んなくてもいいんだよ。なんで頑張るんだよ」って思ってたんだ。

▼永田洋子『十六の墓標』のリライト

●安彦　四年前に聞きそびれたことに、あなたと永田洋子の関係があるんだけど、逮捕されるまでは、永田は最高幹部で、あなたは兵士だよね。永田との関係が密になるのは、お互い獄中に入ってからのこと？

●植垣　山にいた頃は、僕はただの赤軍派の兵隊だし、直接話すことはあまりなかった。捕まってからすぐも交流はなくて、裁判を統一公判という形で一緒にやるようになってからかな。要するに森恒夫さんが自殺して、永田さんが川島豪（革命左派議長）さんから除名され、革命左派内部の問題で坂口さんや吉野（雅邦）さんともあんまりいい関係じゃなくなって、永田さんが孤立した状況になった。仕方なしに坂東國男さんと僕で支えていたような形になって、主に坂東さんがね。

そのあと、坂東さんが一九七五年八月に超法規的処置でクアラルンプールに行ってしまったから、もう俺がかかわるしかないという状況になったんです。

その後、坂口さんにしても吉野さんにしても、永田さんとあんまりいい関係じゃなかったので。結局僕が彼女をフォローする形が始まったわけね。

一九七七年頃、革命というか、連赤問題に対する評価を巡って僕と塩見と論争するようになった。きっかけは、塩見が連赤の問題は永田さんの思想の失敗だ、言ってきたこと。それに対して僕は、個人の思想を云々すると連赤問題は個人の問題になってしまう、と反論した。

さらにその後、一九七九年三月二十八日に吉野雅邦の無期懲役の判決があって、その時に石丸俊彦という裁判長が、永田さんの個人的な性格とか嫉妬心とか権力欲とか、そういうことのためにあの山のことが起きたんだという言い方をした。それに対して塩見が「そういうこともあるんじゃないか」と言いだして、それから僕と塩見との全面的な論争が始まったわけですよ。

それで七九年から八〇年あたり、ぼくが永田さんを擁護すると言ったらおかしいけれど、永田さんを全面的に支える形になっていったわけです。

●安彦　病状が進むということも含めて、精神状態の推移というのはある意味、あなたがいちばん見てたわけだね。「永田の恋人」とも言われたけど、それは言い過ぎ?

●植垣　言い過ぎですね。永田さんはもう脳腫瘍だったから法廷でも元気ない。というか何もできないわけ。だもんで、こっちが脇からいろいろ声かけてやって、元気づけていたというわけ。

俺にしてみれば、なんかぐっと重石を背負ってしまったという感じだったね。

●安彦　世間でいう、永田の「恋人」じゃなく、永田の「保護者」だったんだね。

俺は『十六の墓標』(永田洋子著、一九八二年、彩流社)はいまだに読んでないんだけど。

●植垣　あれは、ちょっと自己批判が全面に出ちゃってるね。永田さんの場合は行き詰まると、周りに判断を求める傾向があるからね。

●安彦　それをあなたは獄中で読んでたわけだね。

●植垣　今だからいうけど、実はあれを編集(リライト)したのは僕なんだよ。そのままじゃとても本にならないから。あれでも反省してる部分はかなり削ってる。
●安彦　俺はいま、初めてそのこと聞いたけど、公になってることなの？
●植垣　僕が編集したことは、いま初めて言ったから、僕と永田さんと、当時の編集者しか知らないと思うよ。ただ、永田さんとの書簡集を出した瀬戸内寂聴さんは、僕にも何度か面会に来てくれたし、文学をやってる人だから、何かしら感ずるものがあったかもしれないね。
●安彦　『十六の墓標』を読んで、自分が手を入れた通りだってわかるもん？
●植垣　わかるよ。だって、彼女が書いた生原稿がまず僕のところにきて、それを構成からなにから全部僕が書き直して、で、彼女にまた送って、彼女が原稿用紙に書いて外に送ってたからね。
●安彦　それがそのまま本になってるのか、なるほど。それだったら読みたいね。
●植垣　だから『続・十六の墓標』には高橋和巳を元にした文章もあるんですよ。それはまるっきり私が書いた文章で（笑）。高橋和巳が『わが解体』（一九七一年、河出書房新社）で共産党内部問題をいろいろ書いてるよね。それを読んでいて、僕がいちばん「これだ！」と思ったのは、党会議でもなんでも、「記録を残すべきだ。記録を残しておけば、そのあと再検証するときに捉えやすい」と書いてあって、それを引用した。
いずれにしても、永田さんの本を編集したことで、永田さんたち革命左派側（「連合赤軍」は森たちの「赤軍派」と永田洋子たちの「革命左派」が合同した党派）の問題がよく見えた感じがしたね。

永田さんの本だけじゃなくて、大槻節子さん（「山」で死去）の『優しさをください　連合赤軍女性兵士の日記』(一九八六年、彩流社)、あれの元を書いたのも僕なんですよ。大槻さんの友だちが彼女の自筆の日記を預かっていて、それがめぐりめぐって僕のところに来て、整理した。

●安彦　大槻さんのことを聞くのも大変辛いね。それも読んでないんだけれども、いつぐらいに書いてたものなの?

●植垣　日記は六八年の十二月から七一年の四月までかな。彼女がもっぱら活動に移る前までだね。

▼永田の獄中結婚の相手

●安彦　ところで、永田との交信は彼女が死ぬまであったの?

●植垣　一九九三年の二月十九日に死刑が確定したあとは永田さんは死刑囚だから、会えるのは家族か、身柄引受人に限定されるから、直接の交流は途絶えました。それ以降は、獄中婚した元弘大人文経済学科のIさん経由でしか連絡できなくなりました。

●安彦　え?　永田と獄中結婚した相手って、彼だったの?

●植垣　結婚したのが一九九〇年か九一年。僕が、死刑の判決が出たら誰も会えなくなるから、結婚してくれって頼んだんだよ。刑が確定してからの交通権を確保するためにね。

●安彦　Iは結婚してなかったんだ、それまで。

●植垣　結婚はしてなかったけど付き合ってた女性はいたみたいだね。

●安彦　ほんと、全然知らなかった。

●**中澤**　俺も当時池袋にいたから、Ｉさんが住んでいた巣鴨に寄っていた時期もあったんだけど、だんだん離れて。そのうちに友人からそういうことだっていうのは聞いていた。

●**植垣**　Ｉさんは、それまで僕に面会に来てくれていた滝浦さんが東京から関西に移ることになって、自分の代わりに植垣の面会に行ってくれって頼まれて、僕の面会に来るようになったんですよ。

●**安彦**（編集者に）　滝浦は第四インターの古参の活動家で、弘前大学の新左翼系の草分け的な存在だった。

Ｉのほうは滝浦と同じ人文の経済で、滝浦や西田と仲が良かったけど活動家じゃなくシンパだった。彼は伝説的な学生で、親に仕送りをしているというのは有名だった。あのころはみんな貧乏で、仕送りなしというのはいっぱいいたけど、親に仕送りしてる奴はさすがにいなかった。それくらい親も貧しかったんでしょうね。本当に真面目ですごい勉強家で、在学中に税理士の免許取ったんだよね。だから今聞いて、まったく意外で、びっくりしました。

●**中澤**　俺も八〇年代後半までは会っていた。そのあと十年くらい会ってなくて、二〇〇〇年に滝浦氏が亡くなる前に一回連絡とったけど、それが最後なんだよ。西巣鴨にいたＩさんに電話したら、留守電になったから「滝浦氏の連絡先教えてくれ」って入れておいたら、滝浦氏から直接俺に電話がかかってきて、「Ｉから連絡があって電話したんだ」ということだった。

Ｉさんは、滝浦氏の葬式には行ったみたいで、白川氏や西田氏、藤沢さんは会ってるんだ。その頃が最後かな。その後、二〇一一年に永田さんが亡くなって、自分から連絡を絶った感じで、捜したけど見つからなかった。

●安彦　そうやって音信を絶っちゃうところも彼らしいね。植垣はIと、まだ連絡取ってるの？

●植垣　ないね。永田さんが亡くなって、永田さんの遺体引き取りはIさんがいないといけないから、一緒に遺体を引き取りにいって、彼女の葬式のときに会ったんだよね。会ったんだけど、これからどうするかは僕には何も言わないし、僕も聞かなかった。その後、一切連絡が取れなくなった。その頃から困っちゃってね。要するに周りの人が永田さんに何かしようと思っても、Iさんに連絡が取れないっていうんだよね。

●安彦　そうか。いやいや全く意外な話が出てきて、びっくりしました。僕と同じ北海道出身で、本当に地味な男、寡黙な男なんですよ。

▼事件の本質

●安彦　あなたとは論争になるかもしれないけれど、あなたがさっきふれた「個人の問題」について。事件については永田の個人的性格ということについてマスコミでずいぶん言われた。それに対してあなたのように個人的性格に還元するなという論もあった。でも俺は、個人的性格っていうのは重要な要素として結構あると思う。

●植垣　そりゃあ、ありますよ。ただこの連赤問題について、そういう形で最初からやってしまうとね。全体像が見えなくなる。

僕は、いちばん最初に自費出版で出した『七一年　階級斗争の軍事的総括』で総括したんだけど、山の問題から入っていくと、仲間を殺したことが論争の中心になってしまって、自分たちの行動全体の評価に入っていけないんだよね。

だから、中核派、日比谷暴動などの話題も入れて、当時の闘い全体を評価する形を通して、全体の構造のなかで、赤軍派にしても革命左派にしてもまちがった行動に入っていったんじゃないかというところを書いてみた。個人的な問題を追及する展開は、二の次、三の次で、あとでやればいいことであって、先にこちらの問題をやっていく必要があるのではないかと思った。

そのあと、塩見孝也と論争する過程で、左翼運動というのは大体どこも似たりよったりだし、党がすべてを指導するというやり方自体は、結局、党がすべての権力を握ってしまう。これは一党独裁運動じゃないのかというのが、僕の見解。

個人の資質を問題にするのは全然悪くはないし、僕だって言いたいことはいくらでもあるさ。あるんだけど、そういう形でもっていってしまうと、全体の左翼運動の問題として総括する方向が見失われてしまうんじゃないかというところに、僕が、この本でも視点を置いてるわけだね。

●**安彦**　あえて新倉ベース（赤軍派と革命左派が初めて共同軍事訓練をした場所。ここで赤軍派の遠山美枝子への批判が始まり、死の「総括」へ至る）の話を聞くけど、そこから非常に短期間で粛清に向かった。あなたの本をかなり注意深く読んでも、どうしてそうなったのか理解できないくらい、あっという間だよね。新倉ベースで、すでに永田と遠山とはもめてたの？

●植垣　それは遠山さんと永田さんの対立というより、遠山さんと革命左派という感じだったね。当時、金子みちよさん、大槻節子さん、杉下リサ子さんたち革命左派の女性が意外と遠山さんを批判的に見ていた。彼女たちにしてみれば、初めて山に来た赤軍派の女性がどんな人かって興味を持ってたみたいなんですよ。ところがそれが想定していたのと全然違ったので、どうしても批判的になってしまったんじゃないかな。

●安彦　ああそうなんだ。事件後に、遠山のピアスや指輪がいろいろ取り上げられたけど、あなたは仲間としてみてて、やっぱり「遠山は派手な女だなあ」って思った？

●植垣　全然感じなかったね。僕ら赤軍派は、新宿にもアジトを展開してたし、むしろそういう格好をしてくれてないと都内に入ったときに困るからね。遠山さんについて言えば、共同軍事訓練に来たけど、だからって彼女が一所懸命に武装闘争してくれるとは思ってないし。

▼革命左派が先に粛清していた

●安彦　革命左派に対するあなたの「第一印象は良かった」って書いてたね。

●植垣　僕は良い意味、悪い意味、両方で使ってるんだけど、家庭的ではあったね。僕らのように、上から命令がきて行動するという世界とは、まったく違う雰囲気を感じたということだね。

●安彦　上意下達的な感じではなく、和気藹々？

●植垣　和気藹々と、仲間同士で。ところが、こちら側からすると、内輪の世界だけでやってるじゃないかっていうことでもあるんだ。その仲間内ということに問題があった。たとえば僕らの部隊は、横浜の寿町なんかを拠点にしてるわけで、当然、スパイもいるわけじゃないですか。公安も入ってる。だから、こっちの行動は漏れてることを前提で行動してるから、別に誰かが逃げて、ベラベラしゃべられたってどうってことないわけですよ。

それに、僕らにとって「新倉ベース」は、あくまでアメリカ軍の富士演習場から武器を奪取するための存在であって、武器を手に入れたら撤収するつもりだった。

ところが革命左派の場合は、拠点化させた山のベースを守るためには、仲間が逃げ出して山のことをしゃべられたら終わりだ、という論理になる。だから結局、捕まえて二名殺すことになっちゃった（革命左派の最初の粛清）。

さらには、森さんに「私たちの経験からしたら、遠山さんみたいな人は山の生活から逃げてしまう」と言って、そんな逃げてしまうような女性をこれからも抱えて一緒にやっていくのはとても無理だと、暗に臭わすわけです。

●安彦 そうすると、森は「逃げたら殺す」と言ったわけ？

●植垣 そういうことになるわけです。当時はいきなり過激なことを言い出すな、と僕なんかは思ったけど。そのときはまだ、（合体する前の）赤軍派の世界での話だから、「まあ言うだけの話だろう」というふうにしか見てなかったんだよね。実際赤軍派内部では、別の人間だけど、僕が逃げるように仕組んで、逃げた人もいたしね。

●安彦　「殺す」という言葉は、内ゲバ用語でもあったよね。実際に内ゲバでずいぶん殺しちゃったりするわけなんだけれども、それでも半分冗談だったり、景気付けだったりする言葉でもあったわけでしょ。それと、物理的に殺すというのとはなかなか結びつかないんだよね。

●植垣　それは、革命左派のほうが先に二名処刑してたってこと（前出の粛清のこと）が大きい。それを受けて、「赤軍派も（逃亡した者は）処刑する」と宣言した森さんとしては、結局そうしなかったことに、ものすごい引け目を感じた。引け目というか、向こうに主導権を取られてしまったという感じを持ったんじゃないのかなと思う。

●安彦　森にそう言わしちゃったという感じが、あなたたちにはあるの？

●植垣　言わしたというか、森さんは、あくまでも赤軍派が両派の関係の中で主導権を取らないといけないと考えていただろうし、革命左派以上にこの問題に対してしっかりやっていかなきゃダメだっていう思いがあった。

結局、共同軍事訓練の過程で、より極左的に実行していかざるをえなくなり、「榛名」（ベースに移って）で二名処刑した段階で、たぶんビビったと思うんですよ。ビビったっていう言い方はおかしいけど。ここで手を引いたら、両派を統合するところまで持っていったこの流れを潰してしまうことになってしまう。それを回避するためにも、より強い態度に出ざるをえないと考えたと思う。

▼「我々が権力を獲っていたら、ポルポトになっていた」

●安彦　森が模範的な総括をやったということだね。まず「総括」のお手本を。そこのところのあなたの描写がとても興味深い。

批判される、それに対して反批判する。そこから「総括しろ」と、まわりから総括を迫られる。総括のエスカレートになっていく。連赤事件のもっともおぞましい部分。その原点は、やっぱり赤軍派と革命左派の両派がくっついちゃったところにあると思う？

●植垣　僕は合流には反対したんだけどね。

●安彦　青砥の言い方をすると「スターリニリズムが、そこから忍び込んできた」と。ただし、全部それで言い切っちゃうとこれはまた問題がある。

●植垣　赤軍派にだってそうした土壌はあったわけで、ただ実行していなかっただけの話。もし先にやってたら革命左派以上にスターリン的な世界になっていたかもしれないからね。

●安彦　あなたが言った「我々が権力を獲っていたら、ポルポトになっていた」というのは有名な言葉だけれどもね。俺はまったく同感なんだ。

●植垣　僕自身、榛名にいたとき「なんだ、こりゃ」とずっと思ったんだけどね。ただ一気に進行しちゃって、さっき言ったみたいに、いろいろ考えてる暇はなくて。自分たちがやってることは一体なんなのかという問題をずっと抱え込んだままいたというか……。

結局、捕まってから初めてそういう問題を考えるようになって、わかったことがある。一九三三年の日本共産党のスパイ査問事件で小畑という共産党員が死んじゃったのに対して、共産党は「ショック死」だという言い方をした。連合赤軍の「敗北死」もそれと全く同じ論理だなあと思ってね。

ということは、「共産主義化」「総括」というのは森恒夫の独自の発想ではなくて、もともと日本の左翼運動のなかにそういう発想があったんじゃないかということになる。個人の問題に還元してしまうことで、自分たちを正当化するおそれもある。

●安彦　この後も、何十年、何百年後も、左翼運動史を書く人は、日本共産党のリンチ査問事件、小畑達夫あるいは宮本顕治という存在を無視するわけにはいかないんだけども、その重要性は連合赤軍によって、果てしなく薄くなったね。連赤のほうがずっと経験として巨大で、本質的。

●植垣　まあね。そうなんだけども、始まりは日本共産党にあった。で、日本共産党のそれはいったいどこからきたのかというと、ソ連共産党から来たんだと思うんだよ。ようするにコミンテルンの日本支部として日本共産党がつくられたと同時に、ソ連共産党の作風やら規律やらというものが持ち込まれた。それが宮本顕治にも連なっただろうし、戦後にも続いて、六全協のときにはかなり暴力的なことをやってるんだよね。それで、ブント（共産主義者同盟）が日本共産党から分派して分かれたとき、ブントにもそういうものが根底のところで引き継がれていったんじゃないか。そういう流れが綿々と受け継がれて、ボーンと全面に出たのが連合赤軍だと、そう思うわけよ。

▼森という人物

●安彦　うんうん。
ところで当時、森の指導力っていうのは相当高かったの？　赤軍派の組織で、誰がいちばん権力を持ってたの？

●植垣　いや、申し訳ないけど、僕はそのあたりは全然知らないんですよ。一九七〇年十二月まで東京拘置所に入ってまして、保釈で出て、すぐに「爆弾作ってくれ」と言われて赤軍派にかかわっていくことになるわけだけど、当時の指導者が誰かとか全然知らなかった。僕はあくまでずっと部外者的な存在だった。森恒夫という存在自体知らなかったからね。赤軍派の議長だから塩見孝也の名前くらいは知ってたけど、他の幹部連中も含めて会ったこともないし。
森さんとは、七一年の五月に初めて会って、十一月に新倉ベースが開始して、翌年の二月四日、森さんと永田さんが東京に向かったあとは、もう裁判のときまで会っていないしね。

●安彦　世間的には永田・森というのがツートップで、非常に実権も持っていて、他の連中はある意味、言いなりに近かった、と。二人は非常に悪名高いわけなんだけれども。

●植垣　トップは永田さんじゃなくて、やっぱり森さんでしょう。
僕は、永田さんと一緒に裁判闘争していてわかったんだけれども、彼女は行き詰まると、どうしたらいいかわからないという感じになるわけね。自分という人間を表現できない人間だということがわかったもんで、少しでも自分を表現できるように、絵を描くことをすすめたりもしたんだけど。

僕の永田さんに対する評価は、チェーホフの『かわいい女』にそっくりってこと。ようするに、頼る男が変わることによって、考えかたから何から全部変わっちゃう。まるでその人の言ってることが自分の意見であるがごとくになってしまう。だから彼女自身の、自分という世界が見えてこないんだよね。これは若い頃から党派の活動にかかわって、活動家としてずっと頑張ってたということが、そういう世界をつくってしまったのかなと思うね。

山の頃も同じで、どうしたらいいかわからんという形で、結局、森さんに匙を渡しちゃう。それで、森さんが自分でやっていかざるを得ない展開になった。だから、森さんと永田さんの関係はツートップというより、基本的には森さんがトップという形にいかざるを得なかったんだよね。

それと、赤軍派は結成の段階で内ゲバやってるわけですね。それが内部に変わっていったのが連赤にもつながっているんじゃないか、ということがある。指導者たちの中から、最近になってやっとそういうことを言い出したということもあるんだけども。

それはともかく、その内ゲバの過程で、森さんはそれに耐えきれなくなって逃げてるんですよ。それがトラウマになって、「榛名」ベース（二派合流後の最初の山岳ベース）で、ああいう強烈な方向性を全面的に出していったことにつながった。

●安彦　すごく人間的だね。「俺は一回逃げた」というのがトラウマになっちゃったのね。

●植垣　だから彼にとっては赤軍派結成過程の内ゲバから逃げたということと、革命左派が二名処刑し、赤軍派はそれをしなかったという、その両方がトラウマになってたんだね。そういうことをすごく感じますね。それは個人的な資質とも言えるのかもしれないけど。

●安彦　弱みがあるからねえ。それはすごくわかりやすい。

▼ソ連も中国も連赤もポルポトも「農村根拠地」的な発想

●安彦　個人的な資質という点でいうと、たとえばスターリンにしても、レーニンが生きているときに「彼（スターリン）はあまりにも粗暴である」と性格的に懸念してるんだよね。そういうのを目の当たりにしたのは、ソ連崩壊のとき。エリツィンの性格が非常に悪い。だからああなった。

●植垣　アル中だし。

●安彦　エリツィンがああいう性格でなければ、ソ連崩壊の形もまた変わったんじゃないかと思う。たとえば、ソ連邦解体は完全にゴルバチョフを失業させるためにやった。

●植垣　そういう言い方はあるけれども、ただ当時のソ連全体が抱えていた問題を考えると、結局はそうならざるを得なかったのじゃあないかと僕は思うんですよ。

●安彦　もちろん、そう。性格が良かったらどうだった、では語れないんだけれどもね。

●植垣　結局、レーニンの前衛党的な考え方が、一党独裁の方向を孕んでいたのではないかと思う。

●安彦　まったく同感。

●植垣　もう一つは、レーニンはレーニンなりに、当時の社会主義がいきなり資本主義に向かうのは無理だと考えていた。そういうところからネップ、商品経済の活用という方向が始まったんだろうけど。その社会主義と資本主義というものの捉え方が、資本主義を基盤にした立場から資本主義を批判的に見て、次の社会主義を構想するというものじゃなくて、資本主義以前の段階、ようするに農奴制社会とか、そういう立場から見た資本主義批判が当時の社会思想の中に強く孕んでいたのではないかなと思います。

●**安彦**　ネップから、ようするにトロツキーの失脚に至っていくわけだよね。あのときに、また個人的な資質の問題を出しちゃうんだけども、トロツキーはおそらくスターリンは「そこまでやらないだろう」と思っていたと思うんだよ。適当に向こうも矛を収めるだろうと思っていたら、ギリギリ追放されて、結局自分は殺される。「そこまでやらねえだろう」と思う人間に対して、「どこまでもやっちゃうもんね」という奴は、やっぱり強いよ。

●**植垣**　強い。だから、きっかけになったのが、一九三四年十二月一日のセルゲイ・キーロフの暗殺で、誰が殺したのかという追及が始まって、それから大粛清へと広がっていった。キーロフは、一九二六年にジノヴィエフの拠点だったレニングラード書記長になっていたから、キーロフの暗殺が反対派弾圧に利用されて三六年のジノヴィエフやカーメネフ、三八年ブハーリンなどの粛清につながった。

●**安彦**　だから、文革もそうなんだけども、「毛沢東は、そこまでやらねえだろう」と思った奴らがみんな粛清された。常識は常識をこえた敵意にはかなわない。

●植垣　う～ん、反資本主義立場からの資本主義社会批判を展開したのは、これはもう毛沢東個人の問題じゃないと思うんだよな。
　文革当時の人民公社制度、これは共産主義のひとつの萌芽みたいな形で評価されることもあるけど、これがどこから始まったのかというと、抗日戦争時代の農山村根拠地だよね。その根拠地に流入してくる都会の文化人や知識人に対して、ブルジョワ性批判が何度も行なわれていた。それが全国規模で展開していったのが文化大革命だと僕は思うんですよ。

　そういうふうに考えたとき、当時の左翼のいだいていた共産主義思想の世界のイメージは、農村根拠地的、農村共同体的な発想に基づいた共産主義なんじゃないかなと思っていますね。日本的に言えば「清く、貧しく、美しく」というようなイメージが強くなってしまった。そういうのが「共産主義化」の中でも、もろに出たんじゃないかと思うんだよね。

　それをもっと徹底的に突き推し進めたのが、都市を廃止したポルポト政権だった。
●安彦　その文革とポルポトの失敗を凝縮したのが連赤。だからものすごく重いんだよ。

▼「我々」から「わたし」へ

●安彦　これは俺にとって転機だったなというときって、いつ？　やっぱり本とか出したあとになるの。
●植垣　そのときはもう転機は過ぎてますね。いちばん大きいのは、それまでは「我々」という言葉を基本的には使っていた僕が、「わたしは」と表現するようになった。これは大きな転機だったね。そこから自分の主体というものをつくるような感じになった。無自覚な自我というか……。だからこの本（『兵士たちの連合赤軍』）でも「わたしは」という書き方をしてるでしょう。

それができるようになったのは一九七〇年代の終わり頃、塩見と論争を始めてからで、僕にとっては最大の転機ですね。

●安彦　なるほど、それはすごく大きいし、「わたしは」というのはいい言葉だね。「我々は」はすげえ変幻自在な言葉だもんな。いったい誰だよってことだね。

●植垣　だから「わたしは」と書くようになって以降、マルクスの捉え方も何も「わたしはこう捉えている」という言い方になるわけだね。一方、塩見はあくまでも「我々は」という言い方を変えない。僕がダッカのとき、出なかったことに対して塩見は批判的で、その頃かな、初めて「わたし」は出ないって言ったの。当時は、みんなをほったらかしてはいけない、やはり現場に誰か残っていないといけないいんじゃないのと思って。

●安彦　塩見は出るべきだと言ったんだ。でもあなたは出なかった。それはすごい男ぶりがいいというか。いいね、俺は好きだね。「俺は出ないんだ」ってね、俺のことは、俺が決める。

●植垣　連赤問題をめぐる論争も、その頃から本格的に始まったという感じだね。そこまでは僕も「我々」って書いてたものね。「我々」って、自分ってものがいないんだよ。

●安彦　そうだね。「我々は獄中で闘わねばならぬ」とかね。

●植垣　いまでも、「我々は」っていう人がいると、「お、この人はまだ自分というものが現れてないな」って思う。考えてみると、これはまだ無自覚ではあったけど、大学でいろいろやってたときだって「わたし」なんですよね。

●安彦　民青的ないやらしさもさ、「我々」っていうのりでしょ。

●植垣　そうそう。民青にいたとき「なんで党会議とか、民青会議で決定したとおりに学生会議で発言しないのか」って査問を受けたことがあった。「わたしは、理学部の代議員なんだから、クラスの意見を代弁する形で来るんだ。とやかく言われる筋合いはない」と答えたけどね。

そういえば、その頃、理学部で一緒に行動していた神田博、彼なんかは、東大闘争の「あかつき部隊」という民青のゲバルト部隊に動員されて、民青の武装行動に参加させられたらしい。それで消耗して帰ってくるわけ。「とってもじゃないけど、俺はもうああいう世界は耐えきれんわ」ってね。結局、彼は俺と一緒に民青をやめることになるんだけども。

●安彦　だから全共闘運動の行動隊長だったときから「我々」に対する反発があったわけだよね。「俺がやるんだ」と。俺が行動したいんだと。それが赤軍派や革命左派と……。

●植垣　関わってからかな、いつの間にか「我々」という言葉を使うようになってた。さらに、捕まってから最初の文章はまさに「我々」でしたね。

▼極限を見た者

●植垣　ちょっとひとつ、僕のほうから言わせて欲しいことがある。

僕にとって大きかったのは、保釈で出た一九七〇年十二月、大きな事件が二つあって、ひとつは（革命左派による）上赤塚交番襲撃、もうひとつは12・14の沖縄コザ暴動なんだよね。交番の事件には関心はなかったの。でも沖縄のコザ暴動を見て、これからはこうやってゲリラ行動をやるんだって、僕は思ったわけ。それが僕にとっては大きかった。

当時、なんで植垣は武装闘争の世界に入っていったんだと言われるけども、いろんな革命論や軍事論が出てたけど、そんなもの所詮机上の空論でしかない。それが正しいかどうかも含めて、やってみなけりゃわからんだろうと、それが僕のゲリラ戦に、武装闘争にかかわっていく動機ではあった。

加藤登紀子さんの夫である藤本敏夫さんが亡くなったとき、葬儀後、左翼のブント系だけの三次会かな、があって、僕も参加したんです。そのとき、「当時、わたしにとって重要なのは、実際に行動することだった」と。「とにかくやってみなくちゃわからん時代だった。それがああいう展開になってしまった」と挨拶をした。そうしたら、塩見孝也がいきなり僕に向かって「人を殺すこともそういうことか！」と言ったわけ。「おめえに言われたくねえな」って思ったね。

僕は「人を殺して初めてわかる世界もあるんだ」と、かなり居直り的な言い方だったけど応じた。

居直るしかないからね。その後はぐちゃぐちゃの展開になったけどね。

●**安彦**　「人を殺して初めてわかる世界があるんだ」と。

●**植垣**　僕だってやりたくなかったですよ。けど、だからこそ、日本の左翼運動が抱えている問題を正面から考えることができたし、この問題を追及し続けることが、人を殺すことになった人間が、ちゃんと果たすべき道であるだろうと思う。

●**安彦**　「塩見、おまえなんかに言われたくねえ」というのはなんとなくわかるな、うん。塩見も死んだね。彼は彼で考え方が一貫してた。まちがった方向で、だけどね。

●**植垣**　彼は変わらなかった、見事に死ぬまで通したよ。そういう意味では見事だよ。会えばいつも喧嘩というか、論争になった。でも彼との論争で、僕も成長させていただきました。彼は党派の人間というものを前面に出していたから圧倒的反面教師。

▼オウムは連赤の風化を早めた

●**安彦**　これもあなたから聞こうと思っていたら、ちょうどこういうタイミングになったんだけど、オウムの死刑が執行されたでしょ。あれは連赤の植垣としてはどう捉えているわけ。

●**植垣**　あれは完璧な政治的利用だなと思うね。判決で死刑が確定したからと言って、死刑執行できる状況じゃない。再審請求中という動きもあった。それも全部封じられてしまった。

安倍政権は、自分たちが抱えている問題から関心をそらすために死刑執行をあえてやったと思う。

問題は、その死刑執行の過程の話がポロポロ出ているでしょう。あれはどうしたって看守が勝手にしゃべるわけがない。あれは政府がやらせてるとしかいいようがない。

他にもいくつか問題があるんだけども、例えば麻原彰晃の遺体の引き取り、第四女となってるでしょ。四女は一切、親との関係も断ち切るという形で独立している。これって絶対おかしいと思うんですよ。だって彼が喋れるわけがないんだから。判断できる状況じゃないんだから。だからこれは彼の遺体が教祖として祀りあげられないように、教団側に渡さないようにしてるんでしょうね。

●中澤　いずれにしろ、看守とか誰かが個々に話したという情報だけしかなくて、本人が話したという証拠は何にもないよね。

●植垣　全部伝聞だし、死刑執行の条件に心身共に健康な状態というのがあるけど、どう見たって執行できるわけないもの。だから僕は、今回の死刑は政治的利用の極めて残虐な行為だと思いますね。もちろんオウム自体は問題だけど。

●安彦　サリン事件のとき、刑務所の中で、どう思った?

●植垣　「とんでもないことやってるな」ですね。オウムが過激化するきっかけは、選挙で大敗したということと、それから幸福の科学との対抗関係の中であいう事件が起きたんじゃないかと思ったね。

●安彦　幸福の科学とはいろいろ確執があったようだね。ただ、知名度を高めるために選挙運動やって目立とうという意味だったらわかるんだけども、負けたからテロに走るというのはおかしいんでさ、勝てると思ったのかね小選挙区で。創価学会とかは、ちゃんと票読みやって抜群の選挙能力を持っているわけでしょ。何人通すぞって思ったら、そのまま通っちゃう。そういう選挙戦略もなにも奴らはないわけでしょ。マヌーバ（見せかけの策略）というか、本気でやる気があったのかなあ。

●**植垣** 宗教の衣をまとった一種の利益団体というか、政治団体というのか。だからそこらへんは、天理教のような世界に憧れたのかなという感じがしないでもないけどね。

●**安彦** これは原稿でも書いたんだけど、俺はオウムは存在して欲しくなかった。

革命党派と宗教性みたいなことを深刻に問い詰めてくれる連赤という事件があったのに、はっきり言ってものすごく漫画チックにオウムができて、ああいう騒ぎを起こしたことは、おれは大迷惑だと思ったし、今も思ってる。

死刑執行なんていうのは、なんとも胡散臭いことをやらかしたなと思う。だけど、オウムに同情的にはならないね。全く余計なことをしたという腹立ちしかないんだよね。それこそ、中沢新一や吉本隆明たちがどう贔屓したのか、総括したのかも知らないし。

風化という言葉もおれは好きじゃないんだけど、あえて使うと、オウムは連赤の風化を早めたと思う。

●**植垣** そういう面もあるのかな。残念ながらオウム真理教に関しては、ああいう展開になった過程について誰も語っていないんだよね。その辺のところで、曖昧のまま終わっていくんじゃないかなと思ってるんだけどね。

●中澤　書いているのは江川紹子とか外の人間で、中で書く奴はいないね。

●植垣　どういう流れで、そういうものにあそこまで至ったのか、いろんな宗教団体、グループがあるけど、自分の問題として宗教を語っている人ってあんまりいない。宗教というものを自分の問題として考えてなかったのかなあ、それくらいの根性を持った奴がいなかったのかなあと思ってね。それこそ「わたし」が語られてないよね。

――（編集部）二〇〇二年にお話をうかがってから（椎野礼仁編『連合赤軍事件を読む年表』彩流社、所収）、ずいぶん時間が経ちました。あのときも「個人情報保護法」などの問題ある法律が成立したときだったのですが、印象的だったのは、植垣さんが「ふざけた法案が通ってもくよくよすることはない。先をみていけば、つまりその後をどうするかを考えておけばいいんですよ」とおっしゃったことです。この傾向はもっと進み、改憲も日程に上るか、という状況になってきているように思います。この事態について、ぜひひとことお願いします。

●植垣　たしかに、この間の状況は酷い。とんでもない悪法が次々と成立させられ、今や憲法改悪が日程に乗せられようとする事態に至っています。これは、いわば安倍晋三の祖父の岸信介たちに担われていた戦前日本を復活させせんとするもので、それに伴って、当時の日本にはびこっていた排外的で犯罪的で残虐な勢力が亡霊の如く徘徊しています。そのため、こうした流れが多くの人たちに不安と恐怖を抱かせています。
しかし、安倍政権がどんなに強引に戦前の体制を復活させようとしても、日本をとりまく状況が戦前とまったく異なっており、戦前の体制の現実な実行は行き詰まるどころか、不可能です。せいぜいアメリカ政府に利用され、手痛い目にあうだけでしょう。むしろ、そうした事態は、アメリカへの依存によって延命してきた戦前の日本の醜悪な勢力を誰にもわかる形で登場させ、多くの人たちを新たな日本への変革へと駆り立てていくと確信しています。

二〇一八年七月十一日　於　池袋　マイスペース

西田洋文氏（元弘大全共闘）との対話

土佐の人間はな、人を見て決めるんだよ

西田洋文

一九四七年生まれ。一九六三年高知県佐川町立佐川中卒業、愛読書：吉川英治。一九六六年高知県立高知追手前高校卒業、愛読書：漱石のち太宰治。一九七二年弘前大学卒業、卒論：ブレヒトのガリレオの生涯。一九八九年有限会社西田木材設立。二〇一八年八月、今読んでいるのは榊原英資『書き換えられた明治維新の真実』。

土佐のいごっそう西田君の
たっぷりある髪が昔は
うらやましかった
今は
すばらしい銀髪に
なったその髪・
やっぱり
うらやましい…

はるばる津軽にやってきた土佐人はあくまで個人として全共闘に関わり、淡々と安田講堂に籠城、その後も頑固なまでに「個人」を貫く。

●安彦 昨日、いろいろ想い出していて気付いたんだけど、俺とあんたと、二人だけなんだよね。人文学部文学科で所謂全共闘派。六十何人のなかで二人だけ。活動家、ということでは。

●西田 そうだったかな。

●安彦 そう。シンパは、ね。で、シンパはいっぱいいたよ。

●西田 あんたはさきがけだった。飄々としてたけど、さきがけ。

●西田 （笑）。

●安彦 まず訊かなきゃならないのは、遠いね。ずいぶん遠くへ行ったものだね、高知から弘前って。なんで？

●西田 太宰、かな。太宰が好きだったから、高校生の時。それで、太宰の故郷だから。

●安彦 へぇえ……。

●西田 あと、まあ…遠い所へ行きたい、というのはあったな。ここから抜け出したい。それと、寒い所へ行きたい。でも、まあ、太宰だな。

●安彦 あの頃はまだ旧制弘高の校舎もあったし……。で、どうだった？ 弘前の感想。実際に行ってみて。

●西田 まあぁ、こんなもんかな、と（笑）。

●安彦　金木《かなぎ》（太宰の生地）にも行ったろ？　当然。
●西田　行ったよ、斜陽館。受験の時に行った。
●安彦　ええっ！
●西田　だって受からなかったら行けんから（笑）。行っておかんと、と思って。

▼労演の活動

●安彦　それは相当なもんだ（笑）。じゃ、入学してからの話……。政治意識、というか、学生運動については？
●西田　それはもうノンポリ。
●安彦　労演（勤労者のための演劇鑑賞団体）の活動をやってたよね。
●西田　ああ。文化活動したかったけど、労演しかなかった。
●安彦　あんたのイメージというと、まず労演のリーダー。淡々とやってるって感じのリーダー。
●西田　最初に見たのが『郡上の立百姓』（美濃の郡上一揆を題材とした作品）。劇団民藝。すごく感動した。
●安彦　ああ、そういうタイトルだったか。俺も、当時日記つけてて、ね。「感動した」って書いた記憶ある。でもね、労演といえば民青（日本民主青年同盟、ほぼ日本共産党の青年組織とみられている）強いね。誘われなかった？　民青に入れって。

●西田　誘われた。

●安彦　それで？

●西田　「上意下達」、ダメなんだよ、俺。そういうニオイがして。

●安彦　敏感だね。

●西田　体質がね。そういうふうに思えるわけよ。それで入らんかった。でも事務局長やってた、武藤さんという人がいてな。青銀（青森銀行）の職員、だったかな。すごく教えられた。会議で、ね。会議をよくやるんだけど、そのヤリかたで、な。「合意優先」ではダメだと。

●安彦　ふううん。日共系の人だろ？　めずらしいね。

●西田　うん。教えられた、本当に。

●安彦　その人にも「民青に入れ」と？

●西田　うん、うん。

●安彦　でも入らない。

●西田　入らない。

●安彦　強情だね。やっぱり、それは土佐の気質かね。昨日夕食で話した。

●西田　そうかも、な（笑）。

●安彦　葛藤ってなかった？　尊敬する人に誘われて、どうしよう、とか。

●西田　葛藤までいかない。

●安彦　淡々と。
●西田　そうだな、まあ、淡々（笑）。

▼弘大全共闘の機関紙『こんみゅん』

●安彦　寮に入ったんだよね？
●西田　そう。北溟寮《ほくめい》（弘前大学の学生自治寮）。
●安彦　そこで滝浦（弘大全共闘の初期からのメンバー）とかいて。彼はもう出来あがってただろ？
彼は兄弟が活動家で。反日共で。
●西田　お兄さんが、山形大の、な。いろいろ聞かされた。労農派がどうとか講座派がどうとか。
●安彦　彼は彼で誘う。
●西田　誘う、というんではないけど、まあ、わかるわ、な。言ってることは。
●安彦　でも、党派にはいかない。
●西田　行かない。党派とか、組織というと駄目なんだなあ。個人、なんだよ。あくまで。
個人として、つき合う。
●安彦　むずかしいことだと思うよ、それは。
『こんみゅん』にいこうか。あれは創刊、いつだったかな。
●西田　いつかなあ。『弘前大学新聞』が日共寄りだったから。でも、『新聞』は無理だから。

●安彦　小さい版でなら出せるかと。B－4の二ツ折り、8ページ位。六八年の初め頃、じゃないかな。最初はあんたと二人で。あとから工藤と日角が入って、何号か出して、それから三人が「東大」（安田講堂の攻防戦、三人とも逮捕）に行っちゃった。あれ（機関誌の運営）もねえ、俺は感心して見てた。あんたのやり方。こいつはどこでこんなこと覚えたんだろう、って。
●西田　算数は得意なんだよ。数学はダメだけど。数字は好きなんだ、基本的に。
●安彦　よく出せたと思うよ。広告とか……。
●西田　勝手に出版社の広告載せて、本の広告。それで送りつけて広告代はその本で貰う。現代思潮社とか勁草書房とか。
●安彦　俺はもっぱらエロ映画館の広告担当。「何考えてるのか知らないけど、ツマらないよこんなの」なんて館主に言われながら。お金はくれない。映画の券が代わり（笑）。あの頃になると、あんた達は寮を出て「冨野荘」に。
三人、だっけ？
●西田　いや四人。俺と滝浦と、佐藤幸男氏と藤沢と。
●安彦　シェアする、っていうのかな。今でいうと。
●西田　四日に一回炊事当番が回ってくるわけだよ。当然家賃は四分の一。寮出て一度部屋借りたんだけど隣がうるさくて、それですぐ出て、冨野荘に移った。
●安彦　あそこは拠点だったね。どんな風に把えていた？　あの頃「活動」のこと。

●西田　やっぱり「反戦」だな。ベトナム反戦。アメリカのやっていることが余りにも理不尽だから反対しなければダメだと。それから「山崎（博昭）君の死」だったな。羽田での（六八年10・8、佐藤首相の南ベトナム訪問阻止闘争）。六〇年安保の時の樺美智子さんの死と同じように。あれが大きくて、それで「やるしかないな」と。

▼安田講堂にたまたま「籠城」

●安彦　じゃあ、もう行ってしまおうか。「東大」に。
●西田　あれは（『こんみゅん』の）「取材」だったんだよ、な。
●安彦　あんたは東京へは？
●西田　最初最初。最初に行って、それでああなった（逮捕された）（笑）。
●安彦　あんたと工藤と日角と。俺はとにかく金がなくて、汽車賃が。それで『こんみゅん』では一人だけ残った。
●西田　滝浦がガイドで、あと及川。弓野。
●安彦　みんな一緒だった？
●西田　そう。最初芝工大に行ってね。
●安彦　芝浦の？　大宮じゃなく。
●西田　そう、それから東大に行った。そしたら中に入れられて、赤ヘル渡されて、すぐ封鎖。出られない。

●安彦　籠城するぞっということは？

●西田　そんな話はなかった。とにかく、出られないいんだから（笑）やるしかない。

●安彦　どう思った？「何かありそうだ」というんで取材に行ったのに中に入れられて、その時。

「話が違う！」とかは？

●西田　「こんなもんかナ」と（笑）。

●安彦　中でやっている時は？　世間では大騒ぎしてるだろうな、とか、注目されてるなとか……。

●西田　あんまり思わなかった。とにかく放水と、催涙弾がなァ。寒かった。結局二晩過ごしているわけよ。（六九年一月）十七日と十八日。二晩とも寝てない。十七日はまだよかったけど十八日は全部びしょ濡れで。でも、一番辛かったのは「リンチ」だな。

●安彦　中での、機動隊の。

●西田　「殺されるかナ」と思った。とにかくひどい。

●安彦　ケガは？

●西田　特に骨折とか、そういうのはなかったけど、今でも痛いことある。寒い時なんか「あれ、痛いなァ」と感じて、思い出してみるとその時やられた所だったりする。外へ出されて、そうするとカメラとかある。報道の。「ああ、助かった」と。これで「殺されない」って思った。

▼「黙って事変に身を処す」日本人

●安彦　それから留置所は田無だよな。

●西田　当時どこなのかは判らん。でも留置所も暖房ない。毛布一枚。寒い寒い。同房にコソ泥のおっちゃんおって教えてくれたんだけど、「ミノ虫」。毛布を蓑みたいにしてその中にそっと入る。そうすると少しいいんだ、これが。東大生も何人かおった。

●安彦　安田講堂組が？

●西田　房は分けるけど話は出来る。房と房の間で。その時に「やっぱり頭いいのかな連中は」って思うことがあって。将棋指すわけよ、空で。「2三歩」とか「5四金」とかって。さすが東大生（笑）。あと田無市長もいて。

●安彦　ええっ！　現職の?!

●西田　そう。収賄かなんかで（笑）。

●安彦　調べには黙秘だね？　完黙？

●西田　名前、年齢は言った。勾留理由開示の時に、検事に。それ以外は言わない。

●安彦　それから中野刑務所。

●西田　中野へ行ってから嬉しかったのは、本が読めたこと。さし入れて貰ったからね。救対（救援対策）はよくやってくれた。

●安彦　家族の接見は？

●西田　親父が来た、な。

●安彦　親父さんはどんな様子？

●西田　相当びっくりしたと思うよ。青天の霹靂。そういう話は全然してなかったから。

●安彦　それで、どんなことを言った？

●西田　別に……。「なるようになった」と思っていたかもしれん（笑）。

●安彦　似てるんだ、親父もあんたと。

●西田　そうかもしれん。少なくともおふくろには似てない。でも、その頃に二番目の兄が死んでるんだ。長男は夭折してるから実質的な長男。仕事中に心臓病で。だから親父は本当は相当こたえていたと思う。

●安彦　……。

●西田　現状を受け容れ易い性格かも、な。土佐人、というより「日本人」なのかな。「黙って事変に身を処す」日本人。

▼弘大の封鎖闘争と裁判

●安彦　保釈されたのは夏の……。

●西田　終わり頃、かな。

●安彦　そうすると弘大の封鎖闘争（六九年九月）は？

●西田　立ち会ってるよ。大体一部始終に。中にも入った。学長室での会議とか、な。

●安彦　印象は？　安田講堂を体験した者としての。

●西田　それは、なああ。やってもしょうがないだろうとは思った。正直。今頃封鎖やっても。まあ、真似というか、コピーではあるし。

●安彦　縮小コピーだ。それはわかってたけど、封鎖まではいかなきゃ収まらんという雰囲気だった。周りも、ね。教員だって、「うちの連中には出来んだろう」なんて雰囲気で。挑発みたいなもんだ。

●西田　青砥（幹夫、23頁参照）とかの議論を聞いてて、ちょっと合わんな、と。かみ合わない。

●安彦　植垣（康博、101頁参照）も出てくる。行動隊長。

●西田　お前が（本部封鎖について）全部かぶってて、気の毒やなあと。そう思ってみてた。

●安彦　かぶってた気はないけど。ただ、伝わらないわけだよ、一般の人に。彼らみたいにただアジっていても。それで普通に話しするやつが要るんだけど他にいないから。それで目立った。

●西田　かぶってる感じやったな。ほんと、気の毒やなあ、と。

●安彦　あんたは、変わったかな。「安田」で。その前と後で、何か変わったとか思う？

●西田　いや、変わってない。醒めた部分というのは前からあったし。だから封鎖までの議論を見ていても「敢えて反対はしない」と。ただ、「終わった」から。それはもう、な。

●安彦　あの時リードしていたのは宮嶋氏だった。要求項目をまとめろ、とか。宮嶋氏については？

●西田　有能なオルガナイザーだったと思ってる。彼とはずっとつき合いあるし。

●安彦　そのようだね。俺はダメだった。で、その後なんだけど、復学するよね。これは、やっぱり卒業しておこう、とか、親に言われた、とか。

●西田　親は何にも言ってない。別に、どうしようと迷いもしなかった。ただ、（安田講堂の）裁判が、な。ずっとあるから、これが……。東京で。

●安彦　大変だ。

●西田　裁判といっても、出て、騒いで、「退廷！」。その繰り返しなんだけど、一応出ておかんと。

●安彦　保釈取り消しになる。

●西田　だから、大変なんで一年東京にいたのよ。アルバイトして、裁判に出て。成田（闘争）にも行ったなア。トンネル掘り（七一年、第一次強制代執行を阻止するための地下壕）。あれは大変やった（笑）。いつ、だったかなア。だから、弘前に六年いたっていうことになってるんだけど、一年は東京。いたのは五年。それで最後の年に単位とって。

▼思想というのは「個」に還元できる

●安彦　昨日聞いたけど、それから高知へ帰ってるんだね。就職して結婚して……。

●西田　やっぱり二番目の兄貴が死んだのが大きかったな。生きてたら帰らんかった。たぶん。そして親父の仕事継ぐ、ということもなかった。そうなるようになってたのかなあ、と、後で思った。これも、まあ、なるようになった。

●安彦　運動のほうは、それから？

●西田　俺の場合はね、個人的なつき合い。出来ることはしてきた。カンパしてくれと言われたらカンパしたり。思想というのは「個」に還元できる、というのが俺の考え。「組織のため」とかいうのは、だから駄目なんだ。

●安彦　「還元できる」と言いきれるのはすごいな。

●西田　これはな、土佐人の考えかもしれん。土佐の人間はな、人を見て決めるんだよ。「信用できる」とか「できん」とか。だから龍馬の「薩長同盟」みたいなことが出来たんじゃないかな。人を信用する、となると徹底的に信用する。だから相手も信頼してくれる。実際、仕事していてもそうだよ。そういう気質って、感じるな。そのかわり、頑固。駄目となったら駄目。

●安彦　淡々としていて、頑固、ね。なるほど、あんたそのものだ（笑）。あと、これはね、最後の質問になるんだけど、「あの頃」というのを今振り返ってどう思う？　自分の人生にとって「あの頃」がどういう意味を持っているか、でもいい。俺の場合を言うとね、あの後真っ白になった。二十二年生きてきて「それが全部無駄なことになった」って思った。またゼロからやり直すしかない。今から、またやり直すのかよって、そんな気持ちだった。東京へ出た時。

●西田　それはなかったな。全部こんな応えばっかりで悪いんだけど。「時代の風に流された」って気はしたけど、ただ流されたんじゃない。別な流れ、というか、別な場面でまた選択しろと言われたら同じように、たぶん行動しただろうし、今でも行動する、と思うな。やっぱり、強情というか、頑固なのかな。

●安彦　ブレない、というのはすごい。ただ、ね。例えば滝浦のブレなさ。ああいうのは、俺には正直イタいわけ。一度見舞いに行ったけど、組合の話とかするんだな。それが……。

●西田　ずっと周りに支持されて、最後まで。

●安彦　でも全体が先細っていくわけだよ。ずうっと。それをどう考えていたのか。

●西田　滝浦はエラかったと思っているよ。

●安彦　なるほど。

●西田　生き方は全然違ったけど、な。やっぱり個人だよ。個人の問題だと思う。ごめん。ほんと、こんな話しかできなくて。せっかく遠いところから来てくれたのに。

●安彦　どうしてどうして。来た甲斐があったよ。

二〇一四年十一月十一日　於　高知　黒潮本陣

日角健一氏（元弘大全共闘）との対話

「時代の申し子」だったのかな

日角《ひすみ》健一

これからの運動は、絶対平和主義と非暴力が基本になると思う。戦争には戦わない。軍隊には素手で対峙する。殺されても、殺さない。憲法9条を文字通り実現すること。徴兵は拒否すること。丸腰こそが、最強だ。最後には、「丸腰の思想」が勝利すると思う。

高校時代から
まっすぐ青年だった
日角君は
そのまま まっすぐに生きて
今も見事に
まっすぐ親父
小便が近いんだ
近頃・・・

北海道・遠軽出身、「安田」以後も三里塚闘争、組合運動の活動を展開、時代を全力で駆け抜けてきた「ジャコ万」氏の現在。

▼高校の後輩

●安彦 久しぶりだね。

●日角 四十年ぶり、くらいじゃないかな。

●安彦 そこまでじゃないと思うけど、近いね。俺には悪いクセがあってね、連絡がとれなくなると「もう死んでるんじゃないか」と（笑）。

あなたとのつき合いは高校以来だから、ね。生徒会室の隣が新聞部の部室で、俺が会長の時、あなたは委員で。だから、六七年の春の新入生歓迎会であなたを見たときに、「あ、日角、弘前に来たんだ」って。

●日角 オリエンテーションで安彦さんが「ベトナムの平和を願う会」のスピーチしてるのを聞いて、すぐ「やろう」と。あの頃はトンキン湾事件とかあって、圧倒的に「ベトナム」だったよね。政治運動というよりまず「反戦」運動。これはやらなくちゃいけないんだ、と。

●安彦 そういう意識だったね。だから俺も、あの頃はもう民青が相当つらくなってきたんだけど、「抜けたら反戦運動もできない」って、それで悩んでた。逆にいうと「反戦運動続ける」っていえば民青抜けられるかっていう、そんな考えもあった。で、その後『こんみゅん』(弘大全共闘の機関誌)にも誘う。「創刊宣言」書いたのはあんただ。持ってる？『こんみゅん』。

●日角 十七、八年前に親父が死んで葬儀の時に段ボール箱が出てきて、その中に「創刊号」があって。読んだんだけど十行も読めなかった(笑)。

●安彦 なんで？

●日角 タイトルが「覚醒のアピール」で、ものすごい「上から目線」の文章で、「目覚めよ！それでいいのか！」みたいな、ね。よくこんなエラそうな文章書いたもんだと。

●安彦 それは、ね。アジテーションだから、どうしてもそうなる。それよりも印象に残ってるのは「新聞は出してなんぼ」だと。大学新聞は休眠してたからそれを叩いた。だから「ああ、やっぱり日角は新聞を愛してるんだなァ」と。

●日角 あと、「朴念仁」っていうコラム欄ね。あのタイトル提案したの、俺。

●安彦 そうだったね。あれはよかった。ただ、覚悟が要ったと思うんだよ。「平和を願う会」はまだあいまいだったけど、『こんみゅん』はもうはっきり「反日共民青」だったからそれに加わるのは。

●日角 西田(洋文、155頁参照)に言われたんだよね。なにか民青系の集会で発言して、「われわれ学生も意思表示すべきだ、選挙で一票を！」なんてこと言ったら、後で「それでいいのか？」って(笑)。

●安彦　そんなこと言ったんだ、西田。
●日角　共産党に対する抵抗感っていうのはもともとあったんだよね。
●安彦　なにか民青とモメたようなことは？
●日角　ないない。ただ、民青に批判的になったのは安彦さんの影響が大きいね。監視するとか、活動の実態を聞いてダメだと思った。そういうときに「やらないか」と言われて。確か三号までやったんだよね。
●安彦　そう…だったかな。全部で十号出したんだけど、三号の後であなたは安田講堂に……。その前に、工藤（敏幸、189頁参照）を誘ったのはあなた。
●日角　「ベトナム反戦」のゼッケンつけて一人デモなんかしてた。
●安彦　秀才の、スゴイのがいると。
●日角　模試で県で一番だったたっていうのは、聖子さん（工藤夫人）から聞いた。それでまず10・21（六八年の国際反戦デー）に誘ったんだったかな。
●安彦　だから工藤は『こんみゅん』一号くらいしか……。
●日角　してない、してない。

▼「ここで行かなかったら一生後悔する」

●安彦　それじゃいこうか。1・18・19（六九年一月の東大安田講堂攻防戦）のこと。

●日角　その直前、だから一月十六日だったかな、徹夜で編集会議やったでしょ。
●安彦　え？　そうだったかな。覚えてない。
●日角　その会議がね、決定的だったのよ、俺にとっては。
●安彦　うんうん。
●日角　その時に西田が電報持ってきた。「決戦迫ル．安田講堂ニ結集セヨ」っていうの。
●安彦　それも覚えてない。でも、西田の所へ来たのなら打ったのは滝浦（弘大全共闘の初期メンバーのひとり）だ。
●日角　西田は滝浦と一緒に住んでいたでしょ。あともう一人佐藤という人と。会議やったのも確かその部屋。で、その電報見せて西田が「俺は行くけど、行かないか？」って。工藤は二つ返事よ。「行くよ」と。それで驚いた。で、俺はすごく悩んじゃってね。だって、行ったら絶対パクられるって思ったから。
●安彦　そう思った？
●日角　そりゃ思うよ。だって「決戦迫ル．結集セヨ」でしょ。機動隊導入、籠城……。絶対パクられる。当たり前でしょ。
●安彦　そうか、あんたが一番読んでた（笑）。
●日角　あのね、わからないというか、可笑しいのがね、三人共（安彦・西田・工藤）「まさか…」なんて言ってるでしょ。行ってみたらいつの間にか、なんて。それがなんか可笑しくってさ。

唖然としたね。「マジかよ！」って。俺はすごく悩んで、それで「よしっ！」って行ったのに。

●安彦　そうか、それはどうも。

●日角　悩んで、その場では俺、「俺は日和るよ」って言ったんだよね。安彦さんは「金がなくて行けない」って言った。

●安彦　そうそう。

●日角　それで俺にね、「行って機動隊に石投げて来いよ」って。

●安彦　え～っ（笑）！　そんなこと言った？

●日角　よく覚えてるよ。あれはやっぱりすごく大きな人生の転機だったから。

●安彦　調子のいいこと言ったもんだ……。

●日角　どう言われて、というんじゃなくてね、とにかく悩みに悩んだ。で、徹夜して朝の七時頃になってね。西田が九時半くらいの汽車で行くと。それで俺に「来れたら来い」と。俺はまだ悩んでたわけ。でもやっぱり、「ここで行かなかったら一生後悔する」と思ったね。

それで「行こう！」と。その時はもう三十分くらいしかないわけよ、時間が。で、駅に走って。でも間に合わなそうだと思った時に、「運命」っていうか、あるもんだねえ。空車のタクシーが走ってきたのよ、偶然。それに乗って、それでぎりぎり間に合った。五分前くらいについて。急いで切符買って。そんなことってないでしょ。

●安彦　弘前、だしね。

●日角　その時そのタクシーが来なかったら。
●安彦　行ってなかった、「安田」には。
●日角　だから、運命なんだよ。
　で、東京について、西田が芝工大に電話したんだけど、そしたら「中央大学のラテ研」、ラテンアメリカ研究会ね、そこへ行ってくれと。そこで合流するんだよ、滝浦、弓野、及川たちに。そして、「明日かあさってには機動隊が入るので、すぐに安田講堂に行ってください」って言われるんだよ。
●安彦　う～ん……。
●日角　弓野が、ね。後で知ったんだけど、俺を見て「大丈夫か、こいつ」と。そう思ったと(笑)。
　安田講堂では正面に向かって左側の三階か四階にいて、石とか火炎瓶を投げていたんだけど、二日目には放水が激しくなるんだよ。その放水をベニヤ板で防ぐわけよ。それですごく印象に残っているんだけど、滝浦がベニヤ板で放水を防いで、頭からズブ濡れになりながら、「俺たち、これで本当にベトナム人民と連帯できたな」って言ったんだよ。あの光景は忘れられないね。
●安彦　逮捕の時は相当やられた？
●日角　石で殴られたり、ね。
●安彦　石?!
●日角　お前らはこれを投げたんだぞって、ね。まあ、相手も気が立ってるから。

●安彦　西田は今でも時に痛むって言ってたけど、あんたは？
●日角　それはない。
●安彦　あと、あんたのことで言うと、完黙が長かった。俺は「日角はどうしてこんなに頑張るんだ」と。
●日角　完黙はしてない。起訴の直前に弁護士接見があって、「完黙すると保釈がきかないから名前だけは言え。統一救対の方針だ」って言われて。不満だったけど名前だけは言ったんだよ。その名前すら言わないのが七、八人いたんだよね、最後まで。弓野がその一人。「権力に屈服したくない」という思いだったね。
●安彦　だから、あんたが出てきたのは大変遅かった。
●日角　中野刑務所に一年二カ月拘留されたんだけど、その間にトロツキーの『わが生涯』と『1905年革命結果と展望』を読んだ。「それでトロツキズムでいこう！」と。
●安彦　ということは、完黙は救対や党派の指示だからとかいうんじゃなくて。
●日角　関係なかった。自分の意志。

▼三里塚へ

●安彦　弘前に帰ってからのことになるけど。
●日角　その後はもう党派それぞれ、って感じだったよね。

●安彦　そう、教養部とかはその後も結構ストとかで頑張ってるんだけどね。

●日角　保釈されてから一年くらいは東大裁判闘争が続くんだよ。判決は一年六カ月、執行猶予三年……。その間に、学生インター（第四インター日本支部の学生組織）の活動家になって三沢とか、情宣活動とかの活動を始める。そのうちに三里塚が最大の闘いになってくる。

●安彦　それが、いつ？

●日角　七一年の二月。第一次代執行阻止闘争。われわれは駒井野の闘いに参加するんだけど、闘争本部の学生インターのキャップが相米慎二（映画監督）。『セーラー服と機関銃』、『魚影の群れ』の。

●安彦　へえええ！

●日角　三里塚農民はひたすら地下壕掘って、農家のおっ母達が鎖で立木に体縛り付けたりして。そういう中で、組織の合同会議をやった時に3番地点の状況報告したのがいて、それを聞いて相米慎二が涙流したんだよね。だけどその時言ったのが、「お前の話で泣いたんじゃない」と。

●安彦　相米が。

●日角　その後、姿見なくなった。

●安彦　彼はどこ？　日芸、じゃなくて？

●日角　中央。「映画が好きだ」ってのは聞いてた。後で「ロマンポルノの助監督になった」なんてのも聞こえてきて。『魚影の群れ』とか、いいよね。

●安彦　最高だね。俺もこんな仕事してるからあの長回しのすごさとか、少しはわかる。そうか、三里塚にいたんだ……。

●日角　第一次代執行の闘いが終わってから、「会議に出てくれ」と言われて出たんだよ。「こん中に道産子はいるか？」言うんで手をあげたら、「お前、ジャコ万な」。

マンガの『男一匹ガキ大将』の中に、北海道出身のジャコ万の鉄という奴がいるらしいんだよ。まんじゅう屋の藤助とか次々に名前が決まっていくんだけど、万吉一家から取ってるんだよ。そして、「このメンバーで第二次現闘（三里塚に常駐する現地闘争本部）を発足する」。

●安彦　権力対策だね。

●日角　援農（三里塚農民の農作業を支援）しながら、ずうっと悩んでた。「現闘になったら、卒業は無理だな」と思ったりして。

●安彦　あったんだ。その時まで、未練。

●日角　援農に行くと土に触るでしょ。土に触ると、生産者としての農民の実感がわかってくる。「農民は生活をかけて闘っている」「三里塚闘争は反権力闘争の最先端の闘いだ」。そう思うとやっぱり、「やるしかない」と。後ろは見せられないんだよね。だけど、なんで自分はこう最前線にばっかり立たされるんだって思ったね（笑）。

第二次現闘の活動は駒井野団結小屋に常駐して、地下壕の建設なんだよね。われわれは「穴掘り現闘」と呼んでたんだけど。この時、工藤の奥さんの聖子さんの妹も一緒。戸川友子、万吉一家だからね。

第一次代執行（七一年二月）の地下壕は素掘りだったんで、ユンボでやられると一たまりもなかった。だから、第二次代執行では鉄筋コンクリートの地下要塞をつくる計画だった。芝工大の学生が土木技師になって。だけど、途中で落盤事故が起きて、鬼頭が脊髄損傷で車椅子の生活に……。必死になって、代執行までに地下要塞を完成させた。

●安彦　（第二次）代執行はいつ？

●日角　七一年九月。だけど、地下要塞は直前に台風が来て、水没して使えなかった。それから鉄塔。これも倒されて第二次代執行が終わる。

▼「やっぱり労働運動を組織化しなきゃ駄目だ」

●日角　この後、パイプライン反対闘争に関わることになるんだよね。千葉の高校教員のメンバーが「千葉で市民運動が盛り上っている。インターも取り組むべきでは？」と。それで、「ジャコ万行ってくれ」と。その教員の家に同居して、活動を始めた。

パイプラインを幕張の花見川の川底に埋設して、ジェット燃料を三里塚へ運ぶ計画で……。30気圧で送るので地震などで断裂すると、燃料が300m吹き上り、引火すると火の海になると住民の不安が高まっていた。「パイプラインに反対する市民の会」の代表は折原慶子（折原浩東大助教授の妻）であとは千葉大の学生。街宣活動ばかりなので、個別訪問による住民の組織化を提案するんだけど、「絶対無理」というので別行動をすることに。

高校教員とタッグを組んで、新検見川、幕張をシラミ潰しに個別訪問に回る。嶋村欣一という千葉大教授に出会って急転回、自治会で話を聞いてくれることに。「パイプラインも危険だけど、過激派が来て火炎瓶を投げられたらもっと危険だ」なんて言われたけど（笑）。

朝日ヶ丘反対同盟が結成され、幸町の公務員住宅自治会も加わって、三里塚空港パイプライン反対同盟の結成へ。千葉市議会請願活動では住民一〇〇名近くを動員して、結構盛り上がるんだけど、結局工事着工されてしまう。それで「やっぱり労働運動を組織化しなきゃ駄目だ」ということになるんだよね。

●**安彦**　それも党派の方針？

●**日角**　そう、京葉コンビナートに狙いを定めて。「日本板硝子」がいいというのもインターの方で決めた。職安で調べて。総評の左派系、合化労連の中核。そこがいい、と。

●**安彦**　普通に、採用試験受けて。

●**日角**　そう。

●**安彦**　「品質検査」の仕事してたんだってね、ずっと。理科系っぽいね。文系なのに。

●**日角**　「試験室」っていうんだけど、分析関係の仕事でね。試験の成績で配属になったらしいね。

●**安彦**　良かったんだ。

●**日角**　そうらしいよ。知能検査みたいなことやってね。で、決まった後でね。主任とかいう人がこっそり聞くんだよ。「キミ、共産党とか社会党とかじゃないよね？」って（笑）。「ちがいます」と（笑）。

●安彦　ウソはついてない（笑）。でもバレただろ？　組合活動で。

●日角　そうだね。一年くらいで役員に立候補したりしたからね。青年婦人部の部長になって、俺と、やはり送り込まれた党派のもう一人とで親組合の批判とかするもんだから「あいつら過激派だ」となる。

●安彦　当然、経歴も。

●日角　バレたね。会社には。

●安彦　それでもクビにならず……。

●日角　それは、ならない。出来ないんだよね、法的に。

▼**胸のすくような勝利**

●安彦　三里塚はもうひとつヤマがあるね。管制塔占拠。あれはいつだったかね。

●日角　七八年の3・26。管制塔占拠を企画、立案、指揮していたのはWという人でね。島根農大（県立島根農科大学、現在、島根大学生物資源科学部）にいたときに六〇年安保でね。東京の国会デモにも行ったらしいんだけど、自然成立で敗北する。で、挫折して冬の北海道に行ったんだって。オホーツクの流氷を見ながら、「学生運動をやり直す」って心に誓って中央大に入り直すんだよ

世界社会主義合衆国樹立をめざし 万国の労働者団結せよ！　全世界に新しい共産党を組織せよ！

週刊 世界革命

1978年 4/3(月) 第517号

日本革命的共産主義者同盟(第四インターナショナル日本支部)中央機関紙 12頁　定価150円

青学共闘最先頭に
三月開港を完全粉砕
日本階級闘争史に輝く勝利

78年3月26日管制塔占拠を報じた第4インターの機関紙「世界革命」

ね。そこで相米慎二をオルグする。で、東大闘争の被告なんだけど、法研でパクられる。で、第三次現闘のキャップになる。目的は開港阻止。

　三里塚の農民から「排水溝が管制塔前のマンホールにつながっている」という情報を入手するんだよね。

　そこから管制塔占拠を企画・立案するんだけど、アンジェイ・ワイダの『地下水道』は観たと言っていた。3・26闘争のスローガンは「包囲、突入、占拠」でね。午後一時を期して、8ゲート、9ゲートから部隊が突入する。陽動作戦で、機動隊が引きつけられている間に、突入部隊がマンホールを飛び出して、管制塔を占拠するという計画でね。

実際は管制塔に機動隊の部隊がいたらしいんだよ。だけど、9ゲートで車が炎上して黒煙があがっているので、現場に急行するんだけど、その時階段を使ったんだって。突入部隊はエレベーターで14階まで上ってすれ違いになったんだよね。うまくいく時って、そういうもんだよね。で、パラボラアンテナを伝って、かけやで管制室のガラスを割って侵入し、施設を破壊して開港は阻止される。突入部隊が厳命されていたのは「殺すな、ケガをさせるな」ということ。胸のすくような勝利だった。

●**安彦**　あんた、あの時は？

●**日角**　参加してない。B型肝炎をやってね。母親からの垂直感染なんだけど三カ月入院して、その後も良くなくて。遠軽に三カ月くらい帰ったりで参加出来なかった。

●**安彦**　参加してたら会社のほうも……。

●**日角**　板硝子のメンバーが、8ゲート突入でパクられてるんだよね。東京拘置所に一年間拘留されて、出て来てから現職復帰闘争をやるんだけど……。

●**安彦**　解雇？

●**日角**　いや、勝利して復帰してる。なんで勝利したかっていうと、社会党が防衛に回ったんだよね。三里塚の大義があるから、会社が解雇っていうと認められない。それでも一応処分は出て、出勤停止一日。

●安彦　完全勝利みたいなもんだ（笑）。あんたたちにしてみれば。

●日角　管制塔占拠の次の年に組合が分裂するんだよね。「特労対策」って言うんだけど、合化労連脱退による組合御用化なんだ。総評系を毛嫌いして。それで、左派が合化日板を再建して、組合分裂へ、と。御用組合が三五〇〇名で、合化日板が一八〇名。われわれも組合の結成大会に行くんだけど、「組合は思想信条で差別してはならないけど、内部に反対する人がいるので、加入はしばらく待ってもらいたい」と言われて拒否されるんだよね。で、一年後に加入が認められて、その一年後には「執行委員になってくれないか」って言われるんだよね、二人共。

ここから分裂少数派組合運動になるんだけど、最初は査定、昇格で激しい組合差別を受ける。片っ端から不当労働行為で地労委に提訴して、三年たつと差別できなくなる。「労働組合法」で組合間差別の禁止が規定されていて、労働条件は合化日板が同意しなければ決まらないということになり、逆にキャスティングボートを握ることに……。合化日板のスローガンは「一人の首切りも許さない」だったけど、実際に一人の首切りも許さなかったね。

俺は定年でリタイアしたけど、8ゲート突入したメンバーは日本板硝子共闘労組の委員長をやっている（連合結成の時、合化労連は連合に行ったので、脱退して名称を変えた）。

▼ロシア人民は資本主義を選択した……

●安彦　「今来し方を振り返って」という話を聞こうか。現状で言うと党派は？

●日角　「解体」だね。いつとかいうことじゃなくて、なし崩し的に。党派活動が成立しない状況になった。

●安彦　「転機」のようなものがあった？　あなた自身に。

●日角　八九年、かな。

●安彦　やはり……。

●日角　ゴルバチョフがペレストロイカを始めた時は、政治革命の端初になるんじゃないかと期待したんだよね。だけどスターリニズムの重しがとれると、ロシア人民は資本主義を選択した……。

●安彦　あなたは「連帯」にも期待した？

●日角　したね。

●安彦　ワレサ（ポーランド独立自主管理労組「連帯」議長）が来たでしょ。八二、三年だったかに。その時彼は言ったんだ。「われわれはポーランドを日本のような国にしたいんだ」と。もともと俺は「連帯」に魅力感じてなかったんだけど、あれで最終的に幻滅してた。「なあんだ、フロントランナーじゃなくて後から追っかけて来る人達だったんだ」って。だから俺はね、ヤルゼルスキ（「連帯」に対抗し戒厳令を敷いた首相、党第一書記を兼任）って人はワレサよりずっと偉いと思ってる。ドプチェク（「プラハの春」を率いたチェコスロバキア共産党第一書記）がどうなったかを彼は知ってて、「弾圧してますよ、ちゃんと」とソ連に見せつつポーランドの変革を演出した。

●日角　「革命は大衆がやるものであって、党がやるものではない」ということなんだよね。大衆が革命をやりたくない時は、やらなくていいと思う。資本主義が社会主義よりましだと思っている間は、党がどんなに働きかけても革命なんて起きるわけがない。それから、暴力革命論は捨て去るべきだね。ロシア革命の時代は帝国主義に包囲されて、内戦もあった。

しかし、時代は変わった。暴力で勝利しても、維持できなかったら意味はない。それに、暴力はエスカレートする。「帝国主義が核兵器を持つなら、われわれも……」とか、ね。

●安彦　その「時代の変化」を生きてきた自分の人生を表現すると？

●日角　「時代の申し子」だったのかな。「時代を駆け抜けた」って気がする。かなり全力で、ね。

▼革命戦争にも反対だね

●安彦　もう一つ、現在の、この時代について訊こう。安保法制とかシールズの若者がとかいう現状をどう見てる？

●日角　国会包囲行動には三回参加してる。国会議事堂前メインストリートは六〇年安保以来、一度も解放されたことがないんだよね。それが（二〇一五年）8・30行動で十二万人に占拠されたんだけど、俺その時は参加出来なくて、すごく悔しくて……。その後、9・14に行ってるんだよ。その時は四万五千、くらいかな。で、警察車両が壁になってて、歩道に押し出された状態で「しょうがないな」と思ってたら、誰か女の人が「男の人は押してくださいっ」とか言うんだよ。

それで、警官隊と押し合いをやって、「どうして六〇越えた俺が…」とか思いながら押して（笑）、でも入れたんだよね。国会前に。ライトアップされた議事堂目の前にしてさ。感無量だった。

シールズはよくやってると思う。彼らの六割が五〇〇万くらいの学生ローンを抱えて、就活の不安とかもあるわけだから……。アメリカ大統領選のサンダース旋風もローンに苦しむ学生中心だから、共通点があるよね。背景には「中流が掘り崩される」ことへの危機感があると思う。安保法制へのデモはわれわれの「ベトナム反戦」と同じ気がする。

●安彦　俺は一回も行ってないんだよ。むしろ「行かないぞ」って思ってる。シールズの連中とか頑張ってるのはいいけど、彼らに音頭とられてシュプレヒコールなんか出来るかって思ってる。それは、意地でもしない。なんだか「思想の後退」みたいだから。

●日角　「日本を戦争する国にさせない」というのが、今の俺の最大のテーマなんだよね。『父親たちの星条旗』（二〇〇六年、クリント・イーストウッド監督）という映画があったけど、硫黄島をめぐる闘いの……。米海兵隊が上陸するんだけど、日本軍から銃撃される。当たっても急所を外れるから、即死じゃないんだよね。

衛生兵が救護するんだけど、すごく苦しむ。あれが自分だったらと思うとゾッとする。戦争は人殺しなんだよ。自分が傷つくのも人を傷つけるのも嫌。まして、絶対に殺したくない。「戦争に行かない奴が笛を吹く」って言うけど、まさに安倍のことだね。

戦争には二つある。侵略戦争と自衛のための戦争。侵略戦争は誰だってみんな反対する。

問題は自衛のための戦争だね。俺は「自衛のための戦争」にも反対なんだよ。「自衛のための戦争」であろうが、血は流される。それを避けるためには、憲法9条を文字通り実現することだね。戦争を放棄し、戦力を持たない国に、戦争をしかけてくる国はない。

●安彦　侵略戦争と自衛のための戦争。もう一つ「革命戦争」がある。

●日角　革命戦争にも反対だね。

●安彦　かなり大胆な思想の変化といっていいんじゃないかな、それは。それを「転向」と呼ばれたら？

●日角　「転向」なら、「転向」でいいよ。

二〇一六年五月十八日　於　ホテル／メトロポリタン

工藤敏幸氏（元弘大全共闘）との対話

ふり返らない「生き方」

工藤（小笠原）敏幸
一九四八年生まれ。六七年弘前大学人文学部入学。小笠原は弘大同級生。

太宰治の再来かと見えたが
実は理系で、もうひとつ、じつは
……
すばらしいシンガー！
パフォーマー!!
ボランティア
舞台での
―津軽弁MCは絶妙

「安田講堂」を経て地元に帰った津軽の秀才は多才。ボランティアで使うカラオケでジャブを放ちながら、同時に、現在の国際政治状況について火花を散らす。

●安彦　何年か前だけど宝島社から、書名はちょっと忘れたんだけど「左翼はどこへ行った」というような本が出て（『左翼はどこに行ったのか！』二〇〇九年、宝島SUGOI文庫）、あそこは短いインタビューをまとめたような、そのテの本を何種類か出していて、その最初のヤツなんだけど俺も取材受けて、その時「昔はやってたゾ」みたいな話はしたくないから、軽く受け流したわけ。そうしたらあとで文庫になったのを送ってきて、それを見ると巻頭に若松孝二のアジ文みたいなのがつけ足されている訳よ。まさに「昔はやったんだ、今の若い者は！」的なのが。「話がちがうな」と思って。だって彼は六〇年代でしょ。対象だと思ってた七〇年代じゃない。その時、「ああ、六〇年世代は声がデカいけど、七〇年世代はあんまり語られてないなァ」って思った。それで「もっと語るべきだ」って思った。俺が、青砥（幹夫、23頁参照）とか植垣（康博、101頁参照）とかにいろいろ訊いたりし出したきっかけのひとつはそれ。

あとは『滝浦追悼文集』（弘大全共闘の初期のメンバーの追悼文集）ね。あれにあなたは何も書かなかったね。

▼「ずっと変わらずにいる」なんてことは出来ない

●工藤　書くとか書かないとかいう以前のことだった。

●安彦　と、いうのは？

●工藤　宮本……だったかな。ここへ来てなにか言ったんだけど、俺は「置いてきたことだ」って言ったのよ。

●安彦　置いてきた……？

●工藤　そう。俺はそういうふうにしてきたんだよ。「生き方」っていうかな。そういうふうにして生きてきたわけよ。置いていく。ふり返らない。だから「断った」というほどの意識もない。

●安彦　その「置いてきた」ことについて、いろいろ訊こうと思って来たんだけど。さっき福祉施設でのあなたの唄を聞いて、実にすばらしくうまくてビックリしたんだけど、あの中に「ムカシ」っていうのがあったよね。いい唄だね、誰の唄？

●工藤　ああ、あれ。都はるみ。

●安彦　都はるみかあ。知らなかったなァ。〝ボクの部屋に昔ってヤツがいて、昔、あんたはエラかった、とか言うんだ。そいつには出ていってもらうんだ…〟とかいう唄でね。俺はキツいジャブだなァと思って聴いてた。

●工藤　あんたが来るっていうから入れたのよ（笑）。

●安彦　やっぱりそうか（笑）。その『滝浦追悼文集』にね、俺は「語るべき者がもっと語るべきだ」って書いたんだ。「語るべき者」というのは青砥、植垣。そうしたら後で中澤（紀雄、23頁参照）にね、「植垣は充分語ってる」って言われた。知らなかったんだなァ、彼があんなにマスコミに露出してたってこと。

●工藤　植垣はナ、俺も観た。NNNのドキュメント。

●安彦　そういうの、観るんだ。

●工藤　録画してるんだよ。全部録ってるのがいくつかあるわけよ。それをあとで観ると入ってた。

●安彦　植垣の印象は？　昔の。

●工藤　あんまりないなァ。一度だけアジってるの聞いたかなァ。そのくらいだ。

●安彦　植垣は本書いたんだよ、獄中で。それは？

●工藤　いや、読んでない。

●安彦　俺は本屋で立ち読みしてね。とても立ち読みできるような量じゃないんだけど、部分的に拾って読んで、「違うんだよ、ダメだなァ植垣」って思ってそのまま。最近、中澤に借りて初めて読んだ。それで「ああそうか、ここまで書いてるから彼は『語り部』になったんだ」と納得した。だけど、青砥は語ってない。「青砥に話を訊け」って俺は『レッド』を描く前に取材に来た山本直樹にも言った。そしたら彼は、「植垣さんに取材した」と。「これだけ書いて、語っているのなら、なるほどなァ」って後で納得した。

それで、『滝浦追悼』に話戻るんだけど、あれには俺は違和感があるんだよ。なんだかみんな、後ろめたく思っているような雰囲気があって、ね。「滝浦は死ぬまで左翼であり続けた。だけど自分は……」っていう、ね。彼が「死ぬまで」組合活動家だったことは、俺には吉本隆明が言ってた「非転向の転向」、あれに通ずるように思えるんだ。

●工藤　「死ぬまで左翼」って、あり得たのか？　あの時代からこっち。

●安彦　あの時代、というのは？

●工藤　七〇年前後、だな。あの時はすべてがグラグラになったんだよ。そうだろ？　百家争鳴という状態になって、岩井（章）体制を最後に総評も終わった。右も左もすべてグラグラに揺れたんだよ。

●安彦　まさに、そのとおり。

●工藤　だから、「揺れない」、「ずっと変わらずにいる」なんてことは出来ないんだよ。いろいろなことが意味を失ったんだよ。

●安彦　うんうん。

▼「安田」の直後

●工藤　滝浦のことだけど、娘が岡山にいるんだ。

●安彦　それは誰かに聞いた。

●工藤　岡山で社会党系のデモに行って、滝浦と知り合った。
●安彦　何をしているの、岡山で。
●工藤　旦那が脱サラして農業を始めてね、でも行き詰ってまたサラリーマンに戻った（笑）。それで娘が有機農業とかやってる。だから滝浦のことは、娘がよく知ってるんだ。
●安彦　滝浦といえば第四インターだけど、あなたと滝浦はインターで……。
●工藤　俺がインターに触れたのは近藤恵子。彼女が「『けやき』に行け」と言ったんだ。
●安彦　「けやき印刷」？
●工藤　そう。六九年の八月から十二月までいた。
●安彦　知らなかった。
●工藤　大体インターと関わりできたのは、安田（講堂）でインターの隊列に入れられちゃったからなのよ。何がなんだかわからんうちに（笑）。それで、後の公判もインターでやることになった（ここで夫人の小笠原さん、一時話に加わる）。
●小笠原　忙しかったよね、あの時。夜中の一時二時に帰ってくるような日が多くて。
●安彦　小笠原さんも「けやき」で？
●小笠原　いや、わたしはパートとかやって。そうしないと暮らしていけないから。
●安彦　「けやき」じゃないけど、俺はその時分東京に行ってた。近藤さんの伝手で。三鷹で彼女にあって、それから芝工大……。

●工藤　大宮だろ？

●安彦　そう、あそこの生協をインターがとって、でも人手がないから、って。でも行ってみたらイヤな感じでね。ブントの奴が一人いて、それを追い出して後にオレが入ることになってた。そのやり方が暗くてね。ああ、イヤだなァ、これなら弘前のほうがマシだと思ってたら、ちょうど（弘大本部封鎖の件で）逮捕されて。それで「行けなくなった」ということでやめた。あんたはどうだったの？

●工藤　十二月の末に帰るんだけど、ケンカはしてない。織田進という男が言ったのよ。「裁判のために東京にいるというなら、それは違うぞ」って。

●安彦　「安田」の公判、ね。

●工藤　そう、確かにそれはあったんだ。月二回、その度に上京なんてできない。キセルやってでも辛い。だけど、「裁判のためにいるのなら違う」と。なるほどそうだろう、ということで帰った。

●安彦　そうか。封鎖の頃あんたの記憶がないのは、そういうことだったんだ。

●工藤　逆にこっちは封鎖のことはわからん。何をどうやったのか。「安彦が逮捕された」って聞いても「なんで？」って。俺の印象ではお前さんは「一番右にいる」感じだったから（笑）。

▼「一人デモ」

●安彦　話を戻そうか。こういう話は不快かもしれないけど、人に聞いたところでは、あなたは県下の秀才だった。模試でトップクラス。
●工藤　二年の時、一番になった。
●安彦　すごい！
●工藤　勉強したわけじゃない。でも一番になっちゃった。
●安彦　「工藤は東大に行く」って言われてた男だって、誰かに聞いてた。受けたんだろ、東大？
●工藤　受けて、落ちた。
●安彦　なぜ浪人しなかったの？
●工藤　する気がなかった、最初から、全然。希望は理系だったのよ、本来は。だけど当時変な決まりがあってな、目の異常があると理系はダメ、という。
●安彦　色弱？
●工藤　そう。昔陸軍とかが決めた変な決まりでね、それがあって理系はダメだった。だから、本来の希望でもない文系に浪人までして入る気は、最初からなかった。金もなかったし、な。
●安彦　『こんみゅん』（弘大全共闘の機関誌）の時にあんたの部屋に行ったら本がすごくて、本棚ひとつが岩波文庫で一杯で、こんなに本読んでるんだ、こいつ…って思ったの覚えている。それで、勝手なイメージだけど太宰治ってこんな男だったんだろうな、って思った。金木《かなぎ》だろ？　それで男前で家も裕福そうだし。本がいっぱいあるってことは。
●工藤　裕福じゃないよ。金木から汽車通だよ。津軽鉄道で五所川原まで。

●安彦　弘高じゃなかったのか。
●工藤　五所川原高校。だから「太宰は嫌いだ」って言ってた。金持ちだから（笑）。
●安彦　よくあんなに本が買えたね。
●工藤　バイトしてたから。高校時代から家庭教師。
●安彦　そうか、理数系得意、とくれば……。
●工藤　本は手当たり次第に買ったな。読むのも手当たり次第。
●安彦　思想的な傾向、とかは。左翼的な、とか。
●工藤　それは、ない。大体いなかったよ、五所川原の高校には左翼的な者、なんて。
●安彦　じゃあ大学に入った時も。
●工藤　何にも知らなかった。ただ、デモに出たな、一年の時。あれは何のデモだったかな。
●安彦　まともなデモなら10・21とかかな？
●工藤　そうかもしれん。たしかそれで日角（健一、169頁参照）と知り合った。あと反戦スローガンみたいなのを書いたゼッケン作って、それをつけて街を歩いたりしたな。
●安彦　一人で？
●工藤　一人で、さ。変なんだよ（笑）。そういうことをしたい気分だったんだよな。何か行動しなきゃ、っていう時代の雰囲気が。
●安彦　そうそう……。それで、日角があんたを誘ったんだ、『こんみゅん』に。何号から、だったかな。

●工藤　わからん。何を書いたかも覚えてない。ただ、書いたことに対して民青から反論が来たのは覚えてるよ。「文学的大言壮語……」とかなんとか（笑）。

●安彦　『こんみゅん』は俺の所にもなくて。そうしたら中澤が何号か集めてくれた。半沢とか、持ってるのがいて。そのコピー持って来たんだけど、探してみてよ。あ、これ俺が書いたとか（笑）。

●工藤　いるんだ、持ってるのが……。

▼第四インターをへてタクシー会社の組合委員長に

●安彦　弘前に帰ったのが六九年の暮れ。それからのこと訊きたいんだけど。

●工藤　マルクス関係を読んだのは「安田」以降かな。『資本論』でも読むか…って思ってたら出されちゃった（笑）。面白かったのはむしろエンゲルスかな。それからトロツキーの『ロシア革命史』。（第四）インターは弘前で一時、本の取次みたいなことやってたんだ。インター系の「新時代社」とか、そんな小さいところ（出版社）から出してるのをこっち（弘前）で売るわけよ。持ち出し、なんだけどな、滞納滞納で（笑）。その頃にもいろいろ読んでるんだ。

●安彦　インターとは切れたわけじゃなかったんだ。

●工藤　切れてないよ。社会新報の記者だった宮島。彼がオルグに弘前に入ったのはいつ頃からだったんだ？

●安彦　いつ頃から、かなァ。とにかく封鎖のころは全く彼主導だった。「何項目要求」とかね。作れといったのも彼。ただ俺は彼、ダメだった。あんたは？

●工藤　駄目じゃなかったな。七〇年以降は組合オルグ。全電通とか動労とか。

●安彦　インターの活動家として？

●工藤　そう。

●安彦　それは知らなかった。

●工藤　インターはましだ、と思ったわけよ。他の党派よりは、な。最初にダメだと思ったのは中核（派）。三里塚で彼らのアジ聞いて、「この程度か、これはダメだ」って思った。何だかんだ言っても、インターにはつながりがあったわけよ。世界の運動の中の、この位置に在るというようなな。それはインターだけ。

●安彦　たしかに。

●工藤　だから動員のたびに、三里塚にも行ったよ。小笠原の妹が三里塚の、駒井野の現闘（現地闘争本部）にいた。日角にも三里塚で会った。

●安彦　妹さんか。知らなかった。じゃあインターという党派に対して、違和感はあまりなかった。

●工藤　なかった、ね。ただ、行き詰まりは感じた。

●安彦　行き詰まり？

●工藤　先が見えないわけよ。こっちには子どももいるし、生活していかないとならんのだけど、出来ない。本もその頃売ったたな。子どもを保育所に入れる時、「おたくは生活保護以下です」なんて言われた（笑）。俺の考えとして、「生活の場を持てないようじゃダメだ」ってのがある。組織でも運動でも。

だからだんだん行かないようになったたな。動員がかかっても、三里塚にも。それで仕事探して、タクシーの運転手もやった。

●安彦　ええっ！　免許とって？

●工藤　二種免許。二回目でとった。

●安彦　それはすごい。いつの話？

●工藤　七七年から八年……かな。弘前の三ツ矢タクシー。御用組合があったけど当時会社がモメてて、それで組合乗っ取って執行委員長やって。

●安彦　あんたが……。

●工藤　「よくしゃべるヤツだからやらせよう」ってなったんだろうな。それで地区労に入れて。当時給料のシステムが歩合給でひどいわけよ。それで不当労働行為だって訴えて、中労委にも行った。それでその当時、百日ストをうった弘西タクシーの組合のリーダーだったのが一人辞めて岡山へ行った。それがきっかけで、滝浦が岡山へ行ったんだと思うよ。

●安彦　ふううん。そうだったのか……。

●工藤　ただ、な。組合活動やってると実働時間が減る。半分になったな、収入が。それは辛かった。
●安彦　会社辞めたのは？
●工藤　八一年。直接のきっかけは屋根から落ちたのよ。それで腰を痛めて、ヘルニアに。そうなると運転手出来ない。それでここへ来て、小笠原の家が電気工事屋をやってたんだけど続けられなくなってて、レコード屋に替えて。

▼テロリストは否定するけど、レーニンは否定しない

●安彦　なるほど。これで一通り訊いたわけだ。あと、ボランティアの慰問は？　今日やっていたようなのはいつから？
●工藤　十五～六年前からかな、誘われて。誘ってくれたその人は、二年前に死んだ。筋ジストロフィーで。
●安彦　唄がうまいと自覚したのはいつ？
●工藤　それはいつからとかいうんじゃない（笑）。
●安彦　あんたがカラオケ教室やってるとか聞いて「想像できん」と思ってたけど、今一声聞いて納得した。というかビックリした。カラオケ親爺じゃない。すばらしいテノール！　音大でも行ってたのかと思った。トークも絶妙で（笑）。で、もう少し昔のことを訊きたいんだけど。ケガをし

てタクシー会社も組合もやめた、ということまで聞いたんだけど、それより以前に「もう終わった」感はなかった？　「行き詰まり」じゃなくて「終わった」と。例えば連赤事件。

●工藤　あのな、いろいろ言うけど、植垣のおかげでまあ、「植垣」と言っておくけど、植垣のおかげでむしろすっきりしてないか？　みんな。

●安彦　すっきり⁉

●工藤　そう。整理出来る、という。

●安彦　ああ、それはあるかもしれない。

●工藤　たぶん「すっきりした」と思ってるやつ多いと思うよ。

●安彦　連赤には前半と後半があるよな、あさま山荘事件とリンチ殺人。世間では、あさま山荘の時まではシンパはけっこう盛り上がって、後半のリンチ殺人で一気に下がった。それで「左翼は終わった」的な気分になったといわれてるよな。実際俺の近くにも、「あさま山荘が十個位あったら革命だな」なんて言ったバカがいたけど。

●工藤　あさま山荘が？　全然思わなかった。革命とか戦争とかいうんだったら、七八年の三里塚の管制塔（占拠）のほうが近かったと思う。あれは「やった！」って思った。あとは七五年のベトナム（ベトナム戦争でのアメリカの敗退）。だけど、ベトナムには「それから」があったけど三里塚にはない。そのちがいは大きいよ。

●安彦　そのあとにはカンボジアのポル・ポトがある。「左翼やめよう」と、その時点で思わなかった？

●工藤　思わなかったね。あのな、連合赤軍のリンチであれば、あれこそスターリニズムだとか言うわけだけど、そんなことはわかってたことじゃないのか？　中核なんかも反帝国主義と同等にスターリニズムと闘う、といって……。

●安彦　「反帝、反スタ」——そうだった。

●工藤　そう言ってる一方で内ゲバやって、人殺して。そういうことはインターにはなかった。少なくとも。あれから連想したのは、ロシアのテロリスト。何といったかな……。

●安彦　ザスーリッチ、とか。それからあんたのことだったから、ドストエフスキーなんかも読んでいたんだろうから。『悪霊』とか。

●工藤　スターリニズム批判から、レーニン批判までいく奴もいるわけだよ。

●安彦　まさにそう。俺も、今日は前半の回しかないんだけど『こんみゅん』で書いた文章はそういう文章で、「レーニンから疑え」っていうこと言ってる。あの頃、もうそういう意見は出てて、三浦つとむとかが言ってたんだけど、俺、本読んでなかったから知らなくて、自分の考えだけで書いた。レーニン主義からおかしいんじゃないか、と。だから、インターを含めて言っていた「党建設」っていうスローガンには惹かれなかった。

●工藤　だから「ベ平連」なんだろ。

●安彦　そう。小田実っていう人は飾りで、ベ平連の中心のイデオローグは鶴見俊輔で、あの人はアナキストだから。明確に。

●工藤　テロリストは否定するけど、レーニンは否定しない。トロツキーは頭がいいし、読むと面白いんだけどやはり駄目なんだな。それは自分で書いてる。政治家じゃないんだ。俺はレーニン主義を否定しない。ロシア革命も、間違いじゃない。「政治」を俺は否定しない、ね。だけど、自分で「政治」をやろうとは思わなかった。

●安彦　選挙に出るとか？　何故？

●工藤　「昔を置いてくる」っていう俺みたいな生き方では「出来ない」わけよ。

●安彦　ああ、そうか！

●工藤　昔こうで、経歴はこうで、なんてことは捨ててるから。

●安彦　でも、こうやって地元にいるとわかっちゃってるんじゃないの？　みんな。

●工藤　どうだか知らんけど、俺は言わないの。昔がどうこうってことは、な。だからここへ来てからも「加入戦術」っていうか、な。それをまだ使えると思ってて、『赤旗』もとるっていったのよ、自分から。

●安彦　へえええ。

●工藤　自分からわざわざ行って（笑）。でも配達しない（笑）。

●安彦　それは、アレなんじゃないか。向こうも知ってるから。「安田組」だとか。

●工藤　そうじゃない。ただ配達しないんだ。怠けてるんだ（笑）。

そのうちに第四インターもなくなったよな。最後は女性問題だ。

●安彦　そういうことは知らんけど。

●工藤　そういう終わり方だよ。

▼「戦争ができる状態」に置くことで、戦争を避ける知恵が出てくる

●安彦　すこし「今の問題」をどう考えているか、という話をしようか。安保法制のこととか。

●工藤　俺は保守的だよ。安保も集団的自衛権も支持する。安倍はけっこうよくやってるんじゃないのか。

●安彦　う〜ん……。

●工藤　ただ、産経はちょっとうるさい。産経がキャンペーンに何使ってると思う？　スメタナの『モルダウ』(笑)。『我が祖国！』って言いたいんだろうな(笑)。集団的自衛権を認めるというと、「戦争法案」だ、「戦争する気か」って反対するけど、確かにあれは日本を「戦争できる状態」にするっていうことになるわけよ。だけど「戦争反対」っていうのはおかしいんで、「できる状態」に置くことで「戦争をどうやって避けるか」っていう知恵が出てくる。

●安彦　なるほど、そう考えるか。

●工藤　このままでいれば戦争はない。平和でいられるっていう中から知恵は出てこない。大体これまでの議論は、戦後ずっとそうだけど「日本という塀の中で」で語られ過ぎてきたって思わない

か？　閉ざされた枠の中で。それじゃ駄目なわけよ。そういう意味では安倍はむしろよくやってる、と思うんだよ、な。塀を壊して「世界の中の日本」に目を向けさせてる。

●安彦　ただそれはアメリカ追随になって、本来日本が持っているニュートラルな立ち位置を失う危険も招いているわけだよ。アラブとの関係なんかで。

●工藤　アラブには全然別個の問題がある。内部対立。サウジアラビアが問題だ。最近はイエメンにも手を出したりして。あそこは終わっていくんだろうな。ＩＳも。

●安彦　ＩＳも？

●工藤　フィナンシャルタイムスなんか読んでると、「ＩＳをあまり過大に考えるな」って言ってる。寄生虫が宿主を喰うようなもので、自滅せざるを得ない。実際今度のパリでもベルギーの拠点を潰されただろ。

●安彦　それについてはいろいろあるけど、基本的にマスコミの報道のスタンスに問題がある、と思うな。非常に画一的。あらかじめ正解があってそれを基準に報道する。「アラブの春」にしても「クリミア」にしても。私見だけど、俺はロシアのクリミア併合は正しいと思うわけよ。八〇％のロシア系とセバストポリがある限り、ウクライナがロシアに寄るか西欧に寄るかでブレる。「ウクライナ危機」はこれからも起きる。それよりは。

●工藤　それは「力による併合」を認めることになる。「北方領土」でもロシアの主張を認めることになる。

●安彦　よく言われることだけど、それは違う。北方領土とクリミアとでは、歴史的ないきさつが全然違う。

●工藤　「歴史」を持ち出すべきじゃないよ。「歴史」を言い出したら話は終わらない。沖縄のことにしても、な。「歴史」を言い出したら喜ぶのは中国だけだ。

●安彦　「琉球独立」だね。今のままだといずれ出て来ると思うけど、支持しないということだ。出て来ても。

●工藤　支持しない。大体現在の沖縄問題は、米軍基地のことから出てるわけだから、仮に沖縄が独立しても「琉球政府が米軍基地を認めるかどうか」ということで問題はついて回る。

対中国で「中立の沖縄」は考えられないわけだから、結局沖縄問題はアメリカの基地問題という枠内でしか考えられないわけよ。

●安彦　原発の話は。この前、五月に会った時もちょっとしたっけね。

●工藤　反原発というのは、な、中国の原発も停められるということでないなら意味がない。

●安彦　それは国内問題だ。北朝鮮にしたって。

●工藤　だったら同じことだよ。事故が起こったら、放射性物質は日本まで来る。

●安彦　よその国のことは仕様がなくても自分は率先して、ということはあるんじゃないか。

●工藤　それはない。中国の原発も停められる、ということでないと。

▼「新しい道具」

●安彦　あと、今年は若い人がデモをするなんてことが話題になったね。どう思う？

●工藤　「新鮮なんだろうな」っていうような感じだな。政治が、な。若い連中にとって。そういう意味では、弘前の頃の我々に似ているかナ、とも思う。

●安彦　なるほど。

●工藤　長いノンポリの時代が終わり始めている気はするんだよ、な。ただ、そうすると過去の話になって、過去の歴史はどこで間違ったか、というような話になるわけよ。

●安彦　それは俺の仕事のテーマでもある。よく言ってるんだよ、「日本はどこで間違えたか」って。

●工藤　「レーニンからおかしい」的な話になるんだよ、な。そうじゃなくて、「古い道具」が使えるかどうかという問題だと思うんだよ。レーニンはマルクス主義の、もう古くなった道具が使えなくなったことを見抜いて、ロシア革命をやった。毛沢東だって「新しい道具」を探して、農民に話して――あれは、彼の言った相手は農民だけだから――農民に相手を見出して革命をやった。後のことをいろいろ言って否定して、それで「毛沢東」は済んだ、と思ったらそれは違う。今、毛沢東を調べてるんだ。面白いよ。

日本では、な、最近、「新しい道具」はあるのか？って探すチャンスは二度あった。細川政権の時と、この間の政権交代の時。でも、見つからなかったな。そして今、安倍がいるんだ。安倍とか、フランスのルペンの娘が言ってることなんか、重要なんじゃないかな。

●安彦　安倍さんの場合はな、彼自身がどうこうというよりそのとり巻き、ブレーンを見ると、その連中が言ってることを聞くと問題がわかると思うんだよ。死んだ岡崎久彦とか、ね。岡崎は最後には「アングロサクソンにはさからうな」とまで言った。読売新聞でくりかえし。まあ、ずいぶん時間もたって……。

今日はたくさん話が聞けて良かった。いきなり都はるみの「ムカシ」を聴かされて、どうなることかと思ったけど（笑）。

〈附〉

ムカシ

作詞　阿久　悠

作曲　宇崎竜童

ムカシ　ムカシ　そのムカシ

いいことばかりあったそな

ほんとに　ほんとに　いいことばかりで
ムカシって凄いんだな

きみの部屋に
オバケが住みついていないかい
ほんの小さな掌（てのひら）にのるくらい
可愛いオバケで　名前はムカシという
こいつにうっかり住みつかれたら
きみも駄目になってしまうぞ
何故って　そいつは　ムカシ話で
いい気持にさせるオバケなんだ

〝あの日あなたは強かった〟
〝あの日あなたは偉かった〟
〝あの日あなたは華だった〟
あの日　あの日で　うっとりさせ駄目にする
気をつけなよ　ムカシって奴だよ

きみはとうに　ムカシをあの部屋に入れてるね
きっと毎晩　いい酒をのみながら
可愛いオバケと　愉快に話してるのだろう
今からでもいい　追い出してしまえ
君は明日を捨ててしまうぞ
何故って　そいつは　俺のところに
この前までおったオバケなんだ

〝あの日あなたは強かった〟
〝あの日あなたは偉かった〟
〝あの日あなたは華だった〟
あの日　あの日で　うっとりさせ駄目にする
追い出しなよ　ムカシって奴をよ

ムカシ　ムカシ　そのムカシ
いいことばかりあったそな

鎌田義昭、かな子、須藤幹夫氏（元演劇集団「未成」）との対話

「とんがった」存在の意味

鎌田義昭　一九六八年弘前大学教育学部中学校課程美術科入学。弘大演劇部入部。劇団集団「未成」結成。小劇場運動と同時に、全共闘運動に参加。七一年中退、上京。磨赤児の「大駱駝艦」結成に参加。後退団、「バヴァリア幻想劇団」旗揚げ。二作発表後、活動停止。現在、空調設備工事（有）カマタ製作所、代表取締役。

鎌田（村井）かな子　一九六八年弘前大学人文学部文学科入学、後に退学。上京後、「大駱駝艦」「バヴァリア幻想劇団」等で舞台活動後、仕事と子育ての日々を過ごす。演劇、舞台からは遥か遠くなった現在。

須藤幹夫（御木平輔）　作詞の月刊誌『ミュージック・フォーラム』編集代表。千葉日報に『御木平輔のミュージカルランド』連載中。著書は『宝塚歌劇「名作・傑作」全演目事典平成編』（講談社）など。かやぶき家に住み田畑づくりも楽しむ。

特別参加　中澤紀雄（23頁参照）

鎌田は
芝居が命！
今はそのまま
仕事命の親父サン
決まりすぎ！

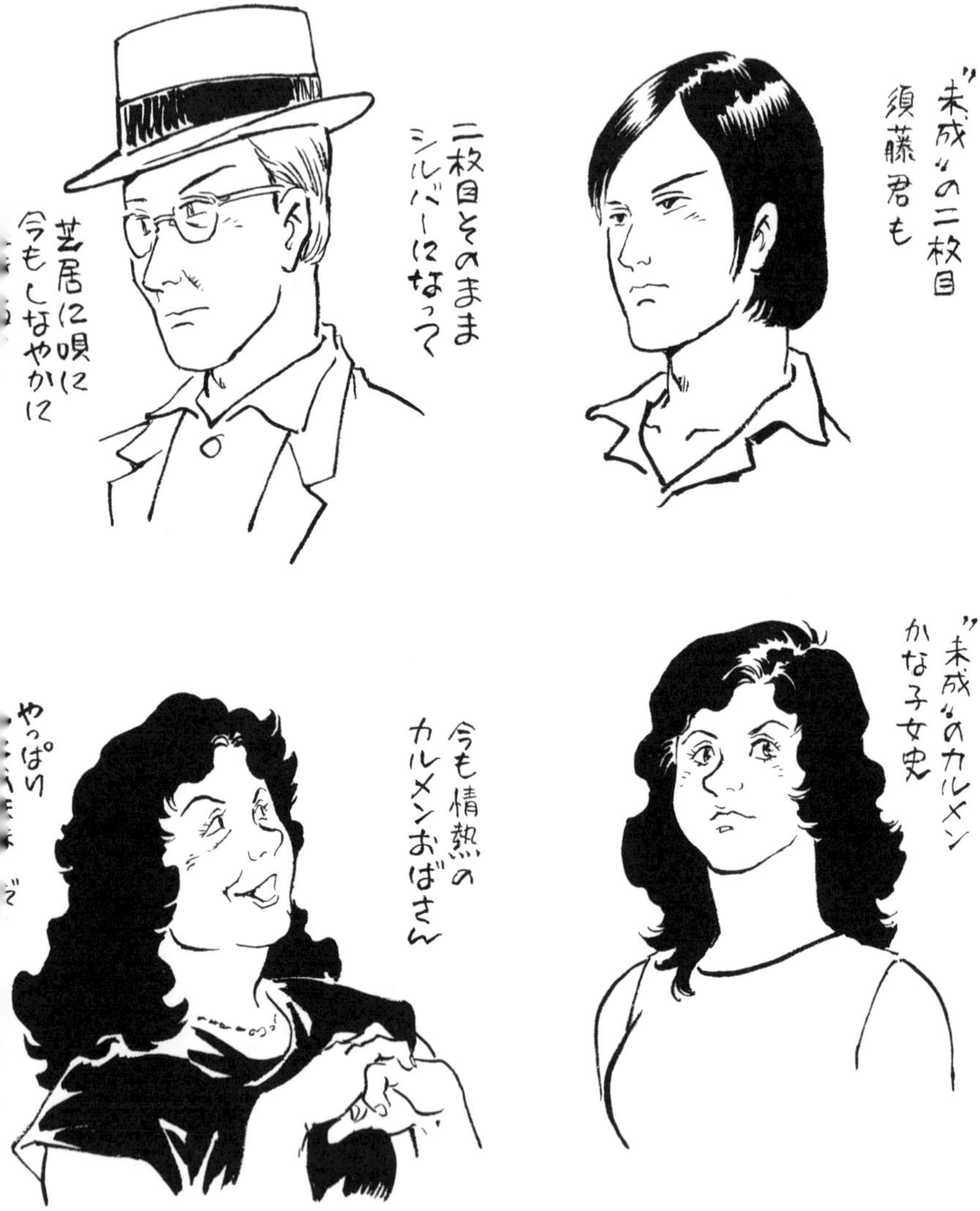
"未成"の二枚目
須藤君も
二枚目そのまま
シルバーになって
芝居に唄に
今もしなやかに
"未成"のカルメン
かな子女史
今も情熱の
カルメンおばさん
やっぱり

弘大全共闘とシンクロするように活動していた前衛的演劇集団「未成」は発展解消、東京のアングラ演劇界のうねりの中に飛び込んでいった。いまこそカウンターカルチャーの意味を問う。

●安彦　「未成」の印象は「教室占拠」。すべての状況がそこから始まったみたいなところがあって、その印象が非常に強くあるんだけど、おれは別のエリアにいたので、未成の芝居の活動はじつはあまり印象に残っていない。そのへんも含めて、「弘大闘争」という言葉はあまり使いたくないんだけど、その初っ端のところでの「未成」の位置づけや活動のなんたるかあたりから話してもらいたい。「未成」は中村隆一郎が立ちあげたの？

▼演劇集団「未成」

●鎌田　六八年にわれわれが入学したときは、「弘大演劇部」というかたちで社会主義リアリズムみたいな演劇をやっていた。
●安彦　そういうの、あったんだ。
●鎌田　弘大演劇部というのがあった。そこにたまたま入学したわれわれが入って、六八年十月の学祭に向けて『原子爆弾』という芝居をやることになった。
●安彦　創作劇？
●鎌田　浜田善弥さんという人の作品。それに関わって、その総括の中で「こういう芝居でいいのか」、みたいなことから始まったんじゃないかな。そのとき東京では小劇場運動（具体的には寺山修司や唐十郎などの演劇）が始まっていて、そういう運動と、学内の状況だとか、日本の状況とか、「ベ平連」（ベトナムに平和を！市民連合）の運動だとか、いろんなものがからみあって、「やっぱりこういうんじゃだめだ」となった。もっと別の芝居をやりたいってことで、議論を重ねていった感じかな。

●**安彦**　「未成」というのは、そのときから名乗った？

●**須藤**　そう。十月には盛岡で東北地区大学芸術祭というのもあって、そこで「未成」を名乗って『原子爆弾』をやった。帰ってきて話すと、「やっぱりこれじゃだめだ、社会主義リアリズムじゃなくて、もうちょっと違うのもある」と。

●**鎌田**　要は芝居として面白くない。メッセージだけだけど、そのメッセージもあまり強烈でない。

●**かな子**　使い古されたような感じで、ダイナミックじゃない。

●**鎌田**　別のやつをやりたい、という話をしていって、稽古しながらってことになった。その時にね、教室で稽古をやってたんだけど、それが自然に占拠みたいになってたんだな。

14番の階段教室。そこで稽古して、その階段下にいろんな資材を置いたりしながら拠点にしていたんだけど、結局はそれが占拠した感じになっちゃった。

●**かな子**　特に占拠しようと思って占拠したわけではないんですよ。部室といったって小さいところしかなかったものね。

●安彦　学館がないし、部室がないから。
●かな子　なにもないから、そこに居つくしかないみたいな感じで。
●須藤　それで『魅惑の夜』というポーランドのスワヴォーミル・ムロジェクという作家の作品を六八年の十二月に小さくやった。たしかベッドシーンがあった。アトリエ公演みたいな感じで、創作劇もいれて二本立て。
●安彦　創作劇は誰が書いたの？
●須藤　タイトルは『冬眠する事をやめたクマ』。誰か書いたんですよ。
●かな子　ソネさんとか。

▼二作目でガラッと変わった

●須藤　その後が、六九年四月の『真情あふるる軽薄さ』（清水邦夫作）。
●かな子　ガラッと変わったよね、ここで。
●須藤　これを選んだのは、たぶん鎌田だと思うんですよ。
●鎌田　『テアトロ』という演劇雑誌に脚本が載ったので（六八年八月号）、これをやろうと決めた。
●安彦　（パンフを見て）児島啓子もメイクをやってんだね。文科の同級生で、後で天井桟敷に行った。
●須藤　鎌田が主人公で、「青年」役。小山内洋子さんが「女0」で、そのふたりが主役なんです。

われわれはその他大勢。

●かな子　『真情あふるる軽薄さ』が一番印象深いものだし、「未成」のスタートって感じがしたね。

●須藤　ちょっと調べたらね、これは清水邦夫の作なんですけれども、演出は、本家は蜷川幸雄なんです。蜷川幸雄のデビュー作。実は書かれた一年後に本家がやったんですけども、われわれは六九年四月だから、（未公認だけど）半年早かった。

●鎌田　いろいろ事情があるんですけども、弘大って地方の果てじゃないですか。東京でやってるものを、すぐやりたいって。東京とそんなに離れてないようにやっちゃおうぜ、やったものが勝ちっていう気分がありましたね。

●安彦　これが14番（教室）を取ってやったやつね。われわれ（全共闘派）はみんな観たでしょ、あの時期だから。

●かな子　けっこういっぱい観に来てましたよね。ちょっと変わった芝居だった。

●須藤　本家がやったのは、新宿アートシアター。これはひじょうに有名で、話題になった。

●安彦　それを観て感化されて、俺らもやりたいっていうんだったらわかるけど、雑誌だけ読んでというのはなかなか。蜷川以外でも観てない？

●鎌田　観てない。

●須藤　ぼくは二〇〇一年の再演を観た。つまらなかったですね。時代も全然離れちゃって。芝居の中身を説明すると、客が（劇場の中に）入ったらまだ「行列」がある。それは、なんの行

ですよ。

●**かな子**　「行列」っていうのはキャストなの。

●**須藤**　観客も並ばせた。観客がいて、われわれキャストも階段に並んで。で、「青年」の鎌田が「お前たち、なにやってんだって」アジる。でも「行列」はゆるがずに、なんかこう切符を買いに並んでいる。ひとりだけ、「中年男」で大学教授役の野沢光春のオッさんが、「まあまあ」って言ってとりなす。すると鎌田が後ろから、機械編み機をマシンガンにみたてて乱射するんですよ。「行列」は死んだ真似をするんですが、また起き上がってくる。最終的には、野沢さんの中年男・大学教授が、お前たちふざけんじゃねぇって、青年と女0を殺しちゃう。

●**かな子**　「あの時代だよね」っていう感じ。

●**安彦**　清水邦夫としてはごく初期だよね。

●**須藤**　そのときは六作くらい書いてる。当初は密室劇というか家族劇だったんだけど、蜷川幸雄が「そんなんじゃだめだ、いまこの状況は七〇年に入るんだから、もうちょっと社会に開けたようなのを書け」って清水邦夫をたきつけて書かせた。

●**かな子**　だから少し変わったんでしょ？　それまで書いてたのと若干違う。

●**須藤**　そのころ小劇場運動と、反戦運動とかがからまっていて、そのつながりもあって、蜷川幸雄がこういう芝居を、とサジェスチョンしたんじゃないかな。これが四月でしょ。それで七月には別役実の『不思議の国のアリス』をやってる（これも本家より半年以上早い）。その十二月には清水邦夫さんの『狂人なおもて往生をとぐ』をやる。

●安彦　それは六九年？　封鎖した時もやってた？

●鎌田　封鎖の時は、封鎖だからな。

●須藤　芝居やろうかっていうのもあったけど、やらなかったね。結局やれる状況じゃなかったっていうのと、やる気持ちじゃなかったというのもあるのかな。

●安彦　14番（教室）は、どうなったんだっけ？　封鎖でもう使えなくなったのかな。

●須藤　退去しなさいってことで。

●安彦　もともとはそこから（封鎖問題は）始まってるからね（解体予定だった教養部の木造旧教室［14番教室］を「壊すまでの間なら使ってもいいだろう」と活動拠点にしていた全共闘グループに対して、大学側はこの行動を「不法占拠」とみなし、実力排除すると一方的に通告。これが全共闘による本部封鎖につながった。［安彦良和×斉藤光政『原点』二〇一七年、岩波書店から要約］）。

●かな子　だって、あそこの階段の下に……。

●鎌田　ゲバ棒とか、ストックして、そこからデモとかに出て行ったんだ。

▼高校時代は？

●安彦　演劇の下地はあったの？　高校の時からやってた？

●**鎌田**　高校のときはバスケット部だった。ただ、ぼくは教育学部の美術科だから、当時はハプニングだとか、一回性にこだわるような運動というか前衛美術みたいなのがあって、その延長みたいな感じで芝居もやってみたいなって思ってた。

●**かな子**　オノヨーコがいいってすごく評価してたんだから、あの時代。

●**鎌田**　生意気な一年生で。

●**かな子**　私は文学少女でした。人文の文学科。文学をやろうと思ったんです、ほんとに。高校のときに、演劇部にいたこともあったんですけど、本当に文学やりたくて。

●**安彦**　これはカットしていい告白話だけど、おれ演劇部だったんだよ。高校のときの数カ月。生徒会を秋までやって、それでも受験勉強をやる気になれなくて、演劇部に潜り込んだ。秋の学園祭のとき、顧問が書いたやつをつまんないって書き直したの。それで、高校の演劇大会にいったんですよ。

●**かな子**　高文連とかで大会ありましたものね、北海道。

●**安彦**　そしたら、大恥かいた。高文連に行ったら小難しいのばっかりやってるわけ。児島啓子みたいな演劇少女少年と、あと顧問が小難しいのをやらせてたんだと思う。「どうする？　帰ろうか」って（笑）。でも、演劇の面白さっていうのが、あるよね。

●**須藤**　ぼくは北海道の釧路なんですけど、高文連で優勝して、小樽まで行ったんです。ぼくは演劇少年。

●安彦　それはスゴい。レベル高かったんじゃない？

●須藤　やったのは、女性とキスシーンがあったんですよ。高校生がキスしていいかって、問題になったんですよ。でも結局はキスシーンをやったら高得点もらって（笑）、小樽に行ったんです。

●かな子　私は室蘭なんですけど、私たちは創作で前衛劇をやったの。抽象的な影という存在が出てくるようなのをやったら、難解でわからないとか、観念的だとか、散々批判されて、全然取り上げてもらえなかった（笑）。

●安彦　（高文連は）レベルが高かったんですよ。そういうところに、〝学芸会〟もってった（笑）。

●かな子　高校時代から、わりと演劇にはタッチしてたんだね。

●須藤　ぼくは一年浪人して弘大に入ったとき、サッカー部に入ったんですよ。人文学部でかな子と一緒ですから、そしたら彼女が演劇部だっていうんです。で、色香に誘われて入った。そこでカミさん（後藤知恵子）とも出会って、これはサッカーやってるどころじゃなくなった。

●安彦　とにかく色香が好きだったんだね（笑）。

●須藤　男女のカップルが雨後の筍のように。半年間で何十組も生まれたじゃないですか。

●鎌田　だって当時同棲率が全国ナンバーワンだとか言ってた。

●安彦　誰が統計取ったんだって（笑）。学生比でいえば、そうかもしんないね。

●鎌田　果てですからね。

▼「14番教室」の伝説

●かな子　私にしてみたら、突然演劇集団にしようという話が出てきたような気がするんだけど。

●須藤　でもその頃、ベケットだとか、イヨネスコだとか、そういう小難しいやつをわれわれは読んでいて、次これやるとか、台本を回し読みしたりしていた。セリフ読みやろうかとか、まじめにやってましたよ。

●安彦　ブレヒトなんかは労演でもやってたよね。

●須藤　ブレヒトは中村隆一郎さんがやりたがった。

●鎌田　でも外国のものよりやっぱり日本のものというか、当時の状況とマッチしたものを一番やりたいなっていうことがあった。

●須藤　すごい一年だったよね。『原子爆弾』やって、次やって、どんどん先鋭化してた。教室ももう占拠しちゃおうかって感じで。占拠したわけじゃないんだけどね。

●かな子　自然に、使ってたってだけなんだけどね。

●須藤　それで、稽古終わったら、フルート吹いてる男がいるの。植垣（康博、101頁参照）です。かっこいいの。

●かな子　14番教室で。

●須藤　われわれが行ったら、フルート吹いてるんですよ。植垣のフルートはすごかったからね、これ芝居で使えるんじゃないって。
●安彦　おれは、行動隊長でひたすら活動する植垣しか知らないの。
●かな子　けっこうなロマンティストだったんだよね。それで笑えるのが、彼が階段の柱を直すかなんかで、ノコギリひいてたの。「何やってるの」って言ったら、「大学解体」だって。大ウケで。
●安彦　それは芝居の関係で？
●かな子　全然関係ない。
●鎌田　なんとなくそこが拠点になってたので、人が周りに集まってきつつあったんだな。そこが本当に占拠に向けた拠点になっていった。
●安彦　封鎖解除の後は、どこが拠点になったの？
●鎌田　六九年の十二月まで維持してたってことだよね。
●安彦　物理的に壊しちゃったのはいつ？
●須藤　三〜四年後じゃないの。あの場所は、図書館か学食……？
●かな子　古い木造の建物だったものね。
●安彦　あれ自体はけっこう後まであったのか。
●須藤　そのあと七二年の十二月（九日）に、14番教室を解体したその土台で「裸芝居」をやったんですよ。幻の14番教室でやろうってことで、雪の日にアッペと「非ユークリッド空間占拠祭」という裸芝居をやった。

●安彦　野外劇？　観客も野外？

●須藤　観客も全部、寒い中で。でもたき火を焚いて、面白く、鶏を殺したりいろんなことをやった。美術科の三田村先生という人がひじょうに理解があって、やれって。

●鎌田　おれら（鎌田、かな子）は、七一年の四月に上京したから、そのときはいなかった。

●安彦　中退したんだね、ふたりとも。

▼東京へ

●安彦　それが「14番」の終幕だったんだね。その後、須藤がふたりを追いかけて東京に出てきて、三人で劇団？

●須藤　ぼくが留年した時、鎌田が東京から弘前にきて、ぼくの部屋で「本ばっかり読んでんじゃねえよ」って。「これじゃだめだ、鎌田とかな子を追いかけよう」って思った。あの時の「本ばっか読んでんじゃねえよ」というのが大きかったですね。

●安彦　あんたが出てきたのが七三年？

●須藤　一年留年、七三年の三月に卒業したんだね。第一次オイルショックのときは東京に出てる。

●安彦　ふたりはもう芝居をやってたんでしょ。

●鎌田　そのときは踊り。「新劇人反戦」の流れの人とか、なんとなくまわりで知り合ったやつらと、早稲田（大学）の6号館で肉体訓練したり、公演はしてないんだけど、早稲田の学祭でハプニ

柔道場
教育学部
許すな!!
生協食堂
大学本部
本部前芝生
全学集会
ベ平連

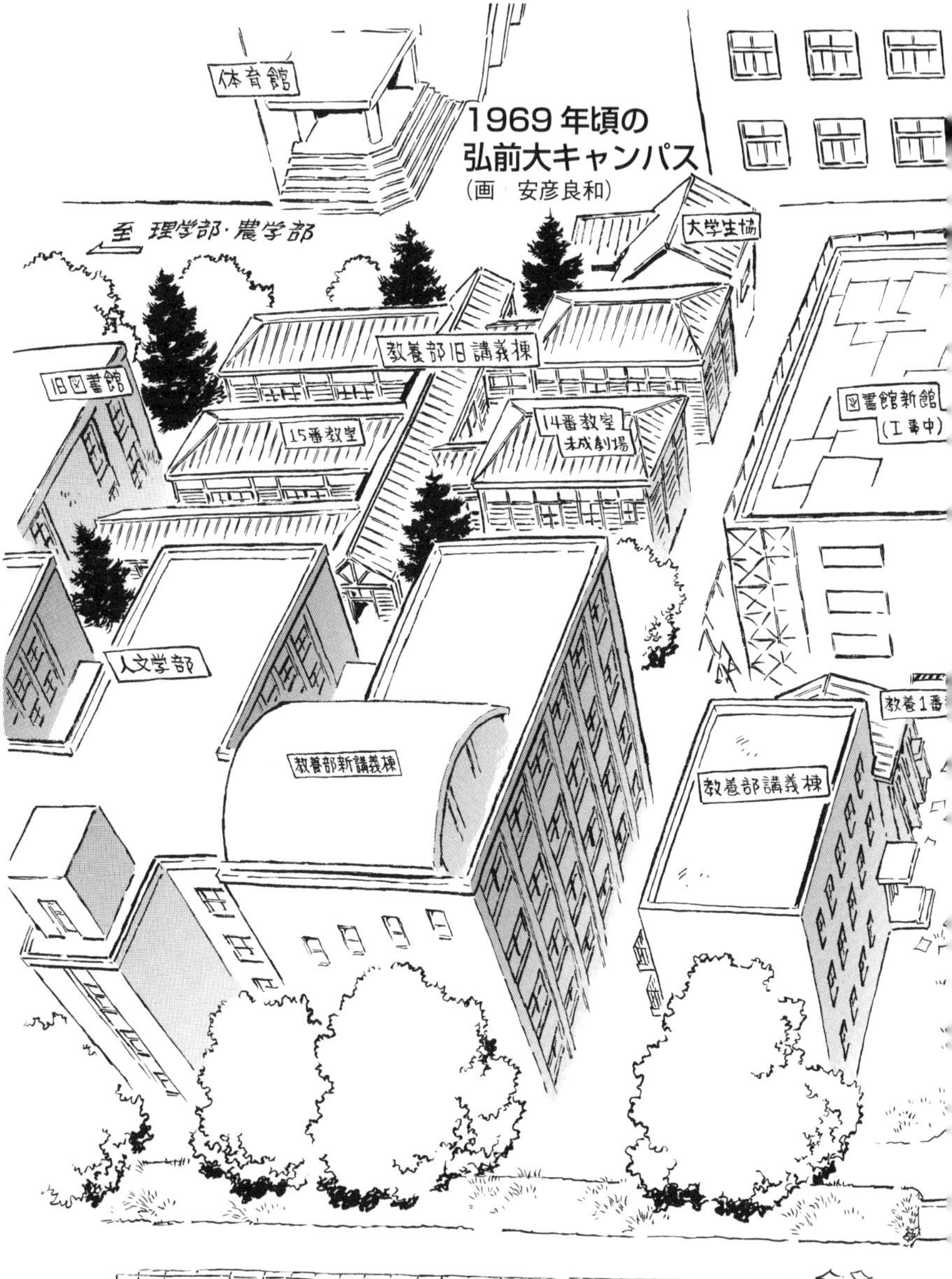
1969年頃の
弘前大キャンパス
（画　安彦良和）
体育館
至 理学部・農学部
大学生協
教養部旧講義棟
旧図書館
15番教室
14番教室
未成劇場
図書館新館
（工事中）
人文学部
教養部新講義棟
教養部講義棟
教養1番

ングみたいな、それこそ鶏を絞め殺すみたいな、そういうのをやったりしていた。肉体を鍛え、議論を交わしながら何かやろうとしていたけど、なかなか機会がなくて、『オズの魔法使い』とか茗荷谷の寺でもなにかやった。われわれが主体じゃなくて、そういう公演に関わったりしてたとき、たまたま麿赤児（俳優、舞踏家、演出家）と知り合いになって、大駱駝艦（舞踏集団）を旗揚げする（七二年）。その旗揚げメンバーです。

●須藤　山海塾の天児牛大（あまがつ・うしお）とかも同期ですね。

●安彦　山海塾と大駱駝艦は別だよね。

●鎌田　もともとは大駱駝艦。そこからアリアドネの会だとか、いろんな舞踏集団が分かれていくんだね。

●安彦　山海塾に行った可能性もあるんだ。

●鎌田　ないですね。われわれは舞踏ではなくて、やっぱり芝居。セリフがあって、伝えるものをやりたいということで。

●かな子　麿さんだってもともとは、唐（十郎）さんのところで芝居の中心のキャストだったんですけど、結局土方巽さんのところにいったもんですから、舞踏のほうにいった。

●鎌田　ぼくらもやったけど、キャバレーまわりをして「金粉ショー」で資金を得ていたので、肉体を使った舞踏がメインにだんだんすり替わっていった。

●安彦　「金粉」やったんだ。じゃあ山海塾行っても大丈夫なぐらいの体だったんだ。

▼バヴァリア幻想劇団

●**鎌田**　結局、大駱駝艦はやめて、須藤を誘いながら自分たちの芝居をやろうってことで、バヴァリア幻想劇団というのをつくって、それで二回やった。七四年十月に赤坂の国際芸術家センターで『鋼鉄図鑑』、七五年六月に池袋のシアターグリーンで『永久美体』。

●**安彦**　そのバヴァリア幻想劇団というのは、三人?

●**鎌田**　あと早稲田の菊池豊。その縁もあって、われわれ四人は早稲田で稽古をやっていたんですが、ベニア一枚隔てた向こうで稽古していたのが、つかこうへいなんです。こっちはひじょうに知的な芝居をやってるのに、つかたちは歌謡曲ばっかり歌ってる。こっちが「うるせえ」っていうと、向こうはだんだん音量を大きくしていく(笑)。

●**安彦**　つかこうへいはまだ全然売れてない?

●**鎌田**　売れてない。

●**須藤**　でも売れる直前。

●**安彦**　売れる気配はあったの?

●**須藤**　ありましたよ。観に行きました。満員でしたね。つまりケンカしても、俺たちのチケットを向こうに売りに行って、あっちのチケットを買ってきたから。チケットの交換。それで観に行ったら、すごい芝居。

●**かな子**　派手だった。

●**須藤**　こっちのは重厚で、木の筏がせり上がってくるような、なんていうか、舞踏と芝居の融合みたいなものをやってた。

●**安彦**　あんまりチケットは売れなかった？

●**かな子**　こういう芝居のチケットっていうのは……。商業ベースに乗せるわけじゃないので。

●**安彦**　え？　もう一度。どういう小屋でやってたの？

●**鎌田**　赤坂の国際芸術家センター、今の赤坂サカス、ＴＢＳの跡地です。そこに小さい劇場があったんですよ。

●**須藤**　われわれがやる前、十月に松田優作がやってたんですよ。松田優作がこんなとこでって思った。

●**かな子**　同じ時代だもの。

●**安彦**　そのとき松田は、もう売れてたでしょ？　テレビでね。

　つかさんはその当時からノリがよかった？

●**須藤**　稽古していると声が聞こえてくる。つかこうへいが全部しゃべっているのを、役者が後追いする。「口立て」なんですよ。

●**安彦**　台本はないんだ？

●**須藤**　あっても一枚、ペラ。やたら歌謡曲を歌ってる。

右から時計回りに、かな子、鎌田、須藤、菊地。撮影：萩原雅彦

●かな子　あの時代、いい目のつけどころだったかもしれない。

●鎌田　その後、つかこうへいは出世魚のように世に出ていった。

▼「とがった」やつはどこに行った?

●安彦　言い忘れたけど、本のタイトルは『革命とサブカル』っていうんですよ。つかこうへいというのは、なんとなくサブカルっぽいノリがあるじゃないですか。一方あんたらがやってたのは、カウンター・カルチャー。「サブ」というより、かなり向こうを張ってるというか、悪ぶってる。わかってたまるかみたいな。そのカウンター・カルチャーっていうのは、いまどうなっちゃったのかなという気がする。

話はちょっと飛ぶんだけど、われわれの流れはどこ行っちゃったんだ、みたいな感じはある?

●**中澤**　「とがって」いたみなさんがたどり着いた先は、どういうところなんだろうと。途中でなくなっちゃったんだろうかとか。

●**安彦**　いまロックミュージシャンとか、ラッパーのみなさんとか、みんなとがってないものね。とがったやつはどこに行ったんだ。

●**須藤**　『永久美体』をやった時に、かな子が妊娠して、それで一旦休止しましょうと。その後ぼくはアングラ劇団に入って渡り歩いた。

●**安彦**　文章にも書いているんだけど、虫プロのとき、早稲田でアングラをやってたやつが知り合いにいたんですよ。ちょうど七二年、「あさま山荘」がテレビでワーッとなってるとき、そいつと一緒に飲んでいたら、「あさま山荘が十個あったら革命できるね」って、そいつがほざいたの。そのとき「こいつただのバカだ」と思った。

その前、そいつが芝居をやるから観に来いっていうから行ったんだけど、「小難しいことをやってやがるな」という感じで、なんにもわからなかった。それで「十個あったら」っていうのを聞いて、アングラに対する劣等感が一発で消し飛んだね。かなりコンプレックスがあったわけ。

そのときおれは〝良い子のためのアニメ〟をやってたから（笑）。

つまり「アングラ＝難解」ってことに、それだけで陶酔してたやつがたくさんいたんだよ。とがったふりというかね、気分というか。そういうのが時代とともに剝げ落ちていくのは、ひとつの趨勢だと思う。でも、みんな消えちゃだめだろうっていう気がするんだよね。

●かな子　あのときの日本の演劇状況は、松竹とかそういうのがやってる新派の演劇と、それから文学座とか俳優座とか民藝とかの新劇の劇団があった。わたしは新劇が好きだったんですね。でも、観に行ってもつまんない。もちろんギリシャ悲劇なんて新劇の俳優さんがやるとすごくいいんだけど、なんか面白くない。〝さあお芝居観に行きましょう〟というような感じの芝居をやっていた。そうじゃない切り口でやりたいという思いがあったと思う。唐十郎が状況劇場をやっていて、寺山修司が天井桟敷をやって、黒テント（「68／71黒色テント」）とか、鈴木忠志の早稲田小劇場とか、面白いことをやってるのがんがん出ていた。そういう状況のなかで、自分たちも自分たちの表現をどんどんできるんじゃないかっていう感じで。

●鎌田　商業演劇に対するアンチと、既成のものに対するアンチ。特にアンダーグラウンドを目指して始まったわけじゃなくて、そういうアンチで自分たちのやりたいものをやる、テントでもなんでもいいよって感じ。小劇場運動の流れだと思うんだよ。

▼「難解さ」

●安彦　鎌田氏が最初に言った、「社会主義リアリズム的なものに対して違うな」って思ったところ、それも十七、八歳の若造が「違うな」って思った生意気さが原点なわけだよね。

●かな子　そうですね。生意気（笑）。でも考えてみたら、いわゆる社会主義リアリズムはイデオロギーみたいな主張があって、それに沿った形で演劇をつくっていくわけだから、面白くないんですよ、今考えても。それを若さの生意気さで、かぎとっちゃったところもあるのかな。
●安彦　そのなかで、難解さを自己目的化するみたいなこともあった。もうちょっとわかりやすくできるのに、あえてとっつきにくくする。「どうだ、まいったか」みたいな。芝居でも映画でもそうなんだけど、絶対に作り手が優位なんだよね。
●かな子　あの時代そうでしたね、外国の映画でも……。
●安彦　芝居は生だから、観客をおちょくったりもするだろうし、難解さ自体を破壊することもできるけど、映画は優劣がはっきりしてる。暗いところに閉じ込めて「さあ観ろ」っていうほうが絶対に優位なんだよね。木戸銭払ったんだから帰るわけにいかない。「長いな」とか思っても観なきゃいけない。
あの頃、アニメなんかやってて演出するでしょ、「感情移入」という言葉がなかなか使えなかった。「感情移入」はダサいと思って。いまは「感情移入」って平気で使うよ、「全然気持ち入ってないよ」とか。気持ちを入れることに、ものすごく違和感があった時期があった。「アート」じゃないとかね。映画でもそうでしょ。

いま是枝裕和がドキュメンタリータッチとか、「自然さ」を演出している。おれはすごく好きなんですよ。
●かな子　子役に芝居させないって言うものね。
●安彦　大島渚なんかでも、鈴木清順もそうだけど、ほとんど舞台劇みたいだよね。台詞なんか棒読みでね。なんかそんなアンチロマン的なのが、すごく時代を支配した時期があった。そういうときには「感情移入」なんて生っちょろいことは言えなかった。それが芝居にもあったんじゃないかね。

●鎌田 アンチを唱えているので、自分たちが主張するものができなければ、かっこつかないから、いろんなものを試す。難解なふりをしたところもあるのかもしれない。でも、結局はそれで食えなきゃ、続けていけないじゃないですか。だからそれで「みんなどこ行ったか」っていう話になる。

●安彦 「さあ泣け」とか「笑え」とか、そういうのは芝居のウェイト的にはどうだったのかな。「泣かせる舞台をやるぞ」みたいなことはやらなかったの?

●かな子 観客のことを考えなかったんだと思う。その後、つかさんみたいに観客にウケるようなつくり方をしてっていうのが、どんどん出てきて、その人たちは商業的には成功していくわけ。だけど、私たちみたいにアングラやってた場合に、観客にウケるとかいう視点でものを作っていたっけ?

▼「肉体」について

●須藤 みんなどうしていいかわからなくて、いろいろ葛藤していたと思う。菊池雄行(弘大「未成」のメンバー)が書いてるんですけど、「いま時代は唐十郎の特権的肉体論(が主流)。君たちの体は芝居的なものじゃなくて、なんか理論で武装されているから、それを解放しなきゃいけかない」って。「未成」は終わったんだけど、その後、鎌田とかかな子とかが東京でやったときには、かなり肉体を前へ前へという感じですよね。

●かな子　頭の中の理屈じゃなくて、身体で表現するからといって、肉体訓練をやったんですよ。

●安彦　それは感情うんぬんじゃなくて、パフォーマンスでしょ。

●鎌田　パフォーマンスというより、要するに表現する肉体をどうやってつくっていくか。そういうものが確立されてないから、どうしても肉体を動かすことが主体になって、それが舞踏に近づいていったということじゃないかな。

●安彦　芝居には、だいたい俺の身体表現を観ろというところが昔からあるよね。宙返りできるとか、身体ももちろん鍛えてるぞって。それが特に突出するかどうかは別だけど、基本でしょ。それをどのくらい重視するかで、極端まで行っちゃったら山海塾みたいになる。

●鎌田　状況劇場をやめた麿赤児が、その「肉体」を主役にすえて何かをやろうとしてたんだと思う。肉体表現で感動を与えるとか、驚きを与える舞踏劇にいったわけだけど、そこに共感して一緒にやった部分もあるし、袂を分かった部分もある。その当時、まだ一つの方法が見つからなかったと思うんだ。演劇論はそれぞれ出てくるから、その中で模索してたんだと思うんだよね。

▼状況劇場と天井桟敷

●安彦　結局、つかこうへいなんかに対しては、どう思ってたの？

●須藤　いやでしたね。ばかウケというか、そのうねりがすごかったけど。やっぱり唐十郎が気になった。難解な芝居なんだけど、最後にテントがぶわっと上がって、向こうに池袋の夜景がぶわーっと現れたときの、異空間に連れてこられたザワザワッとした感じ。これはすごいなと……。
●かな子　状況劇場はすごいインパクトがあった。
●須藤　ただ、それがいつまで続くかっていうのはあった。それから二十年くらいで、唐さんの芝居も形骸化していった。みんながそれを盗んでいって形骸化が進んだ。今見ても違うなっていう感じはある。
●安彦　状況劇場に対しては観客だった？
●鎌田　間接的な繋がりがちょこっとあったかもしれないけど、直接はない。麿が状況をやめて独自に舞踏劇に走ったから、その繋がりで知り合った人はいたけど。
●安彦　その時点で、どっちにつくかというのは変だけど、やっぱり麿のほうに惹かれた？
●鎌田　たまたま。
●かな子　たまたまですよね。私たちは麿さんにつくとか、唐さんのところにいくという感じではなかった。でも、よく寺山修司のとこ行かなかったね。だって寺山は青森県出身じゃないですか。
●須藤　ぼくは行ったよ。天井桟敷の宣伝部をやった。吉祥寺から三鷹まで線路に入って、裸になって芝居のビラ配りして、翌日スポーツ紙に載ったんですよ。でもそれが、ちょうど後楽園球場に「ストリーキング」が出たときで（七四年、観客が裸でグラウンドを走りまわったばかばかしい事件）、そっちのほうが一面。俺たちは三面。そしたら寺山さんに、「おまえら、全然宣伝になってないじゃないか。そんなことやっても、一面は後楽園球場の裸男だ（笑）。負けてる、おまえは宣伝部として使い物にならない」と言われました。

●安彦　宣伝部と役者、ダブってた？

●須藤　宣伝部といっても、要するに使い走りで、面白い方法でビラを配れと。役者にもなれない、その手前です。どんなに度胸があるか見せてこいみたいなもの。

●安彦　天井桟敷はずいぶん敷居が高かったんだね。

●須藤　いろんな人が出入りしてたからね。

●鎌田　土方のところも、麿のところも、結局キャバレー回りのときなんかは、なんにもできない女の子に「行ってこい、裸になって踊れ」とかやっていた。それで度胸をつけるみたいなことだね。

●安彦　寺山修司は、つかこうへい以上にサブカルのほうにシフトした人だよね。間口が広いというか。さっきちょっと先走って言っちゃったけど、「とがった」連中が今いなくなっているのは、非常に不思議だなと思う。かつて「とがりまく」っていた人間として、なにかそのあたりは？

●鎌田　食えなくなるからじゃない。売れない、評価されないのは、生きていかなきゃいけないからきつい。生活の術というか、その方法だとか、そういったことが見つかんなかったってことじゃないのかな。いろんな演劇論にしても、自分のものが摑みきれなかった。

▼「とがって」いられなくなった時期

●安彦　話が飛ぶけど、いま必ずしも若い連中とは言えないんだけど、「目立ちたい」というのがすごくあるでしょ、ユーチューバーとか。要するに目立ってなんぼ。それぞれスポンサーがついて、金が入る。ピコ太郎を見て、この人はお笑いなのか、ミュージシャンなのかって聞いたら、ユーチューバー。そういう方向へ行っちゃった。それこそピンきりの世界でしょ。「とがる」というアピールじゃなくて、単純な恥とか、ただ悪ふざけしてるやつとか、みっともなさも含めて、目立ってなんぼ。事件を起こしたりしちゃうのもいて。非常に困った形に行ってる気がするわけですよ。もうちょっとちゃんと「とがれよ」と、思わない？

●中澤　いまの社会経済的なあり方のなかで、これからどういう産業が生き延びていくかを考えると、すべてを「サービス」という言葉で置き換えてやるシステムができている。たとえば、楽天がなにかやろうと思ったら六〇〇〇万枚のカードを日本人に渡しているから、料金を回収するシステムは十分ある。イオンだって、NTTドコモだって、大きなところは、そうやってお金を回収するシステムを持ってるから、ひとり1円ずつ稼ぐサービスさえ立ち上げられれば、そのサービスは成り立つ。それがちょっとでも有名になれば、たくさんのお金が入る。ユーチューバーも、そこに何かを貼り付けることによって、それによってお金が入るシステムになっている。

だから、「経済圏」を自分で作ろうとしている。自分の経済圏を作り、そこにいいサービスがあれば、そこに皆さんがお金を入れていく。働くとか、物を生産するとか、そういうところに中心があるわけじゃない。みなさんがこれが欲しいってことに対し、「サービス」が成り立つと、一杯一〇円の原価の水が、一〇〇円の冷たい水になって出てくる。世の中がそういう考え方になっている。だからユーチューバーみたいな人たちが跋扈できる環境ができあがっている。個人がちょっと「目立つ」ことで、お金が入ってくる構造を、すべて企業が「サービス」という言葉でそれを支えている。

●**安彦**　片一方で、依然として「食えないけどやる」という芝居は生きてるんだよ。おれの身近にいるのは、たとえば声優さんたち。忙しい中で芝居もやるわけです。それはペイしない。食うのは声優で食っているわけ。でも、めちゃくちゃ忙しくてもやってるんだよね。

●**須藤**　弘大の「未成」に関わっていた横山(小坂)明美さんという人は、蜷川幸雄さんが始めた「さいたまゴールドシアター」に入ってやってる。子育てが終わって、ゴールドシアターに入った。もちろん飯は食えませんよね。ぼくもやっぱり飯は食えないんだけど、やっぱりそういうのはやりたい。一方でやっぱり飯食う種は作っておかないと。

●**かな子**　芝居をやっているときは、バイトしてお金を貯めて、それを全部吐き出す、またバイトして吐き出すっていうのをやっていた。そうするとどんどん疲弊していくんですね。そういうのをずっと繰り返していくと、やっぱり疲弊していったんだなーって私は思う。

●**中澤**　最近はわからないけど、「とがってる」というふうに表現されるのは、六八年から七一年くらいまで。そういうふうにやってきて、才能と生活を考え「終わり」に近づいたのは七五年から八〇年にかけて？　八〇年代では、だいたい終わってた？

●かな子　私たちは七九年で三十歳だったから。その前に私は子どもを産んでるし、そしたら子どもを育てるほうにいっちゃった。

●中澤　時代も完全に一致してるんですよ。八四年で国鉄解体の方向が決定するじゃないですか（八七年にJR各社に分割民営化）、八〇年くらいでガラッと変わってくる。それ以前の高度成長がいっさい終わって、総評の解体も含めて、日本の社会体制が全部変わるのが八〇年から八五年の間、中曽根政権のとき。あのへんが時代の分かれ目みたいな気がする。その過程は、ひとりひとりがバラバラにされていく過程と一致している。歴史的には、六〇年代後半からの動きがなくなっちゃった。

▼サブカルの登場

●安彦　八〇年代に（サブカルの）マーケットができあがったんだよね。五、六年くらいうしろの連中が、面白さを追求する感じで、サブカルの推進役になったわけ。ただ、そいつらがいきなりマーケットを引き連れてきたかといったら、そうじゃない。そいつらが時代の寵児になったのは八〇年代。その辺から確固たるマーケットが作られた。

七〇年代はひじょうに奇妙な感じだった。俺はこんなこと（アニメ）をやってて、親にも昔のやつらにも顔向けできないと思っていたら、うしろから変な連中がついてきて、大真面目で「なかなか面白いですね」みたいな感じなんですよ。

典型的なのは『宇宙戦艦ヤマト』（七四年）で、この作品では絵コンテ（演出ボード）というのを書いていた。一種の演出家の仕事ですよ。その時に『アルプスの少女ハイジ』が一緒に始まったの（七四年）。子どもがまだ二歳くらいで、ものをしゃべりはじめた頃。同じ時間の裏と表の放送で、どっちを見せるかというから、「ヤマトなんか見せるな、ハイジを見せろ」って。ただ、テレビには「スタッフタイトル」が出る。その当時は「スタッフタイトル」を見るのは身内くらいのものだったけど、それを見るやつらが出てきて、「あいつの演出は面白い」とかいうことになってきた。

●中澤　（安彦さんを）追っかけてきた若者たちも、やっぱり自分のやりたいこととか、自分が目指すべきもの、イデオロギー的なところまでいかなくても、何か思いがあったはずじゃない？　それがあるから、サブカルチャーが、大きくなれたんじゃないの。

●安彦　八〇年代には「ポストモダニズム」とか、いろいろ流行ったけど、あれは思想やイズムとは思えない。思想というのは、あれ以降ないと思う。

●かな子　言ってることは、すごくわかるような気がする。

●安彦　脱思想ですよ、あれ以降ずっと。

●中澤　脱思想であっても、あれだけの社会的な勢力、マーケットになったわけでしょう。

●安彦　思想といっしょに「痩せ我慢」もどっかへ行っちゃったんだよ。ウケちゃいけないというような。

●**かな子**　ウケてなんぼというところに焦点を置くと、それだと世間と矛盾しないじゃないですか。私がやってるときは、世間的にウケちゃうと体制側に迎合してることになるというくらいの感じだったから。いま考えたら、なんてしんどい方向にいったんだろうって思うところがありますけど。でもそうやって、いきがって、とんがってたということなんですよね。変にこだわりがあったでしょ。

●**安彦**　泣かせたり笑わせたりするんじゃなく、「さあ悩め」、みたいなね。

▼現実と虚構の越境

●**中澤**　六八年六九年のころ、そういう思想的なこだわりというのは、どのへんに求めていたの？

●**安彦**　社会主義リアリズムに対して、ものすごい違和感をもっていた。

●**鎌田**　社会主義リアリズムは感性として受け入れられなくなった。「違うな」と。それに対して、たとえばサルトルを読み始めたりして、実存主義に対して「こっちだな」という感じはありましたね。

●**中澤**　最初からそういう感じはあった。

●**鎌田**　でも、それをどうやって芝居化すればいいのか、わからない。全体像が摑めてやっているわけじゃないから、どうすればいいのか、考えながらやってるんです。そのへんのところは本当に行き当たりばったりでしたね。

●須藤　反戦をひっくるめて、時代の動きにぼくらも動かされていた。なにかを作り直さなきゃいけない。自分の責任とか立場とか、そういったものを当時見直してたもんね。「社会主義リアリズム」の芝居とはなんなんだと、そこから始まってると思う。だから全共闘運動と同化してるというか、それを感じて動き始めた。ぼくらが芝居をやるうえで、どういう形でやればいいのかという議論のなかで、「弘大演劇部」じゃない演劇集団をつくって、独自のアトリエ公演、小劇場運動をやっていこうと動き出している。弘大全共闘とは連動もしてるだろうし、影響を受けた。

●安彦　完全に連動してるわけですよ。

●須藤　この後に、清水邦夫さんの作品で、蜷川幸雄演出の作品があるんです。『鴉《からす》よ、おれたちは弾丸《たま》をこめる』（七一年）。その「カラス」、要するに裁判官を殺す芝居なんですよ。そこに出た男が、千秋楽の三日後に、銃撃事件を起こしちゃう。芝居に出た男が、芝居が終わってから、本物のほうにいっちゃった。

●安彦　それは社会的な事件？

●須藤　そう。そのとき蜷川さんは「ああもうダメだ、自分達の芝居は現実に越えられてしまった」ということで、そういう芝居から撤退しちゃったの。それで違うほうへ、シェークスピアとかギリシャ悲劇のほうにいっちゃったんですよ。

●安彦　犯罪者を出しちゃったからやばいんじゃなくて、越境しちゃったから……。芝居というパフォーマンスはなんなんだってことになるよね。

●須藤　それで清水邦夫さんも、もともとの家族劇に戻った。蜷川さんもシェークスピアとかのほうに入っちゃって、あのときに、なにかがひとつ終わったなっていうのがありますね。

●安彦　そういう感じはわかる。同化・共感させるつもりじゃなかったのに、という。ブレヒト的にいうと「異化効果」。違和感を感じさせることが、むしろ目的。感情移入させて泣かせる、笑わせるじゃなくて、「さあ、どうする?」みたいな。

●かな子　「異化効果」の話は当時もずいぶんしてた。

●安彦　共感を求めるんじゃなくて、衝撃を与えて、どう受け取るかはそっちの勝手っていう。そこが難しい。え?どうなっちゃうのっていうのもありだから。

　このあいだ知りあいの貧乏な演劇青年が寺山修司をやったんです。寺山修司の不条理劇。それを観ていていま寺山が不条理の最先端、不条理の極致にいるんじゃないのかと思った。要するに観客と演じてるもの、舞台と客席を反転させようという演出なわけ。客席に役者が出てくる。暗くして隣にいるのが、いきなり役者だったりする。それって、昔のむちゃくちゃ「とんがって」いる頃から見たら、すごくヤワでしょ。

●かな子　それを劇場じゃなく街頭でやってたんですよ。役者がいきなり客を拉致したりするわけですよ。そういう芝居。だからもっとラディカルだったたし、街でやったのは、かなり衝撃的でしたね。

▼カルチャーの力とは

●須藤　こういう流れのなかで、サブカルの概念がよくわからないんだけど。サブカルが社会的勢力になる、社会的な力を持ちうる。で、商業化されて、いろんな形があるだろうから、なにをするのか。何に基づいてそういう力を持ち得たのか、それからどういうふうになっていくのか、というのがよくわからない。

●安彦　サブカルが社会的力を持つというのは……。

●須藤　だって「とがった」舞台は、ある程度社会的に力を持つわけじゃないですか。

——（編集部）サブカルは経済的に、ものすごい力を持っていますね。

●安彦　それを力というのか。サブカルは大きなマーケットにはなるんですよ。マーケットとしての力はある。

——マーケットの力はいまや、ほとんど神格化されてると言いましょうか、マーケットのない世界はないわけで、いま一番力を持っているのはアニメなどのサブカルなんじゃないでしょうか。

●安彦　だからカルチャーの力ってなんなのさっていうことですよ。経済的に力があってこそのカルチャーというのは、それは相当違うと思うわけですよ。じゃあカウンターカルチャーってなんなのよ、カルチャーじゃないのかってこと。経済的にはゼロでもかまわないというのが、カウンターカルチャーでしょ。それが、いまの論法でいうと、当然消えるべくして消えちゃうわけ。それはやばいんじゃないのと思うけどね。

●中澤　逆にいうと、安彦さんの言ってるサブカルの中も、ある種の時代なり時間が経てば、それなりに崩壊過程に入る。そしたらまた次のものが、そこから生まれるわけじゃない。一体なにを目指して、新しいものが生まれてくるかわからないけれど、それはもしかしたら、さっき言ったような「カード社会」をつぶすようなものかもしれない。何か新しいものが生まれる土台にはなりうるんじゃないの。むしろ土台になってくれなきゃ困るような気がするけどね。

●安彦　それはすごく……。

●中澤　無理なのかな。おれは可能性があるなら、そういうところにかけたいと思う。

●安彦　それについては、この本でも氷川竜介というサブカルの評論家と対談したんですよ（297頁）。

おれのほうから問題提起したのは、サブカルチャーのなかで、一時、偽社会性みたいなものがかたちになっていた時期があるんですよ。「セカイ系」といってヒーローが世界を変えるという。それに対して、いきなり「今はそれは終わってます、だいぶ前に終わりました」というんだ。「世界を変える」という中には、基本的に努力しないし、汗をかかないけれど社会とのなんらかのしがらみがあった。しかし「今は、まったくない」らしい。不思議でしょ。それは努力しないで小説家になろうとか、努力しないでアイドルになろうとか。「ナロウ系」と言うらしいけど、いまそうなんだって。

――朝起きたら、才能が降りてきたりするらしい。

●安彦　俺が問題提起した「セカイ系」は、疑似でも社会性があったわけ。だから、ちょっと暗澹たる心地がする。

サブカルというのはすごく乱暴な括り方なので、サブカルのなかにすでに破壊的なものや、反社会的なものや、ひじょうにヤバいものもあるわけですよ。それを別に尊ぶ気はないけれど、それを全部ひっくるめて、サブカルというんだよと俺は言ってるんだけどね。

サブカルが経済力を持つとか、市場として大きなものをゲットするとか、サブカルには必ずマーケットがついてくるみたいなのは、それはちょっと一面的なわけですよ。そういうものじゃない。ただ、歌舞伎役者で人間国宝とか言われたって、もとをただせば〝河原乞食〟でしょ。そういうマイナスなものもあってこその、「サブ」なわけです。メインカルチャーはそうじゃないからね。ものだと思うんですよ。もとをたどれば、みんなサブカルチャーだと思うんだよね。そこまで巡り巡って、サブカルが復権するのは、何世紀もあとじゃない気はするけどね。今は相当まずいと思うけど。

▼いま思うこと

――いま、須藤さんはお芝居をされてないんですか？

●須藤　アマチュアの芝居、特にミュージカルのほうに入っちゃった。歌って踊ります。寺山修司とか唐十郎は歌って踊っての芝居ですから、あの頃にわれわれもやってるので、決して芝居と離れてはいません。

劇団をやってるときに、途中で才能はわかりましたよ。こんなに借金してもあまり評価されない。もうちょっと違うところじゃないと芝居は続けられないというのがありましたね。ぼくはそう思うのがちょっと遅かったから、八八年から九〇年になりましたけど。そのときに、アマチュアの芝居もまあやれるならいいかなって思った。やってみて、そんなに変わらなかったということがありますね。ただ、訓練してないと、全然歌えない、踊れない、そういうショックのほうが大きかった。

●安彦 鎌田氏は堅気の仕事?

●鎌田 建築。十人の零細企業で。

●安彦 あまりにも決まってる。親方(笑)。青砥が言ってたんだけど、鎌田を連れていきたかったと。誘われたんでしょ。赤軍派に。

●鎌田 誘われたね。

●安彦 でも行かなかった。

●かな子 「捨て石になれ」って言ったんですよ。その時に。私は聞いてたんだけど、「革命のために捨て石になれ」って。それ聞いてダメだと思った。「捨て石」なんて、ねえ。

●鎌田 芝居がやりたかったんですよ。要するに芝居が。

●かな子 私が止めたの。へーちゃん(須藤)もそうでしょ。彼女が止めた。で、若い人達がついていっちゃった。女がいない若いコが(笑)。女が止めたんです。ダメですよ「捨て石」なんて!

●鎌田　上京して食えないからバイトをやりながら、芝居のときは芝居を。あと麿のところに行ったときは、キャバレー回りしながら。子どもが産まれるってなると、安定してやんなきゃいけない。そっちに比重が移っちゃう。まだ三十くらいまでは芝居に対する意欲があったけど、やっぱりできないものね。たぶん芝居をやるにしても、商売というか、経済的な才能とかセンスとかがないとやれない。

●須藤　芝居をやっていても、経営センスがないとだめですね。今の若い子は、そういう経営センスが、プロデューサーに委ねられたりして、うまい具合に分割していますから。われわれみたいに、親分がそういうのをやってというのは、なくなっていますからね。

●かな子　食べるときもみんな集まって食事して。経済的な裏打ちなんて、ほとんどなくて。

●鎌田　中心になるやつが、ほとんど背負うからね。

●かな子　そして儲かる芝居をやっているわけではないから、やっぱり疲弊していくんですよね、どんどん。

●鎌田　でもマーケットっていう話が出たけど、やっぱりやりやすくはなったよね。いま、若い人がけっこう劇団でもやっていけるような状況はできた。それはわれわれがやってきたことの名残りというか、成果はあるのかなと思う。

二〇一八年七月四日　於　池袋マイスペース

蟻塚亮二氏（精神科医）との対話

弘大出身精神科医のラジカルな行動と意見

蟻塚亮二

一九四七年福井県生まれ。七二年、弘前大学医学部卒業。八五年から九七年まで、青森県弘前市の藤代健生病院院長を務めた後、二〇〇四年から一三年まで沖縄県那覇市の沖縄協同病院などに勤務。一三年から福島県相馬市の「メンタルクリニックなごみ」院長を務める。著書に『精神科リハビリテーションの理論と実際①②』（ワッツ・ベネット蟻塚・兼子ら共訳、岩崎学術出版社、九一年）『統合失調症回復のための一三の提案～とりまく環境を変革するために』（ワーナー、蟻塚・野中訳、岩崎学術出版社、二〇〇八年）『うつ病を体験した精神科医の処方せん』（大月書店、〇五年）、『統合失調症とのつきあい方』（大月書店、〇七年）、『沖縄戦と心の傷　トラウマ診療の現場から』（大月書店、一四年）『3・11と心の災害～福島にみるストレス症候群』（大月書店、一六年）など。

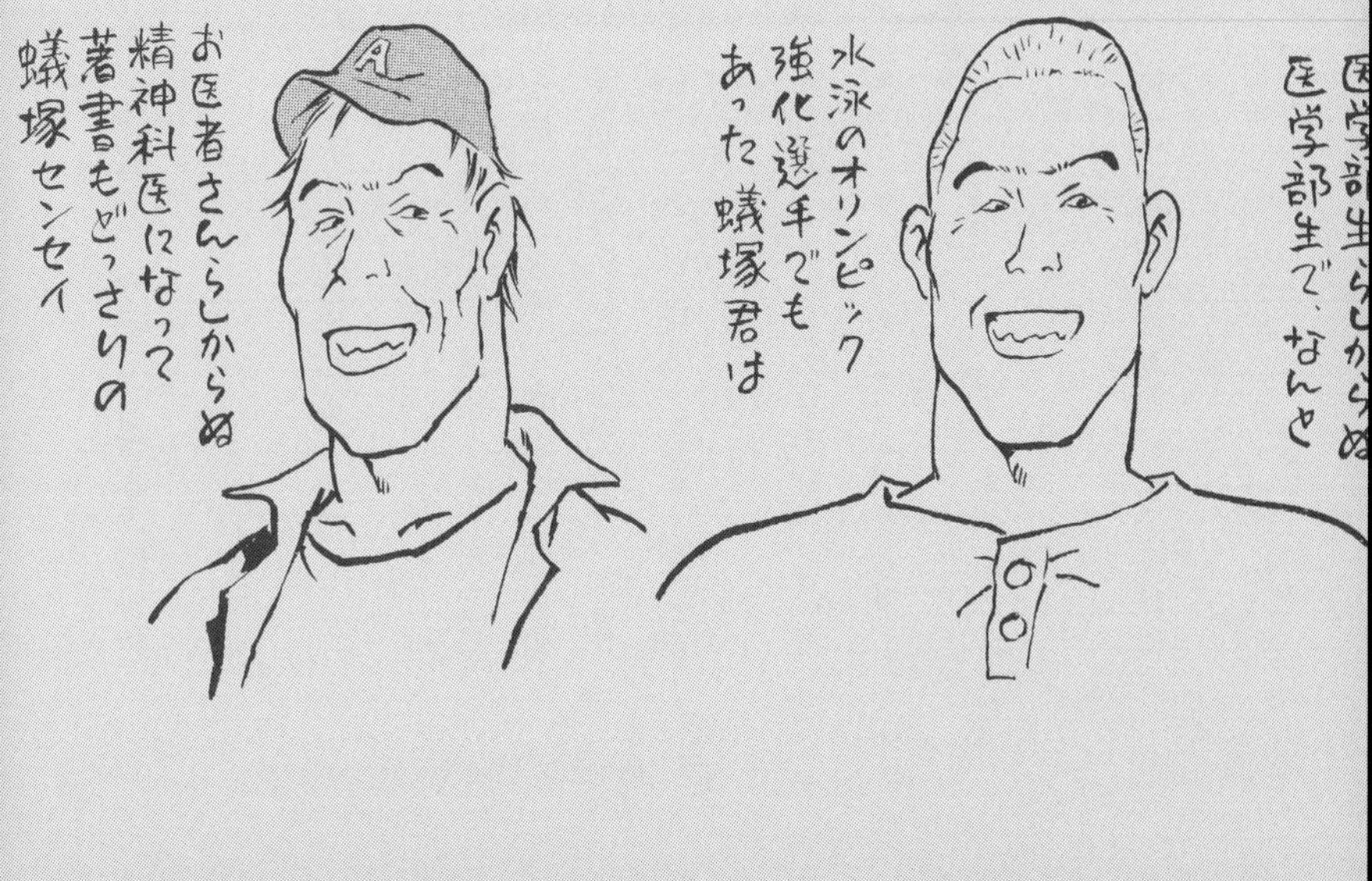
医学部生らしからぬ
医学部生で、なんと
水泳のオリンピック
強化選手でも
あった蟻塚君は
お医者さんらしからぬ
精神科医になって
著書もどっさりの
蟻塚センセイ

民青系医学部自治会の元書記長は〝党員〟の束縛を軽がると超え、津軽で、沖縄で、日本の精神科医療を変えるための根源的な闘いを永続的に続けていた。

●安彦　面白いでしょ。それで連合赤軍に行った二人とか、だいたい全共闘系の連中を数人対象にして訊き書きをしているわけだ。青砥（幹夫、23頁参照）と植垣（康博、101頁参照）。青砥は三回やって、植垣はもう一回やって二回。それがメインなんだけど、そのなかであなたは異色なんですよ。ずっと日共・民青の側にいた人だから。だけどぜひ入れたいなということで、喋ってもらえないかな。

昔の話というのは限られると思うので、いちおうそれを聞いたうえで。さしさわりのないところで、あなたの独自の医者の話と、あと〝日共体験〟を語っていただきたい。それと、いまの時世に対するあなたの意見なり警句なりを締め括りにしてもらえればなと。

●蟻塚　面白いね。

●安彦「革命とサブカル」というタイトルは、ちょっと抵抗があるかもしれないけど。

▼福井の開拓村が原点

●蟻塚　六七、六八、六九年というのは、安彦さんが大学にいた当時のことね。最初に、あの時代は何だったのかという……。

●安彦　あなたとの最初の縁というのは、「ベトナムの平和を願う会」か。そのときに初めて会って。まあはっきり言って、あなたと俺しかいなかったんだけどね。実質的に。そのときに非常に変わった印象の男だなと思った。ただ、あなたの家の来歴とかそういうことは全然知らなかった。津軽人ではない感じだけど、不思議な男だなという感じだったんだよね。それで、あなたの口から戦後の蟻塚家のご苦労だとか、語ってもらおうかな。

●蟻塚　私の話は、福井県の開拓村から始まります。開拓村で、米がないものだから学校に弁当を持っていけないとか、そんな子ども時代、そういう困窮体験みたいなものが私の原点みたいな感じがします。

●安彦　オヤジさんは満鉄の関係者だったんだよね。

●蟻塚　ええ。オヤジは満州鉄道で。戦争が終わると、国鉄とか市役所をぜんぶ断って、開拓に入っちゃった。そこがオヤジらしい。私はそんなオヤジの生き方をある種、理想化しているわけだけど。オヤジはほかの人のことを放っておけない人だから、十一軒の開拓地で組合を作って、福井県庁に行き、ここを良くしてくれ、あれを良くしてくれという陳情を毎日していたね。

●安彦　それは、飛行場の跡地という、あれでしょ。

●蟻塚　そうそう、戦後開拓だから、三里塚とか六ヶ所村とかもそうだけど、みんな国営の土地（の払い下げ）で。戦後に外地から帰って来た人に、いちばん手っ取り早いのは旧陸軍飛行場だったわけね。母親がいつもグチをこぼしていたけど、うちのオヤジはよその人のために、自分の畑をほったらかしていつも県庁に行くもんだから、うちは草ぼうぼうだって。しかし私の目からはそういうのがカッコいいな、いいオヤジだなと思ったわけね。彼はべつに支配的な人でもなく、怒鳴るわけでもないし、こつこつ努力する人でね。でも食っていけなくなって、十一歳のとき、母方の弘前に引っ越した。そこでも父親は、毎日、朝早く弁当を持って仕事に行って、建設労務者みたいなことをやっていましたね。そんなとき母親は朝起きれなくてずっと寝ていて、オヤジの弁当作るでもなく、「行ってらっしゃい」というでもなく、オヤジがふびんだった。その頃、私はたまたま水泳をやっていて、中学校のときに県大会で優勝したりして、東京オリンピックの強化指定選手になったのよ。

●安彦　弘前第一中学校のときでしょ。それはびっくりしたね。

●蟻塚　そんなことがあって、高校に行くときに、水泳の世界に生きようかなんて思ったんだけど、そのときだけオヤジは反対してね。

●安彦　オリンピックに出ろとは言わなかったんだ。

●蟻塚　うん。弘前高校に行った。弘前高校って進学校だから、教師がみんな旧制弘前中学の卒業生で、「栄えある伝統」だとか、君たちは優秀だとか、そういうことを盛んに言うんだよ。私はそれに非常に反発して、間違ってもそういう色に染まってなるもんかと思った。その上、いま思うと、高校時代はコミュニケーション障害だったね。とても暗い高校生だった。オヤジは毎日弁当持って働いているし、母親も実家で働いている。学校から帰ると俺が家族のメシを作っていたからね。だから、高校終わったらもう親の世話にならない。大学には食うための手ヅルをつかむために入るんだと思っていた。

結局、一年浪人したんだけど、医学部に入った。浪人しているときに高倉健が建設現場でヘルメットをかぶっている映画を観て、それで、ああ、カッコいい、工学部を受けようって思った（笑）。自分もヘルメットをかぶって工事現場で昼働いて、夜に受験勉強をした。もう一つ、たまたまシュヴァイツアーが死んだのね。それで、ああ、医者もいいなと。で、工学部と医学部と受けて、二つ入ったわけです。しかしもし来年大学落ちたらどうやって食っていくかと思った。浪人なんて一年しか許されないと思っていたから。そんなことを考えてトボトボ歩いていたら、「自衛官募集」のポスターがあった。やったあ！と思った。大学落ちたらこれで食っていけると。

●安彦　へえ、面白いね（笑）。健さんから工学部で、シュヴァイツァーから医学部。で、結局シュヴァイツアーが勝ったわけね（笑）。

●蟻塚　東北大の工学部に受かったんですけど、私、コミュニケーション障害だから、大企業とかああいう組織でおべんちゃら言って生きていけないと思ったの。自分には組織の中での人間関係をやりこなしていくことはできないだろうと。それで、コミュニケーションが下手な人ができるとしたら、医者だと。

●安彦　へえー。逆のような気がするけどね（笑）。

●蟻塚　いやいや。食っていくためにはですよ。ヒューマニズムもへったくれもない。どうやって食っていくかが大事なんであって。

●安彦　オヤジさんはそのとき意見は言わなかったの？　満鉄の人だから、工学部のほうがいいだろうとか。オヤジさんは技術者だったの？

●蟻塚　オヤジは、旧制中学首席で終わったが、上の学校に行くカネがなくて鉄道教習所に入った。だから文系でも理系でもない。

●安彦　オヤジさんは、もう、お前のいいようにしろと。親元だから弘前にいてくれと言うことはなかったの？

●蟻塚　あったもなかったも、だいたい金がなかったから、大学もよそに行こうという考えはなくて。父の家系で大学に行った人は一人もいないし、私は高校を終わったら就職しても大学行ってもどちらでもいいというのが両親の考えだった。大学に入るなんて親は期待してなかったが、一年間の浪人だけは許してくれた。

●安彦　国立だったら、当時は安かったしね。寮でも入ればね。

●蟻塚　私は医学部に入って家から通うんだけど、オヤジはあまり感動もなにもしていなかったみたい。お前は親孝行だなと。授業料は月１０００円で安いしね。そういう話は聞いたけど、別に何かになれとか言ったことはなかったですね。

●安彦　そのとき、精神科医になるというビジョンはなかったの？

●蟻塚　とは思っていないね。

●安彦　コミュニケーション障害というものをどれだけ自覚していたかはわからないけれど、精神科医はコミュニケーションが命だよね。
●蟻塚　本当はね。組織で、うまく相手をとりなして、おべんちゃらを言って生きていくというのは、私にはできないと思ったから。そういう意味で、高倉健さんの真似をするのは無理だと思ったのね。
●安彦　まあ、健さんのようにはいかんわね（笑）。

▼忘れえぬ人びと

●蟻塚　もう一つ、大学に入った当時、私はものすごく悩んでいまして。悩みが何なのか、それは何に起因するのかをまだ考えているんだけど、何のために生きるのかとか、自分は生きていく資格がないと思っていた。自分はどうしようもない欠陥人間であるというのを自覚していたのね。
●安彦　医学部でもそうだった？
●蟻塚　そうですね。私の生い立ちが貧しいので、食うためだけに生きてきて、子どもらしい遊びをしなかった。もしかしたらそれも対人関係障害の原因かもしれないな、という気もするけど。親子関係の問題かもわからないけれども、そのころは生きるか死ぬかで、ものすごく強烈に悩んだ時期があってね。
　そのとき助けてもらったのが、津軽の農家のおばあちゃん。大学一年のときにアルバイトで牛乳配達をやったんですよ。自転車に牛乳を積んでね。で、朝に牛乳を配っている先の農家のおばあちゃんととっても親しくなった。そのおばあちゃんって、なんか損得抜きに底抜けに明るくて、底抜けに親切で、「なんでも食ってけ」と言ってくれた。私も稲刈りや田植えの手伝いしたりね。そういうことをやっていて。なんか、人って信じられるんだということを初めて知った気がした。そのおばあちゃんから教わったんですね。

あるいはサイダー工場のアルバイトをやっていて、運転手さんの助手になって、町々の商店にサイダーのケースをおろして歩く。その運転手の福士さんって人に、「社会主義と資本主義とどっちがいいんだ」って聞いたら、「労働者は社会主義がいいんだ」って言うのね。それくらい、私は社会主義も資本主義も全くわからなかったんですよ。

で、その農家のおばあちゃんとか、福士さんとか、そういう人たちの声を聞いて、ああなるほど、人は信じられるんだなということがとてもよくわかった。食うためだけで走ってきたのが、私の命にやっと中身が入ったような気がしました。

その一方で医学部の同級の人たちは、二年、三年になっていくと口調が横柄になってきて、だんだん〝お医者さん的〟になるのね。それで、「ぜったいこんなふうにはなりたくねえ」と思ったね。

そういう思いがあったときに、その人のイデオロギーも共産党のことも知らなかったけど津川武一（精神科医、自民党王国の青森県で、日本共産党の代議士として衆議院議員を長く務めた）という人が弘前市にいて、彼がひたすら貧乏人や住民のための医療をやっているという話を聞いて、ああこれはいいなと思った。私の一つのモデルになったのね。で、お金がないから、そこの奨学金をもらったんですよ。そのおかげで大学を出られましたけど、でも共産党も革命も何もわからなかったんですよ。

その頃、私、なんで安彦さんと会ったのか、全然わからないんだけどね。最初、どこで会いましたかね。

▼出会い

●**安彦** ベトナム反戦のグループをつくりたくて、当時田舎館（村）に住んでいた元ベトミンの肥後蘭子さんのことをビラとかでアピールしたんだよね。そしたら、あんたが釣れてきたというか（笑）。

●**蟻塚** どういう名前にするかというのを、私もなんか相談を受けた気がするよ。

●**安彦** ああ、そうだったっけ。

●**蟻塚** なんか、「ベトナムの平和を願う会」というのは、ずいぶんおとなしいなと思ったんですよ。安彦はその時、ベ平連がどうとか、開高健がどうたらって言っていたよね。それにしても「ベトナムの平和を願う会」という名前が遠慮して腰引けているなと思ったけどね。

●**安彦** ああ、なるほど。

●**蟻塚** そのあとだね、私が医学部の人に引っ張られて民青に入ったのは。一年目は牛乳配達をやっていたから二年目だと思う。六七年だね。その頃、名前は忘れたけど人文の民青系の人たちが、なんか私をちょっと遠ざけるようになった。なんでかなと思ってたけど、いま思うと安彦とつきあっているから、私と距離を置いたんだろうね。

●安彦　ああ。俺は二年のときに民青を辞めるんだけど、まだいわゆるトロツキスト呼ばわりはされていなかったからね。だから「平和を願う会」を立ち上げたとき、「べ平連」にどれだけ意識があったかは、じつは俺もわからない。

●蟻塚　わかんないけど、私に「べ平連」がどうとか、言ったでしょ。

●安彦　ああ、言ったのか。「べ平連」だって名乗っちゃうと、その時点でもう共産党とはまずくなるわけじゃない？

●蟻塚　そうだね。

●安彦　だからそういうぬるい名前にしたのかもしれない。ただ印象深いのは、あなたの家が鍛治町（弘前の飲み屋街）にあって、そば屋の建物の奥で、こういうところに住んでいるのか、不思議な男だなという印象があった。

●蟻塚　ああ、そう。

●安彦　うん。あなたは医学部生というイメージじゃない、ゴム長履いているような感じでさ。でも医学部生だから、エリートだからね。とにかくあなたしか頼れる人間はいないから。二人で田舎館に行ったりしたわけだけど。とにかく民青を辞めるときに俺がいちばん辛かったのは、ベトナム反戦とかは共産党の専売特許だと思っていたから、それがぜんぶできなくなると思ったこと。それが辛くてね。高校のときから、「ベトナム戦争は間違っている」みたいなレポートを学祭に発表したりしていたから、そういうのも全部できなくなると思って、すごい敗北感を抱きつつ辞めた。でも、やっぱりベトナム反戦運動だけは続けたいと。それは民青にも言った。そうしたら、「それはいいことだからぜひ続けてくれ」と。ただ「トロツキストにだけはならないでくれ」って、同級生のやつに言われた。そのときは意味わからなくてね(笑)。

●蟻塚 あの時代、私はあまり思想的な目的意識を持っていたわけではない。やっと赤ん坊から人になったというか。牛乳配達をやって、百姓のおばあちゃんや運転手の福士さんたちと会って、やっと人になったという過程だった。

●安彦 そうとう危機的だったんだね。

●蟻塚 そう。だから、イデオロギー的にどうこうっていうところまでは行かなかった。それを勉強したのは、民青に入って共産党に入って、基本的な社会主義の文献、レーニンの『国家と革命』を読んだりとか、エンゲルスの『フォイエルバッハ論』だとか、いろんな本を一応読むわけだね。毛沢東の本とか。で、ああなるほど、社会主義はしかじかかと。そういう文献的なお勉強はしたけど。

●安彦 Kさんなんかはずっとリーダーだったでしょ。彼とは、いろんなところで顔を合わせたりした?

●蟻塚　してない。医学部と他の学部と、民青は別だから。青砥は同じ医学部班だったけど。
●安彦　青砥の印象ってある？　二つ下になるんだよね。
●蟻塚　うん。生物実習の本を貸してやって、まだ返してもらってない（笑）。ひょうきんな人でしたね。
●安彦　うん。印象のいい男でしょ。
●蟻塚　印象は悪くないが、いまいち口下手な人だった。
●安彦　あいつはすごく人気があった。

▼民青や共産党のにおいのしない人

●蟻塚　私が医学部に入ってもう一つやったことがあります。津川先生たちの民主医療機関連合会（民医連）に入る医者、看護師を増やそうという民医連運動研究会というのがあったんですが、私がけっこう頑張ってそれを大きくしたんですよ。医学部とか看護学校とか、国立病院の看護学校とかに民医研サークルをつくった。そして、民医研の全国大会に行って、あるとき三池炭鉱の落盤事故で、一酸化炭素中毒の後遺症の夫たちを抱えた奥さんたちが壇上に上がって、「皆さんたちは、労働者のための医者になるのか。それとも、会社側の医者がこんなひどいことをしているけど、会社側の医者になるのか。どっちなんだ」と、「労働者の側の医者になってください」って言われた。その言葉は今も鮮明に覚えていて、私の進路は決まった。

それにとっても納得してね。頭で読んだ話の受け売りだけど、この世の中は労働者階級と資本家階級のどちらかに分かれる。自分がどっちにつくかは自ずから明白であって、自分は労働者、国民の側に立つんだと。そういう非常に素朴な考えで、そのサークルを一生懸命やったのね。

●安彦 それは三年生くらいのときかな?

●蟻塚 そうですね。そしたら、いっとき五十人くらいになったんですよ。入ってくる人には、色のついた民青系の人は少なくてね。

で、西目屋とかの無医村に行って、夏に泊まりこみで住民検診活動をやった。フィールド活動ね。そこがまた、私にとっては非常に重要で、高校時代にコミュニケーション障害だった自分が、この仲間たちとの集団の中で癒されたのだと思う。少し治った。欠陥人間で、自分は生きていく価値はないと信じていた自分のリハビリテーションみたいなもんだね。だから、大学でメンタルに大きかったのは、牛乳配達と、福士さんと、そのサークルの集団体験みたいなものでリハビリさせてもらったこと。

●安彦 「平和を願う会」なんかは、あんまり集団にならなかったからね。

●蟻塚 ならなかったね。

●安彦 その民医研というのは、話を聞いていると意外だね。民青のほうでは草刈り場とでも思っていたのかもしれないけど、それが少ないというのは面白いね。

●蟻塚 逆に言うと、私に中間派的な人を引き寄せる「魅力」があったんですよ(笑)。だから、ノンポリの人もけっこう入ってきた。「あ、ここにいると面白いわ」と。話ができるし、フィールド活動、無医村活動もできるしね。で、本来、学生運動に参加しないノンポリの人もいっぱい来た。だから、面白かったですよ。

●安彦　その時は、当然、あなたは民青だったわけじゃない？

●蟻塚　入っていた。

●安彦　民青のにおいがする奴と、あまりしない奴がいたからね。

●蟻塚　私はあんまりしないんだろうね。あのとき民青だったのは、四十人くらいいて私と五、六人かな。そんなもんだよ。

●安彦　ずいぶん少ないね。

●蟻塚　だから、もっぱら例会が面白くて、あそこに行くと目を輝かせて笑えるし、「人を信じられる」感覚を味わえる。それで来ている人が多かった。

●安彦　一級下には、さっきの青砥とかいわゆる全共闘系が五、六人いるわけですよ。そのサークルのなかに、青砥も含めて反日共系的な奴はいなかったの？

●蟻塚　いない。

●安彦　そのへん、なんか面白いね。ほんと、ノンポリなんだ。

●蟻塚　私も、そこではイデオロギーも主張しないしさ。「東大闘争って、どんなのですか」と聞かれれば答えたかもしれないけど、そういう「煽動やオルグ」をしなかったから。

▼「全共闘派」に対するイメージは?

●**安彦** 逆に全共闘系がどんどん強くなって、われわれもある種、跳ね上がるわけなんだけど。「べ平連」も旗つくったりなんかしてね。それに対してどういう印象を持っていたのかな。あいつら、軽薄だなとか。

●**蟻塚** 率直に言って、わからなかったです。『赤旗』が、トロツキストとか全共闘一派とか、いろいろ刷り込みをするでしょ。いまだに言われているけど、(右翼の)田中清玄から(新左翼=トロツキストが)金をもらったとか、そういう話がいっぱい入る。だからそういうことで洗脳されていましたね。

●**安彦** とにかく、田中清玄とか出てくる。彼は(旧制)弘高の先輩だからね。

●**蟻塚** 私もトロツキーは読んだこともないし、実際、何を考えているかはわからなかった。全共闘一派とか安彦さんたちの運動に対して、思想的なレベルと対抗できるような吟味はしたことはないんですよ。

●**安彦** 地域のオルグとか実践活動をやっていると、そっちはもう関係ないという感じなんだろうね。

●**蟻塚** それもあるかもしれない。同時に民青や全共闘の思想以前に「人は信じられる」ということの確信をもっと強めて「真人間」になることのほうが自分の中では大きな課題だった。社会変革以前の問題。

●安彦　いわゆる全共闘系はそういう活動をやっていないからね。

●蟻塚　それは私にとっては大きかった。

●安彦　そこで競合しないからね。

●蟻塚　後になって、そのサークルから青森民医連に医者や看護師が大量に入ったんです。それは必ずしも党員ではなく、イデオロギーにも染まっていない人たちで、そういう人たちが、健生病院とか青森の民医連とかにいっぱい入りました。いま思うと、それはまあ、私の「人徳」によるのではなく（笑）、何かしら時代が求め、彼らがそこに生き方を求めたんだろうね。

●安彦　あなたは圧倒的にそこのリーダーだったのね。

●蟻塚　リーダーだったんだけど……。みんなも、社会的な情熱みたいなものを託す場所を模索したんじゃない？　そこに求めたんだね。安彦さんたちの勢力がもっと強ければ、そっちに行ったかもしれないけど、そっちはちょっと過激だと見られるから。私のほうは、そこまで色を出さないので。

●安彦　まあ、医学部という特殊性だろうね。そういう実際的な活動というのは、よその学部ではちょっと考えられないからね。

●蟻塚　そのサークルをやっていて、集団体験して、自分の魂が救済されたということもあるし、さっきの三池炭鉱の主婦の階級論の話は、とても勉強になったんですね。反対に違和感を覚えたこともあります。ちょうどあの時代に沖縄「返還」闘争がありました。私も沖縄「返還」闘争のデモ隊の中にいて、後になって本に書いたんですけど、「沖縄を返せ」という歌（一九五六年、作詞：全司法福岡高裁支部）があった。その歌詞に「固き土を破りて民族の怒りに燃える島、沖縄よ。我等と我等の祖先が血と汗をもて守り育てた沖縄よ」というのがあるけれど、うちの爺さんもオヤジも沖縄の土地を耕したことはないんだ。だからとても違和感を覚えたんです。そういう沖縄についての違和感が、ずっとこびりついていた。だから沖縄「返還」運動のデモをしていて、心は一人ぼっちだった。

▼医学部自治会の書記長だった

●**安彦**　精神的な要素としてベトナム戦争反対というのは？

●**蟻塚**　あった。自分が開拓地であんなに食えなかったのは、戦争のせいだと思うようになっていて、戦争を心底憎んだから。ゾルゲ事件で捕まった尾崎秀実が娘に宛てた手紙の中で、「この世の三大悪というのは戦争と貧乏と病気だ」と。これは自分のことだと思ったね。戦争と貧乏と病気。

●**安彦**　尾崎秀実について、現在はちょっと違和感があるんですよ。『愛情はふる星のごとく』は戦後のベストセラーで、反戦の、愛の手記ということになっているけれど、「日本は必ず勝ちます」とかね、そういうことを書いているわけですよ。自分が情報を漏らしたということと日本が勝つということは、まったく結びつかない。まあ獄中の手記だから検閲を前提にして書いているんだろうけどね。あと、尾崎は戦時中に講演をしたりする。そのとき、近衛（文麿）のブレーンとして「日中戦争は遂行すべきだ」と言うわけですよ。「中国の資源があれば戦争に勝てる」と。だから今そういうものを読むと、非常に違和感があるわけです。日中戦争反対ではないんだよね。だからなかなか難しいですよ、尾崎秀実は。

●蟻塚　あの当時のインテリは、みんなそっちになびいたからね。私も、なんで「ベトナムの平和を願う会」に入ったのか、自分でもよく覚えていない。ただ、あの会に入ることによってベトナムのことを一生懸命に勉強した。とりわけ岡村昭彦の『南ヴェトナム戦争従軍記』に強い印象を受けた。同書の中に出てくる解放戦線副議長が魯迅の愛読者だったが、私も大学に入って魯迅に熱中していたから感ずるものがあった。戦争と向き合うこと、それが大きかったんだろうね。

●安彦　当時のあなたの印象は、コミュニケーション障害というほどではないけど、非常に口数が少なくて、あまり自分を出さない謎の男だったんだよね。だから、なぜこういう男が来たのかなと（笑）。そこが不思議で。いま言われた、医学部でのあなたの活動はまったく知らなかった。

こっちはこっちで、大して多くもない仲間を集めて、いわゆる全共闘系の運動を立ち上げていくんだよね。それでデモをかけて、10・21デモのときに医学部で解散する。医学部のほうはピケを張っていて、入れないぞと。そのときに、しばらくぶりにあなたと会ったわけですよね。で、冷たい目をしているなと（笑）。どっちが言ったのか忘れたけど、「お前も変わったな」「お前もな」と。売り言葉に買い言葉でね（笑）。

●蟻塚　あのとき私、医学部自治会の書記長だったのね。だから、全共闘の人たちが医学部のあの校舎に解散するために来たというのがわからなくて、医学部をバリケード封鎖しにきたと思ったの。で、みんなでピケ張って、君たちの集団とぶつかったんだ。

●安彦　そうか、書記長だったのか。

▼精神科医になる

●蟻塚　専門の二年だから四年生のとき、六九年十二月に、津川武一が最初に当選した衆議院選挙があったんですよ。当時クラスに九十人いて、津川武一を支持してくれた人が八十人くらいいた。台湾から来ている留学生とか、沖縄から来ている人とかには声をかけなかったけど、頼んだら右も左も、ほとんど津川武一を支持しましたね。

●安彦　あなたも票読みしたの？

●蟻塚　うん。私はふだんからあまりイデオロギー的なことを言わないんだが、医学部の同級生たちはいっぱい津川さんに投票して入れてくれたね。だから何十年も経った同窓会のとき、「あのとき、自分たちが津川武一を当選させたよな」ということを、ノンポリの人たちから言われましたよ。彼らのなかでもそういう運動が、なにか社会に向かって自分の心を託す対象だったんでしょうね。

●安彦　津川さんとは、あなたはそうとう深い関わりを持っているんですか。

●蟻塚　関わりは深くないです。

●安彦　健生病院に行っても？

●蟻塚　行っても。津川武一先生が創設した健生病院に就職したが、私が入職したとき武一さんは国会に行ってしまって、病院にはいなかった。

●安彦　ああ、そうか。

●蟻塚　大学のときも、はるか雲の上の人だからね。こっちはしもじもの足軽で、ビラを撒いているだけなので。

●安彦　そのくらい隔たりがあった？

●蟻塚　うん。学生の時はそばには寄れなかった。

●安彦　学生だしね。

●蟻塚　しかし学生時代に精神科をやろうと思ったのは、その健生病院のケースワーカーの女性から、「表向きは体を壊してはいないけど、社会的な偏見をずっと持たれて生きていく精神疾患の人たちがこの世にいる」ことを聞いて、とてもショックを受けて。自分は内科をやって無医村に行くとか、がんの疾患をやろうとか思ってたけど、精神疾患のように強い社会的不利と偏見の下でもくもくと生きていかれる人たちがいるんだと初めて知った。まるで金づちで頭をぶん殴られるような気がして、精神科をやろうと一発で決めたんです。

で、卒業して大学医局という権威的な所に行くのは嫌だから、医局に入らないで健生病院に行った。まず、健生病院で内科の研修をやって、精神科に行った。そのとき津川武一先生は国会に行っていて、東京から来た十年先輩の医者が二人いて、その人たちから精神医学を教わったんですよ。だから、津川先生とは表面的な付き合いしかなかった。

●安彦　意外だね。

●蟻塚　世間では津川先生を英雄視していて、そういう「津川信者」みたいな人とは私はちょっと距離を置いていたんです。信者になるほど親しくなかったし。やっぱり医者という同類で見ると、いっぱいアラが見えるのね。

●安彦　ああ、そう。医者としての？

●蟻塚　そう、医者としての。カルテの書きようが全然なっていないし。

●安彦　それはどの時点で気がついたの？

●蟻塚　古いカルテが残っているわけだ。それを見ると、ほんといい加減な記載しかない。患者を診てねえじゃねえかと思うんだよ。当時は日本の精神病院はどこでも患者なんて「病気に犯された不治の存在」と思われていて、入院カルテの記載なんてそんなものだったかもしれない。でもそういう精神医療を改革しようとして精神科医になったんだ。マンパワーがなかったにせよ、津川先生のカルテ記載の中に、精神医療への情熱を感じることができなかった。

●安彦　雲の上の人なのにね。

●蟻塚　古い病院で、津川武一さんが診たのと同じ患者さんを私が診察するでしょ。カルテに書くでしょ。で、二十枚か三十枚くらい前に戻すと、津川先生の記録が残ってるわけだね。でも、そこに人間らしい同情とか医者としての共感とかは何も書いていないんだよ。この人は何を考えていたんだと思った。患者を叩いたという話も聞いたので、精神科医として津川さんを尊敬しなかった。

●安彦　津川さんは精神科医だったの？　じゃあ、直接の先輩で。

●蟻塚　だけど、同じときに精神科医として勤めなかったのは、幸せだったなと思うね。一緒にいたら、やってられなくて喧嘩になったかもしれない。

●安彦　ああ、そんなに。

●蟻塚　波長が違ったね。精神疾患という強い社会的偏見・差別に苦しむ人たちのそばにいて、そういう社会と医療を変えていこうというのが私たちのスタンスだった。津川先生と、そういうスタンスで共同・一致することはなかった。まあ、そんな話をする機会もなかったが。

▼カリスマ伝説

●安彦　津川さんがあれだけカリスマになったというのは、なんだろう。医者としての人徳ではないのかな。あの頃は共産党の議員が三人くらいしかいない時代だからね。そのうちの一人だから。しかも保守王国の青森でね。やっぱり政治家に向いていたのかな。

●蟻塚　と、思うけど。津川論を語る人はいっぱいいるけどさ、やっぱり弘前で東大卒で医者でというのが、一つあるでしょ。

●安彦　東大卒で、医者でというのは、珍しかったの？　いたでしょ。

●蟻塚　弘前では少なかったんじゃないかな。それと、彼自身が『農婦』という小説で読売新聞小説賞を受けて、農民の味方だという評判が高かった。実際、彼にはそういう腰の低い面もあるんだけどね。農家の人たちの中に入っていって、「ばんめし、食ってらあなあ（晩飯食べましたか？）」といって、相手の心をわしづかみにする人だった。津軽弁で語りかけてきて、一緒に肩を叩き合ったりして、庶民的な目線で人々の心をとらえて対話することができた人なんだよ。それは従来の一般の「お医者さん」としてはありえないことだった。

●安彦　ありえない？

●蟻塚　医者として、庶民の中に分け入って一緒に肩を叩き合ったり、出稼ぎの現場に行って聴診器を持ったりということは、なかなかできなかったわけだよ。だから庶民にはすごく人気があった。

●安彦　パフォーマーだったと。

●蟻塚　実際、そういう、相手に応じてふさわしい言葉や態度をとって対話する能力には長けておられたのだと思うけど。でも、彼は農民に対して示したような親しい言動を私には示さなかった。武一さんが亡くなる二週間くらい前、病室に見舞ったことがあるんです。私が行ったらさ、いきなりベッドから降りて、直立して「有難うございます」とか言われた。死ぬか生きるかという人が、裸足でベッドから降りてね。「そんな他人行儀な」と思ったけど、あの人はそういう人なんだね。インテリに対して、同業者に対して、自分の人格をいつでもフルにオープンにすることができなくて、かまえてしまうんだね。つまり、非常に東大生なのよ。同じ病院の医者同士の、私みたいな若造に「蟻塚先生」なんてさ。そんなの要らねえのに、「なんで、この人」って思ったよ。農民に対するすばらしいパフォーマーとしての津川先生だったのに、同業者に対してはすごくヨロイを着て自己防衛する人だと思った。

●安彦　そのとき、ヒラの医者だったの？

●蟻塚　いや、院長かなんかやっていたと思うけど、「なんでこんなに他人行儀な」と思ったね。あの人は、インテリに対してはそうなんでしょう。とっても他人行儀。だから、東大生というものを鎧として使ったんだろうね。どこまで裸になれば本当の津川武一なのかがわからない人だった。それもあって私は近寄らなかった。世間で、弘前で、「津川信者」は彼を神様扱いするけど、私は冷めていた。武一さんが亡くなったときも「追悼文を書け」って言われたけど、最後まで書けなかったね。ほかの医者から「なんで書かないんだ」って言われたけど、「いや、書けねえんだ」って。

●安彦　そのときあなたは、健生病院の院長ではない？

●蟻塚　精神科だから、健生病院でなく、藤代健生病院のほうだった。いま藤代健生病院の院長をやっている関谷（修）医師が、津川武一の病跡学をやっていて、病院の記念誌に書いています。時代が生んだヒーローでもあるし、天才でもある、人が想像しないようなことを勝手にどんどんやれたし、ワンマンだったし、天皇だったし、百姓の間に入ると神様だった。だけど、精神科医としての私としては、津川武一はどこまで人間を信じることができていたんだろうか、とさえ思ってしまう。人間に対する基本的信頼感というレベルの不安定さを彼に感ずるわけです。津川先生の書いたものの中でお母さんに寄せた思いはたくさんあるのだが、何か生い立ちの不幸のようなニオイを感じてしまう。

▼左翼にも精神科患者への差別と偏見はあった

●蟻塚　まあ、そんなことがあったんです。で、病院に入って精神科医になったでしょ。民医連で精神科医になったわけだけど、それは一つには奨学金があったから。これを就職してからずっと返してきたわけだ。

もう一つ、あの当時、精神病院に入院するということは刑務所に入るみたいなことだったんですよ。精神科医療において、とんでもねえ事件がいっぱい起きていた。院長の自宅に、患者を連れ出して庭仕事をさせたとか、作業療法という名の使役とか、そういう問題がいっぱい起きていて、ひどかった。せめてヨーロッパ並みの精神医療にしなくてはいけないというのが、私らの改革の課題だったんです。だから私にとって、精神科の医療を変えるためのモデルをつくろうということが、医者になってからの課題だったんです。

●安彦　民医連のスタンスというのは、せめてヨーロッパ並みということ？

●蟻塚　民医連のスタンスでなくて、それは私らのスタンスなんです。ある時私らが民医連のなかで、「精神科の医者を増やさなきゃいけない」って言ったもんだから、内科その他の医者と論争になったことがある。共産党の青森県委員会が主催して民医連の中の党員の医者ばっかり集められた。そのときに何を言われたかというと、「あんたたち、よその精神科の病院に行ってごらん。医者一人で入院患者を二〇〇人くらい診察しているではないか？ なんでそんなに医者が必要なのか。ほかの精神病院と同じにやればいいじゃないか」って。だから、コノヤローと思った。まるで精神科患者は人間として生きる権利がないというにひとしい。「そんなことを言うんだったら、『患者の立場に立つ医療をすすめる民医連』なんていう看板背負って、『国民のための医療』とか言っているのはウソだ。意味ねえじゃねえか」って言って、ずいぶん喧嘩しましたね。

いまは少し良くなったかもしれないけれど、その当時の民医連のなかで精神科をやるということに関しては、そうとう抵抗もあったんです。要するに、精神科の患者に対する差別・偏見というのが、左翼の中でも、民医連の中でもあったのね。それとの闘いというのが、精神科医としての仕事のなかでは大きかったですね。

民医連に入っていていちおう共産党員だったけど、党の活動というのはあまりやらなかったですね。民医連のなかで本気で共産党運動をやっている人もいたんでしょうけど、そういう人がさ、「精神科の患者を解放することが民医連の仕事だ」なんて言ったら、たちまち私は賛成するけど、民医連の圧倒的多数派は内科や外科の人たちで、精神科医療へのシンパシーはなかった。私たちは精神医療を変えなきゃいけないと思って、学会に出かけて発表もしたし、英国の先進的な取り組みの翻訳や、欧州学会への参加もした。むしろびっくりしたのは、民医連の本体をになっている内科や外科の医者たちの、アカデミズムへの劣等感の強さだった。大学という巨塔中心に組み立てられた医学会や医学界の権威に対して、その当時の民医連の「先生たち」は従順な羊のように抵抗しないしケンカしない。学会で発表する人も北海道民医連以外は少なかった。つまり津川先生がベッドから下りて私に頭を下げたみたいに、既存の医学界の中で同業者あるいは「先生」として認められればいいと考えておられるように見えた。その当時の民医連の医者たちはとっても保守的だと思った。

▼弘前市長選挙の顚末

●安彦　話は飛ぶけれども、そのあなたが弘前市長選に出たというのは、時間的にはまだだいぶ先になるの？

●蟻塚　いや、その延長ですね。藤代健生病院の院長をやって（一九八五〜九七年）、その後津軽保健生活協同組合の理事長をやって……。それで、「市民が主人公の弘前市政をつくる会」というのがあって、内実はぜんぶ共産党員なんだけど、そこで市長候補を選び出すための委員会の委員長が私だったのね。それで、松原邦明先生が候補になったんだよ、弘大の名誉教授、法律の。で、彼はいったん出るって言ったんだけど、狭心症をやったことがあり、家族が反対して、土壇場で出ないってことになった。それが一九九九年の十二月の上旬。

困った、困った、どうしようって話になって、誰も引き受けないからね、「そんなに面倒くさいんだったら、私が出るわ」って言った。

●安彦　松原さんという人は、共産党シンパだったの？

●蟻塚　シンパ、党員ではない。それで、私は市長選に出ることにしたの。そしたらまた、あちこちからえらい怒られてね。自分の属している生協組織や医師集団の中で討議して承認されたわけではないので、おそらく自分が理事長をやっている健生病院の内科とか外科とか、要するに精神科以外の幹部医師、バリバリ共産党の人たちのひんしゅくをかったと思う。自分たちに何も話を通さないで、蟻塚が勝手に市長選を引き受けたって。健生病院と藤代健生病院があって、健生病院の中では私の選挙で動いてくれる人と動かない人といたらしい。

●安彦　本院がね。

●蟻塚　そう、本院は。そんなこんながあってね。

●安彦　なんか、イメージ違うね。

●蟻塚　違うでしょ。それがずっとあとあとまで響いた。

選挙のときには、たぶん共産党がやったことがないスタイルの選挙をやったんですよ。たまたま選挙の一年前から、市内のありとあらゆる障害者が集まって「障害者に住みよい街をつくろう」という「当事者の目から見た街作りプラン」を作っていた。それが選挙の政策のもとになった。そして選挙ではその人たちが中心になって動いてくれてね。七〇〇人集まった演説会で最初に応援演説をした男性は「私は精神分裂病です」っていってから、精神障害者への偏見などについて語った。

そこから始まって、次の人は「私は脳性マヒですけど、蟻塚さんをよろしく」とか、障害をもつ人たちがいきなり舞台の正面にあらわれる選挙になったの。

政策的には、中心市街地の活性化をしなきゃいかんということで、それまで日経新聞や日経流通新聞の記事とかいっぱい読んでスクラップをためていたので、商店街の空洞化を防ぐために、町の真ん中に高齢者アパートを作るとかね。ストックホルムでそういうものをいっぱい見てきたから、そういう政策宣伝をやって。市内の保守系の人たちや商店街の人たちからもとても反響があったんです。

●安彦　ほう。逆にね。

●蟻塚　従来の共産党の人たちは、自分たちの街に障害とむきあって生きている人たちがいるなんて想像もしなかったんですよ。それでけっこう波紋を広げた。

●安彦　辞めたというのは?

●蟻塚　それが一つの原因になっているのかどうか自分でもわからないのだが、あのころうつ病や離婚など、いろんなことがあった。最終的には病院を辞めて沖縄に移住した。

●安彦　党も辞めた?

●蟻塚　党はもう、なにもやっていなかったけどね。

●安彦　でも党籍はあったでしょ。

●蟻塚　あったけど。それでもう沖縄に行っちゃったの。

●安彦　津軽保健生協の理事長とか、ぜんぶ辞めたのね。
●蟻塚　ぜんぶ辞めちゃった。で、沖縄に行って、沖縄の共産党の人が「先生、まだ党をやりますか？」って言ったけど、ぜんぜん何もやってないから。『赤旗』は取るけどやらないって言って。で、辞めたの。
●安彦　沖縄に行ってから？
●蟻塚　うん。だけど、当時の私が共産党的なものに対してきちんとした批判力を持っていたから共産党を辞めたわけではなかったです。熱心な党員でなかったが市長選挙に出るわけだから。
●安彦　党推薦というのはあったでしょ。
●蟻塚　推薦だね。無所属でね。「記者会見で絶対に共産党員って言うな」って言われた。
●安彦　沖縄に行ったのは何年？
●蟻塚　二〇〇四年。沖縄に行って、ここは日本ではないと思った。時間の流れも違うし、言葉も違う。学生時代に歌った「沖縄を（日本に）返せ」は「沖縄を（沖縄に）返せ」だと思った。

▼「人民の味方」の共産党の正体を半分見たり

大学時代は学生運動と言えるほどのことはやっていないけど、少なくとも一人ひとりの意見を大切にしてことをすすめるという意味での草の根民主主義が大切だと考えていた。で、健生病院に入った年に労働組合の執行委員になった。執行委員になって、ボーナス闘争とかあるでしょ。そういうときに経営担当の専務とか常務とかがああだこうだ言うけど、本当に誠意をもって響いてこない。で、私、文才があるかどうかわからないけど、壁新聞を書いたの。

●安彦　あるでしょ、いっぱい本書いたんだから（笑）。

●蟻塚　昔、仁徳天皇という人が、山の上から町を見て、かまどの煙が立っているかどうかで民が飢えているか食っているかを判断したと。そんな話を引用してさ。経営幹部をもうコテンパンに風刺する壁新聞を毎日ベタベタ貼ったんですよ。

●安彦　健生病院に入って経営幹部を批判するというのは……。

●蟻塚　労働組合員だから。

●安彦　でも、基本的には協調路線でしょ。

●蟻塚　建前上は必ずしも協調路線というふうにはなっていないんですよ。で私は大学時代の延長の気分だから、経営幹部の専務とか常務をコテンパンに懲らしめるような壁新聞を毎日貼ったんですよ。そしたら職員が「そうだ、そうだ」って言ってね（笑）。二つの病院を合わせた職員が三〇〇人だった時代に、わざわざ団体交渉のために一七〇人が日曜日に集まった。で、熱気むんむんで、ガンガンやったんですよ。

そうしたらね、共産党の県委員会からお呼びをくらった。労働組合の執行委員のなかで共産党員だけ呼ばれて、しこたま叱られた。「お前ら、民医連を壊すつもりか！」って。これはどこにも言えないけど、安彦さんは書いてもいいよ。労働組合運動という大衆運動の中に共産党が介入して、労組がわを「鎮圧」したわけだ。チェコの民主化闘争をソ連が軍隊で鎮圧したのと同じだった。共産党って話しあって双方の言いぶんを大切にするのでなく、都合悪くなると反対派を鎮圧するのだと思った。このことはのどに刺さったトゲのようにずっと引っかかっていて、一生忘れられない。人民の味方の共産党の「正体を半分見たり」だね。

●安彦　なんか、あなたのキャラクターが見えてくるね。

●蟻塚　見えるでしょ。

●安彦　俺のイメージのなかにある民青系で、そんなキャラの人はいなかった。

▼精神科医療を変えよう

●蟻塚　当時の民医連はそんなところもあったが、精神科医療を変えようって頑張った。当時、全国の精神病院の平均在院日数が五〇〇日とか三六〇日とかだったのね。五〇〇日というと、一年半だよね。そのくらい長期入院が多かったわけだ。そのときに、私らの病院では平均在院日数が一二〇日くらいで、三~四カ月で退院というのは、全国的にもトップレベルだった。精神科の医療は入院ではなく、外来でやらなければいけないという考えでね。で、私らの病院と健生病院の精神科を足して、青森県の精神科外来患者の四分の一、二五パーセントをやっていたんです。ですから精神科医療のなかでは、全国的に先を行っていた。

●安彦　それは、あなたがリードした?

●蟻塚　うん。というか、同じ志の者がいっぱい集まったんだよね。私もヨーロッパに行って勉強してきたり、ヨーロッパから人を招いてきたり、日本中の精神科の医者に来てもらって教わったりしたわけ。当時の民医連という組織は頭が硬くソビエト連邦のような「上から民主主義」ではあったけれど、精神医療という点では自分も頑張ったというか、面白かった。医療についてはけっこう自由にやらしてもらえたのね、それは助かりましたね。

●安彦　市長選に出たと聞いたときには、ほんとに（共産党の）エリート党員だったんだなと思ったんだけど、真逆だったんだね。実は会いたいって言っても、「そんな奴とは会いたくないって言われるかもしれない」と思ってた。青森で、偶然あなたがシンポジウムをやってた。その会場に行ったときに、ね。

沖縄の話を、ちょっと聞いてもいいかな。うつになって沖縄に行こうというのは、すんなり発想したの？

▼沖縄では島成郎の「後継者」だった

●蟻塚　私はその当時、弘前で障害者の作業所をつくったり、保健所の嘱託の医者をやったりして、地域医療とか精神科のリハビリテーションという点では、知る人は知っていた。日本精神障害者リハビリテーション学会を立ち上げたり、心理社会リハビリテーション世界連合（ＷＡＰＲ）の常任委員に、アジア人からただ一人推薦された。それで、沖縄から呼ばれたんですよ。

●安彦　ああ、呼ばれたの。

●蟻塚　弘前にいたころから、沖縄に講演に行ったり、病院に呼ばれてケース検討会の指導をやったりしていたんです。で、弘前でうつになって、眠れない日が半年続いて、もう仕事ができねぇわってときに、「先生、もう辞めていいよ。休みなよ」って言われてね。そんなときに琉球大学の助教授だった平松先生という人に「沖縄に来てよ」って言われて、それで沖縄に行ったわけです。

奇妙な話なんだけど、その平松さんが私に「沖縄に来てよ」って言ったのは、(六〇年安保の)全学連の島成郎っていたでしょ、ブントの書記長、彼が関係しているんです。私はじかに会ったことはないんだけど、彼は晩年沖縄にいたんですよ。沖縄の古い保健婦さんたちはいまでも「島先生」って言って尊敬の念を語るけど、島成郎は、保健婦さんや患者さんたちに謙虚だったんだ。それまでの沖縄の医者は、やっぱり高飛車だったんだろうね。

●安彦　島成郎って、医者だっけ?

●蟻塚　うん、精神科医。

●安彦　そう、知らなかった。

●蟻塚　島成郎は沖縄で保健師さんたちと一緒になって、地域の保健師活動を応援したりしていた。その島成郎が亡くなったので、代わりに蟻塚来いっていう話だったの。

●安彦　えーっ。

●蟻塚　とても奇妙な話だけどね。私が健生病院に入ったときに東京から赴任された、私より十年先輩のT先生が、東京の都立松沢病院で島成郎の弟弟子だった。私はそのT先生に精神医学を教わったのね。そのT先生があるとき松沢病院で、廊下を歩くサンダルのままトイレに入ったら、島成郎が「君、そういうことをしたら、人民から信頼を受けないんだよ」って叱られたって(笑)。

●安彦　へえ(笑)。

●蟻塚　島成郎って、そういう思想性のある人なんだろうね。琉球大学の平松さんが、島成郎のうんぬんといって誘ってくれて、まあそれで、沖縄に行ったわけだ。最初は普通の民間病院に入って、なにしろ私はうつ病だから仕事をしないで寝てました。そのあと、島成郎が初代院長だったNクリニックの所長になったの。不思議な縁なんだね。

●安彦　それは民間病院ね。

●蟻塚　そう、私がそのクリニックの三代目の院長になった。

●安彦　へーえ。

▼日本の社会の矛盾が、沖縄からは丸見えに見える

●蟻塚　最初に、私のスタートは開拓村からだったと言いましたよね。やっぱり自分にとっては、戦争とか貧困という問題が原点にあって、まして沖縄に行ったので、沖縄戦ということを見ないわけにはいかない。それで沖縄の本、戦争の本をいっぱい読んで、あちこち見て歩いたわけです。そうすると、日本の政治の矛盾とか社会の矛盾というのが、沖縄に来れば丸見えに見える。影絵の反

対側から透視するような感じね。日本の本土では当たり前だと思われているようなことも、沖縄から見ると、そのバカバカしさ、あるいはその矛盾が目に見えるということがあるわけだね。沖縄に行って、私もまったくそう思った。だから、沖縄に行ってよかったたって思います。

自分が変わったね。自分の人生が、半分ぐらい変わりました。沖縄に行って、こんな青天井の貧しさに驚いた。青森だったらみんな自殺するんだがなあ、というほどの貧しさ。

●安彦　青森から行って、沖縄の貧しさを感じた?

●蟻塚　感じた。

●安彦　沖縄振興とかいろいろやっているけれども。

●蟻塚　全然。底なしに貧しいね。

●安彦　俺は三年前かな、初めて沖縄に行って。向こうは家がほとんどコンクリートで、台風が来ても飛ばないような建物でしょ。ごく表面的に見て、沖縄の貧しさというのは、はっきり言って感じなかった。

●蟻塚　ああ、そう。

●安彦　あなたは、いっそう奥深いところを見ているんだよね。

●蟻塚　通って来る患者さんに聞くと、一家の大黒柱である男性に定職がなくて、何カ月間もホテルのアルバイトをやっているとかさ。青森では考えられないです。

●安彦　ああ、なるほどね。

●**蟻塚**　あるいは、主婦が晩飯を買うお金がなくて、魚を釣ってね。「先生、今日の晩御飯のオカズを釣ったよ」とか言う人もいた。なかには、この母娘は売春をやって食ってるんではないかという人もおられた。そういうなかで、津軽では見られなかったようなトラウマ疾患……、解離とか二重人格とか、そういう人をいっぱいみた。そして、その原因は貧困だね。とんでもない貧困。

そういうなかで、沖縄戦を体験した人が六十何年後かに発症するPTSD……、フラッシュバックして眠れなかったりという人を見つけたわけだ。それは、医者としては私が初めてだったのね。私の二十年くらい前に保健師さんが訪問活動していて、眠れないとか、戦争のときのことが夢に出てくるとか、そういう人たちを見つけてはいた。でも医者というのはダメなもんで、患者さんの生活体験とか、生活状況とか、貧困とか、戦争に行ったとか行かないとか、そういう話を聞かないのね。見ようとすれば見えたんでしょうけど、見ようとしないから見えなかったんだね。たまたま私が行って、こんな奇妙な不眠は見たことがないから一生懸命調べて、これは戦争だっていうことに行き当たったんです。それまでは、日本には戦争によるPTSDなんてありえないと言われていて、沖縄でもみんなびっくりしたし、日本で誰も信じなかった。それで、沖縄戦の本を書いたんです。

●**安彦**　それを東京新聞が大きくとりあげた。見開きで。でっかくあなたの顔が出て、どっかで見た顔だと（笑）。記事を読んだら弘大卒蟻塚医師。それで「ああ!」となった。それが再会のきっかけ。

▼「琉球処分」と「沖縄戦」はつながっている

●蟻塚　沖縄戦のことを書くには、（まずその前提に）「琉球処分」があるでしょ。一八七九年に明治政府が武力をもって首里城に乗り込んできて、国王を追放した。で、琉球という中国由来の呼称をやめて日本の領土であることを示すため沖縄県にしたんだね。そのあと、琉球は日本になったというけれども、本土に行くと、一等国民＝日本人、二等国民＝琉球人、三等国民＝朝鮮人、四等は台湾人。そういう差別があった。沖縄はとても貧しかったから、人々はサイパン島とか南米とかに移民したりした。

で、太平洋戦争になったとき、一九四四年七月にサイパン島が陥落するわけですね。当時サイパン島は、日本の空襲を避けるための絶対国防圏にあった。そのサイパン島が落ちたから、日本がなんぼでも空襲されるわけ。テニアン島からのＢ－29が東京大空襲を行なったり、広島・長崎に原爆を落としたりした。

そして、一九四四年十月十日に那覇大空襲、10・10（ジュウジュウ）空襲というのがあって沖縄がやられると、翌年の四五年三月二十六日に渡嘉敷島に米軍が上陸し、四月一日には沖縄本島に上陸する。四五年二月に近衛文麿総理が昭和天皇に「そろそろ戦争をやめたほうがいいんじゃないか」と言ったとき、昭和天皇はあの当時、サイパンが落ちて日本がもう勝てないということはわかっていたんだけど「もうちょっと戦況を良くしないと有利な講和に持ち込めない」と言って沖縄戦が始まったわけだね。だから沖縄戦は最初から、本土の講和条件を有利にするための捨て石だった。そういうことを調べながら『沖縄戦と心の傷』にずーっと書いた。

そのときに、大月書店の編集のMさんと意見がくい違ったことがある。どこがくい違ったか忘れてしまったが。

「琉球処分」は植民地支配ではなかったのか。そこの見解が、共産党と沖縄の人とで分かれる。共産党系の歴史家は、「琉球処分」は国家の近代化だと、近代化のために必要な措置だったと言うわけだね。で、沖縄の人たちは、あれは植民地化で、植民地化のあげくが戦争まで来ちゃったと。だから沖縄の人はいまでも「琉球処分」にこだわるわけ。

そこのところを、多くの日本人や共産党の支持者はわかっていない。さっき「沖縄を返せ」の歌でもふれたけど、共産党の人はみんな、沖縄は日本なんだと思っていますよね。つまり日本は単一民族であり琉球民族なんて存在しないという。共産党の歴史観では、沖縄人のように「琉球処分」は恥ずべき侵略だったとは思わないわけ。だから志位さんが「尖閣は固有の領土だ」って勝手に言うわけだ。尖閣諸島というのは、明治のときは日本固有の領土ではなくて、そもそも「琉球」ののだったからね。

●安彦　俺は今回のことで自分でも文章を書いているんだけど、沖縄の人は日本を「ヤマト」って言うでしょ、「ヤマトンチュ」。沖縄の人がそう呼ぶのは有名なんだけど、たとえば奄美の人は「ヤマト」って言うのかな。

●蟻塚　奄美の人は、「ヤマト」って言わないでしょうね。
●安彦　鹿児島と沖縄の県境は、有史以来、国と国との境だったんだから、沖縄は日本ではなかった。「ヤマト」ではなかった。邪馬台国の昔から「ヤマト」ではなかったんじゃないかということを、ちょっと書いたんだよね。

▼奄美と琉球

●蟻塚　一方、奄美の人たちには、琉球の人たちが自分たちを植民地化したために、苛められたという被害意識がある。
●安彦　ああ、琉球王国にね。
●蟻塚　うん。
●安彦　なるほど。奄美の人には、そういう被害者意識があると？
●蟻塚　ある。
●安彦　それは初めて聞いた。
●蟻塚　だから、あの辺は違いますね。一九五二年の講和条約で奄美以南は日本から切り離されたけど、奄美以南の奄美と琉球は違うんだよね。
●安彦　そうだろうね。これはすごいことだと思うんだけど、それこそ紀元前まで違う。だから違う国なんだということ。奄美が両方から圧迫された緩衝地帯だったというのは、いま初めて聞いたけど、そうなんだろうね。すごく腑に落ちる。

●蟻塚　一九四五年に日本が敗北したとき、日本政府はそれまで日本人だった朝鮮人と台湾人の国籍を剝奪するんです。あなたたちは日本人ではないよ、勝手にしてくださいと。琉球人についても、あなたたちは日本人ではないからって国籍をなくす。それで沖縄の人たちがパスポートを持つようになるわけだよね。そのときに、沖縄にいた奄美の人たちがたいへん苛められたという話があります。

●安彦　ああ、なるほどね。

●蟻塚　安彦さんが言った奄美と琉球の話でいえば、奄美はすごく深い歴史を持っている。

▼護憲とセットになった「日本ファースト」

●安彦　七二年の沖縄返還の前に、新左翼が「残ったのは三里塚と沖縄だ」「沖縄は返還というからナンセンスなんだ。奪還しなければいけない」と、「奪還！」って、勢いをつけて言っていた。俺は三里塚にもいろいろ問題を感じるんだけど、「奪還」って何なんだそれは、もっと悪いじゃないかと思ってね。

●蟻塚　新左翼が沖縄奪還といったというのは初めて知ったが、それも「日本は単一民族」論なんだな。共産党も新左翼も琉球処分をスルーすることに関しては一致している。結局ナショナリストだ。共産党をやめた筆坂秀世って、いたでしょ。不破哲三の下で政策委員長をやっていた。あの人の書いたものを読んで啞然としたんだけど、「自分たちは日本の近代史を知らなかった」って。たしかに共産党の人たちって、近代史がわからないね。ほんとに歴史を読んでいない。勉強していない。『赤旗』に出る歴史は読んでいるけどね。

●安彦　指定文献を読むのがいい党員だからね。

●蟻塚　そうそう。共産党系の歴史家が、「琉球処分」は近代化のために必要だったんだと、それを合理化する。たとえばマルクス主義史観の石母田正や犬丸義一のような人たちがいたでしょ。あいう人たちが、「日本は単一民族である」といった。なんのためにそのような学説を主張したかというと、沖縄「返還」運動に「本土」の日本人をより多く動員するためにですよ。沖縄人が同じ日本人だということを強調し、「米国から日本に取り返せ」と煽動して日本人の民族的感情に火をつけて運動の発展を画策した。日本民族は「単一」なんだ、「琉球民族」なんていないということを、共産党系の歴史家は言ったわけだね。そのあたりから、やっぱり共産党とはとんでもなく路線が違うなということがわかりました。

●安彦　石母田という人は、まだ良心的な人なんだよね。学者としては。

●蟻塚　ああ、そう。

●安彦　良心的だから、逆に共産党の路線で翻弄されるわけですよ。で、最後は心身ともに病気になって亡くなったんだよね。

●蟻塚　私は沖縄に行ってだいぶ見方が変わった。最近でも志位さんが、「戦後の日本は、九条のおかげで誰も戦死しなかった」という。だけどマッカーサーに対して「東西冷戦が始まるので、沖縄を向こう五十年くらい軍事基地に使ってください」と、天皇が戦犯訴追から逃れるためにメッセージを送った。つまり昭和天皇の思惑は米国の戦後軍事プランと一致していた。そこでマッカーサーが「日本の平和憲法は、沖縄の軍事基地があって初めて成立する」と言うわけだよ。憲法九条、平和憲法というのは、沖縄を犠牲にしたから成立するわけですよ。

私は、護憲というのは護憲神話だと思っているから、「九条にノーベル賞を」なんてバカじゃないかと思いますね。そういうことを言うと、フェイスブックとかでかなり嫌がられて、顰蹙を買うんだけどね。だけど護憲リベラル派には、そういう「日本ファースト」みたいなところがあるじゃない。「日本は平和国家で世界の理想」だとか、「九条の精神を世界中に普及させなきゃいけない」と。バカやろうって思うね。てめえら戦犯の国、戦争加害者は、アジアの国に対してもっと謝罪しなきゃいけない。友好を結ばなきゃいけない。そこの精神が抜けてしまっている。

志位さんの「九条を守れ」という話を聞いていても、アジアに対する謝罪という視点はまったく感じられない。日本は九条があって、優れた国で、人類の理想なんだと。そうやって自分を褒めることはするけど、でもそれは違うと思うんだよね。共産党の言う護憲運動には、在日の人とか、韓国とか中国とかアジアの人たちへの戦争被害に対する謝罪という姿勢がない。九条をもっているからアジアの中で自分たちはトップなんだという意識は、戦前の大東亜共栄圏の思想となにも変わらないんです。

ところで、私の知っている人たちのなかにも共産党をやっている人はいっぱいいるし、それなりに良心的な人もいるけれど、何が許せないかというと、共産党のトップの言うことに彼らが黙々と従う、それが見ていてはがゆいね。あれだけの知的集団が上のいうことに羊のように従属するというのは、形を変えた天皇制従属と同じではないかとさえ思いたくなります。不破さんや志位さんがこの頃、天皇制を認めるでしょ。形を変えた天皇制が息づいていると思うんですよ。日本の共産党員のメンタリティにおいては、天皇制を受け入れることにアレルギーがないのですね。しかし、これがあるうちは日本の社会は変わらないなと思うね。

●安彦　志位和夫も、もう何年やっているか知らないけれども、延々とやれるわけでね。「民主集中制」は、そういうからくりを持っている。

●蟻塚　私は「民主集中制」もそうだけれど、天皇制的あるいは日本人的集団主義というか集団的無責任、それが日本共産党を支えていると思う。もう一つ共産党に対する神話があって、「戦時中、日本の共産党は唯一戦争に反対して獄につながれました」って言うでしょ。だけど別の言い方をすると、日本の共産党は戦争中に反戦運動をリードできなかったんだよね。イタリアのレジスタンスみたいに、有効な闘いを組めなかったんです。イタリアでさえも、そのへんのところが批判されている。レジスタンス運動を過大に神話化するなってね。日本でも、共産党員が獄につながれて戦争に反対しましたということを、インテリどもが過剰に神話化している。しかしもっと冷静に、なぜ有効な反戦運動をうみ出せなかったのかとか、なぜ天皇制をひっくり返せなかったのかとか、そこを考えないとね。「日本共産党は天皇制に反対しません」なんて言って選挙で支持者を増やそうというのは、戦争をくい止めるためにはとても有害ではないかと思うのね。

▼独立するかしないかは、ウチナンチューが決める

●安彦　これは追加でもいいんだけど、佐藤優（元外交官の文筆家）さんは、お母さんがひめゆり部隊の生き残りで、半分沖縄人だと。それでコラムなんかで、「沖縄人はこのままでは黙っていないぞ」「沖縄独立って言い出すぞ」みたいなことをかなり言っている。実際に沖縄に行って暮らしてみて、沖縄はもう日本から分かれちゃおうみたいな気分はあるのかな、ないのかな。

●蟻塚　可能だったら、みんなやるでしょうね。沖縄県民のだいたい六割くらいは、辺野古の基地問題とかで本土から差別されていると、新聞にこたえているわけだから。もし独立ということができる条件があれば、かなりの人が賛成するでしょうね。

●安彦　実際に「いっそ独立したいね」とか、「独立しようかな」みたいなものは、肉声として聞いたの？　あまり口にはしないかな。

●蟻塚　琉球独立学会が設立されたり、「独立しよう」という声はたくさん聞きます。しかしヤマトンチューにとってそれはとてもデリケートなテーマです。あるとき「こんなにひどいんだったら、沖縄は独立したほうがいいんじゃない？」って言って、沖縄の人にものすごく叱られた。

●安彦　ああ、沖縄人に。

●蟻塚　うん。「差別しているヤマトの奴がこれだけ収奪しておいて、いまごろ独立しろとはなんだ。独立するかしないかは、ウチナンチューが決めるんだ」と。おめえらに言ってほしくないということです。

●安彦　ああ、なるほどね。ヤマトンチューには言われたくないと。

●蟻塚　沖縄戦のＰＴＳＤについての市民講座をやっているときに、沖縄の人が怒鳴り込んでこられて、えらい怒られた。「てめえらヤマトが戦争を沖縄にもってきて、沖縄人の心の傷を癒すなんて許せねえ。こんなものはやめろ」って。「いや、これは医学の問題なので、すいません」というしかなかった。

●安彦　いろいろお話しいただいて、よかった。はじめてわかったことばかりだった。有難うございました。

二〇一八年六月三十日　於仙台市　蟻塚宅

氷川竜介氏（アニメ研究家）との対話

サブカルの行方——アニメを中心に

氷川竜介
一九五八年生まれ、アニメ・特撮研究家。明治大学大学院特任教授。東京工業大学卒。一九七七年、最初期の青年向けアニメ特撮マスコミでデビュー。メーカー勤務を経て二〇〇一年に文筆家として独立、数々の媒体に記事を執筆。テレビ、ラジオ出演多数、文化庁メディア芸術祭審査委員、毎日映画コンクール審査委員、東京国際映画祭プログラミング・アドバイザーなどを歴任。主な編著等：『20年目のザンボット3』（太田出版）、『世紀末アニメ熱論』（キネマ旬報社）、『フィルムとしてのガンダム』（太田出版）、『アキラ・アーカイヴ』（講談社）、『安彦良和アニメーション原画集「機動戦士ガンダム」』（KADOKAWA）、『細田守の世界——希望と奇跡を生むアニメーション』（祥伝社）など。

かつての紅顔氷川少年は
元祖アニメオタクの一人
——で…
今はそのまま
アニメ研究家・教授…
年齢不詳男

七〇年代「政治の時代」から「サブカルの時代」へ。急激に成長・発展してきたアニメの変遷を社会史的にとらえ直す対話。実作者の思いとアニメの現在が交叉する。

●安彦　今回、『革命とサブカル』というタイトルで本を編もうと思っているのですが、「革命」のほう、「革命の時代」については昔語りで回想したいんです。一方の「サブカル」については、僕は関わっていながら歴史的なとらえ方として非常に無知なわけです。当事者すぎて見えない部分もある。そういう意味で、誰に聞こうかというと、氷川さんしか浮かばなかったんです。前にジュンク堂書店のイベントで対談したときにも、「サブカル」の話をしました。その時は、サブカルってなんで「サブ」なんだとか、そんな話をしたと思うんです。今度は、サブカルチャーの系譜みたいなところからいきたいと。

▼「セカイ」系と「なろう系」

●安彦　サブカルの系譜で特に僕が気になってるのが、「セカイ系」と俗に云われるものです。一番聞きたいのは、「セカイ系」とはなにか？　いまそれはどうなっているか？ということなんです。

●氷川　「セカイ系」は、滅亡したようにとらえています。

●安彦　滅亡……。変質したんですか？

●氷川　違うかたちのものが出てきたんです。もともと〝砂糖菓子〟だったものが、もっと〝甘い〟のが出たので、必要なくなったと思っています。

いまは「なろう系」を原作にアニメ化される作品が多くなりました。それは、「小説家になろう」というサイト（https://syosetu.com/）に投稿された小説が中心になっています。自分はてっきり「狭い」という意味のナロー（narrow）だと思った、というギャグからいつも話が始まるんですが、そう思われても仕方がない部分があるのではと。投稿サイトとはいえ、そこから商業デビューして小説の単行本を10冊以上出すケースもあるので、現代の登竜門ですね。絵を描く人向けには「Pixv（ピクシブ）」という投稿サイト（https://www.pixiv.net/）が主流で、アマチュアもプロも投稿しています。かつては同人誌からアマチュアがプロになるケースが多かったですが、今はラノベ（ライトノベル）の文章もイラストも、投稿サイトから人材が出てくるんです。

●**安彦**　それが、「セカイ系」の変化形？

●**氷川**　僕はそう思っています。正直いうと、そんなに詳しく追っているわけではないので、もっと複雑な関係性が介在している可能性もありますが。

●**安彦**　ラノベ作家になろう、ということですね。

●**氷川**　ええ。もう無視できない存在になっています。出版社にしても、そこから人気作をピックアップして本にして出し、さらにその中から売れているものをアニメにするというトレンドが、おそらくこの三、四年くらい前からあるんです。

●**安彦**　アマチュアサイトが、ほとんどプロ化している。

●氷川　そうですね。プロの養成所みたいな感じでしょうか。
ところが、そこで書かれる作品には、共通のパターンがあるんです。仕立ては「異世界転生もの」なんですが、本当の自分はこんなに強い、という願望達成が中心になっています。自分の知る範囲だと、主人公に多いのは会社員で、それもプログラマーやゲーム開発者です。「社畜」という言葉のとおり、サービス残業を百時間みたいに、超過労働をしているような人たち。ほんとうはすごい才能を持っているのに、なかなか認められてない人が、ある日、電車事故とか交通事故で死ぬ。ところが目が覚めると、異世界に転生していた。異世界と言っても、だいたい『ドラクエ』みたいなゲーム的ファンタジー世界です。すると、そこの世界では能力が無敵になっていたり、文明レベルが中世風なので現代の知識で優位にたてる。要するに「ズル」なんです。このズルのことをゲーム用語で「チート」と言いますが、現実ではかなえられない願望が次々に実現するかたちで話が展開する。急に女の子の方から好きになってきたりするのは当然のことで、敵がいっぱい攻めてくると敵を一気に殲滅したりできる。これも「無双」とか「俺ＴＵＥＥＥ」とかスラングが次々に生まれてますが、そのカタルシスが売れる原因です。そんな万能感のある世界に転生するのが、「なろう系」のほとんどなので、「セカイ系」の安易さをもっと進めた感じにも見えるんですよ。

▼「サブカル」はどこから出てきたのか？

●安彦　なんで「セカイ系」という話を聞いたかというと、僕は便宜的に、「政治の時代」と「サブカルの時代」という分け方をしているわけですが、その間の断絶がものすごく大きい。プッツリ切れているというイメージがある。われわれ世代から見ると、あの後、政治がぱったり流行らなくなった。だいたい「政治の世界」は受け継がれていって、安保の区切りごとに、十年ごとに政治の季節がくることになっていた。けれども、七〇年が過ぎたら、八〇年、九〇年には「政治の時代」は来やしなかった。そのサイクルがパタッと切れて、代わりになにが来たかというと、「サブカルの時代」がきた。最初にそれを請け負ったのが、われわれの五〜六年後の世代、「シラケ世代」なんです。だから氷川さんと僕の間ぐらい。押井守とか高千穂遙とか、クリエイター側に立った連中です。

●**氷川**　自分から見ると、五年くらい少しだけ先輩の方々ですね。

●**安彦**　あの連中を、世間は「シラケ世代」と言ったわけですよ。

●**氷川**　栗本薫さんあたりでしょうか。

●**安彦**　栗本薫については、この後の章でも触れているんだけれど、あの連中というのは、ひじょうに趣味性が強くて、田中康夫なんかもそうですけど、遊び心があって……。

●**氷川**　頭がいい方々なんですよね。

●**安彦**　情報をいっぱい持っている。

●**氷川**　ええ、明らかに共通点があります。

●**安彦**　つまらないものは、露骨につまんないって言うわけですよ。なんでそんなことやってんのとか、もっと面白いことしなさいよ、みたいな。

●氷川　面白主義という言葉もありました。

●安彦　仕事柄、彼らと知り合ったり、つきあったりしたわけですが、われわれは立つ瀬がなかった。確かにそうだと、なんて俺は野暮な人間だと感じてしまった。たとえば栗本薫は、群像の新人賞もとっているのに、ファンタジーを書いたりして、純文学にいかないわけですよ。高千穂もそうです。

●氷川　高千穂さんも頭の良さだけでなく、立ち回りのよさに共通点を感じますね。

●安彦　サブカルというのは、そこから意識的に生み出されてきたという気がするんです。その連中に、押井守も入れてもいいと思うんだけれど、ひとつの疑似政治みたいなものを、世界構築のなかで出してくるのが現われた。いわゆる「セカイ系」というのは、その流れじゃないかな、というような気がしているんですよ。

▼「セカイ系」の定義

●氷川　セカイ系の成立については諸説あるんですが、前島賢という方が『セカイ系とは何か』という本（星海社文庫）を出しています。

●安彦　「セカイ系」という概念を一番手っ取り早く知る方法は、ネットで検索することなんですけど、そうすると東浩紀さんあたりが、まとめて定義したのがある。「セカイ系とは『主人公（僕）

とヒロイン（きみ）』を中心とした小さな関係性（「きみと僕」）の問題が、具体的な中間項を挟むことなく、『世界の危機』『この世の終わり』などといった抽象的な大問題に直結する作品群のこと」。前島さんという人の定義と、東さん達がまとめた定義が一致するかどうかはわからないけれど、東さんは、シンプルにまとめている。

●氷川　自分なりの定義として講義で語るときは、普通は自分がいて、途中に社会があると。コミュニティから国までがあり、その全体像として世界がある。その中間を抜いたのが「セカイ系」。自分の問題と世界の問題が直結しているように描くのが「セカイ系」ではないかと語っています。九〇年代の後半には、『新世紀エヴァンゲリオン』（一九九五年）も含めて、世界の運命をなぜか主人公が一身に背負っている作品が多いんです。『エヴァ』を「セカイ系」に入れない人もけっこう多いようですが。

●安彦　「セカイ系」イコール『エヴァ』みたいに言っちゃう人もいるでしょ。

●氷川　その進化系としての出渕裕監督の『ラーゼフォン』（二〇〇二年）になると、意識的に基本設定に組み込んでいます。「世界の調律」と言って、主人公が世界を波動で書き換え、変革する能力を与えられているんです。

●安彦　『エヴァ』より後ですか。

●氷川　七年後ですね。南雅彦さんのＢＯＮＥＳで作ったオリジナルアニメです。量子力学的には世界は波動で構成されているので、音楽的な力でその波動をチューニングし直すことで、世界を再構築する能力がもてるという設定です。面白いことを考えるなと思いました。
●安彦　ある意味『エヴァ』の進化系。
●氷川　進化系だし、『エヴァ』を批評的に読み解きなおして、「ここがポイントだ」と再構築したのが、『ラーゼフォン』ではないかと。実際、『ラーゼフォン』は「セカイ系」の代表として扱われています。「主人公の問題がセカイの問題」という点で。出渕さんに「セカイ系」だというと、たぶん怒られると思いますが。
●安彦　「セカイ系」と言われることは、製作者にとっては不愉快なのかな。
●氷川　きっと不愉快でしょう。
●安彦　言われて喜ぶやつはいないんですか。
●氷川　俺は「セカイ系」を書くと言って書いた人はいないように思います。それは蔑称に近い感じで広まったからです。「あんなのは『セカイ系』でしょ、俺たちが論評するに値しない安易なものだ」みたいに見くだした感じで広まった記憶もあるので、あまり喜ぶ人はいないかと。「なろう系」もそうかもしれないですけどね。
●安彦　開き直って、そうだよっていう感じより、不快感が強いですか。
●氷川　ただ、そうなる前にブームが去ってしまった感じもします。『最終兵器彼女』（マンガ：高橋しん、二〇〇〇年）のあたりが最初の注目のピークで、この作品は多少「セカイ系」的な構造を自覚していた気がします。全人類が亡びることと、主人公と彼女の問題とが直結しているんですよ。

そこは意図的だったと思いますが、その後がなかなか出てこなかった。

●安彦　でも、見事にハマるのが『ほしのこえ』（新海誠監督、二〇〇二年）でしょ。

●氷川　『ほしのこえ』も、彼女の問題と世界的な問題が直結しているということではそう言われていましたね。

●安彦　しかも、世界＝宇宙でね。彼女が飛んでっちゃって。人類を救うために。

●氷川　彼女を追いかける目的で軍隊へ志願するんですが、想いを語る描写に比べて具体性が足りないんです。やはりコミュニティから社会に至るフェーズが飛ばされていますね。

●安彦　新海は嫌いじゃないから。たまたま『君の名は。』も公開前に観て、いいなと思ったし。ただ、正直言って「セカイ系」に対して僕は蔑視しているわけですよ。

●氷川　新海誠監督でいえば『ほしのこえ』よりも、次の『雲の向こう、約束の場所』（二〇〇四年）のほうが定義に該当すると思います。眠りっぱなしの少女が目覚めることで、世界が変革されるという設定だから。自分と彼女の恋愛の問題が、世界の変革の問題に直結している。

●安彦　海峡の向こうに光のタワーがあって、そういう画が記憶に残っているけれど、眠り姫のことは覚えてない。

新海誠に会ったときに、「どういう意図なの？」って聞いてみた。海峡の向こうに美しい国があって、「都ぞ弥生」（北大の寮歌）みたいな。すごく社会主義に憧れるにおいがする。

●氷川　たしかに革命がからんでいますね。

●安彦　あの歌にはかなりロシアへの、ソ連への思い入れがあったと思うんですよ。僕はそんなふうに映画を観てしまうんだけど、それはどうなの？って聞いたことがあるんですよ。すると新海さんは、「まったく意外です」って。

●氷川　かっこいいというファッションでやってみた、ということですか。

●安彦　彼は感覚の人なので、それでいいんだと思うんだけれど、あまりにも図式にぴったりとはまっているのは、『ほしのこえ』だった。でも、『ほしのこえ』をそのまま、「セカイ系」そのものだねととっちゃうと、それは新海の意図としては違うんじゃないか。そういう評価はあまりにもステレオタイプでしょ。

●氷川　新海さんはやはりストーリーテラーだと思うんですよね。あの時点では、ひとりで作る事情もあって、映像でポエムを書いている感じがするんです。ポエムに必要な情景と言葉だけがあり、中間がなくて飛んでるのは当たり前なので……ということのように思えます。

●安彦　『ほしのこえ』を観て、新海がいいなと思った客のほうは、まんま「セカイ系」だと受け止めてるんじゃないかね。

●氷川　それは観た年齢によるかと。ティーンエイジャーで、思春期の自分の感性に直結して響いてしまった人は、そういうふうに受け止めるはずです。

●安彦　そうするととんでもない話でしょ、中間項の欠落がはなはだしい。

▼「セカイ系」が必要とされなくなった

●**氷川**　その後、「セカイ系」が終わってしまったかのように思えるのには理由があります。『けいおん！』（山田尚子監督、二〇〇九年）が筆頭ですが、業界のトレンドが「日常系」「ゆるふわ系」と呼ばれるものに移り、「セカイ」が必要なくなりました。もうひとつは『けいおん！』の三年くらい前の『涼宮ハルヒの憂鬱』（石原立也監督、二〇〇六年）ですね。あれが「セカイ系」を終わらせたのではないかなと思っています。

設定は「セカイ系」を前提にしています。題名の涼宮ハルヒは、感情で世界を書き換えるコントローラーみたいな能力があるんです。ただし本人はただの女子高生だと思っていて、なにか面白主義みたいな、それこそ快楽主義みたいなもので、退屈をしのぎたいと思っている。いきなり新学期一日目に、「ただの人間には興味ありません。この中に宇宙人、未来人、異世界人、超能力者がいたら、あたしのところに来なさい」なんて宣誓する。みんなビックリするわけですが、ツッコミ役として語り部になる主人公のキョンという男子がいるんですね。そしてクラスメイトの中に、本物の宇宙人、未来人、超能力者がいて、普通の生徒のふりをしていることが分かる。それぞれの世界を背負って潜入しているんですね。その理由は、ハルヒを怒らせ暴発させると、世界が瓦解するということなんです。彼女を面白がらせてるうちは、安定している。いわばメタ・「セカイ系」みたいな点で、大ヒット作になったわけです。つまり「セカイ系」のお話の構造自体を茶化してイジって作ったお話ですから、あれ以上のものは、誰も考えつかなくなったんだと思います。急に思い当たりましたが、あれがトドメを刺したんですね。

『けいおん！』も同じ京都アニメーション制作の女子高生のバンドもので、大ヒットしました。普通バンドものなら練習を一所懸命にやりますが、練習はほどほどで、いつもお茶を飲んだりしている。でも腕前はすごいんですよと、どこかチートっぽい。でも、日常描写に密度感があって面白くて目が離せないんです。つまり個人と世界の問題よりも、カワイイものを側において観察するみたいな感じになった。トレンドが「美少女観察もの」みたいになったんですね。

●安彦　「世界」という項目がいらなくなっちゃった。

●氷川　ええ、「世界」も排除されてしまいました。三段階あったうちの「社会」が最初に消え、次に「世界」も消えて、「個人」になる。なおかつその「個人」にも当事者意識はなく、観察の対象みたいな感じになっているんです。

●安彦　そういう意味で「セカイ系」も終わった。

●氷川　必要とされなくなったんでしょうね。理由はよくわかりませんが、そういう推移がありました。傾向として、だんだんミクロになっていきますよね。ということは「セカイ系」と呼んでいたときの「世界」も、現実にあるマクロの世界ではなくて、個人と同一化していた「世界」だったんでしょうね。

●安彦　世界としてのリアリティがない。

●氷川　誰かと共有できる世界ではなく、個人が「これが世界だ」と「言ったもの勝ち」的な世界だったんじゃないかな、ということです。

●安彦　中間項がいらないわけだね。めんどうくさい手続きがいらない。

僕なんかが社会的な背景のなかに主人公を置く時には、世界と主人公がこすれ合うところにドラマが出てくる。こすれ方をどうするか、まさに中間でもだえるわけですよ、媒体するもので。直接世界とつき合うのは、ひじょうにむずかしいから、むしろその中間項で遊ぶわけですよ。でっかい世界はその向こうにある。

●氷川　体制を体現している社会的なキャラクターも登場しますね。

●安彦　だから中間項がなくて直結しているというのは、実におぞましいことなんですよ。それは認めたくない。軽蔑するよ。なにやってんの、こいつらって。それでもまだもどかしくて、個人観察になっちゃう、さらに一極になっちゃうというのは、もう「からだ」がなくなっちゃう感じがする。

▼なぜ「葛藤」がなくなったのか

●氷川　もうひとつ思い出しました。「セカイ系」以後、「日常系」と「なろう系」を繋げているキーワードは「癒し」です。ヒーリングですね。アニメは癒されるための道具、というものの見方が支配的になって、もうかれこれ二十年くらいです。

●安彦　それが支配的になってから二十年。
●氷川　会社員だと昼間は仕事で疲れてて、帰ってから観る深夜アニメまで、何もこんなに心を波立たせることはない。そう考えている人が、たぶん主流なんです。
●安彦　いま話を聞いて腑に落ちたのは、僕はいろいろマンガを書いたり一時はライトノベルみたいなものを書いたりしたんだけれども、どれも売れなかった、なんで売れないのかと思ったけれど、やっぱり「葛藤」が多いからだね（笑）。ウケない「葛藤」の部分ばっかり書いていた。だからあんまり癒されない、ストレスが溜まる。
●氷川　それには時代性もあると思いますが、今どうなっているかというと、「葛藤」は極端に拒否されますね。さっきの「なろう系」が中心になった理由も、現実に多い「葛藤」が異世界では排除されるので、それが「癒し」になるからでしょう。
●安彦　いまだにリメイクされている『アルスラーン戦記』（田中芳樹、一九八六年）があるでしょ。これはゲームの世界に近くて、「セカイ系」というより別なジャンルかもしれないけれど、どこが違うんだろう。
●氷川　たしかに『アルスラーン』には葛藤がいっぱいありますね。わりと古典的といえば古典的な物語です。
●安彦　むちゃくちゃ古典的。
●氷川　落とされたところからの反逆と仲間との関係構築ですからね。

●安彦　ああいうのが繰り返し支持されるというのは、どうなんだろう……。違う客層？

●氷川　リメイクされてるということは、古典は古典としてニーズがある。二層構造になっているのかもしれませんね。でも、基本はゲームの影響でしょうね。コンピュータゲームの出現が、物語の「葛藤」のあり方を変えたように思います。

▼では「世界」とは何なのか？

●安彦　ちょっといっしょくたにして見てしまうんだけど、ロールプレイングゲームなんかの下敷きとして、ヒロイックファンタジーなんかが書かれていた時期がある。その頃、僕は神戸芸術工科大学にいたんだけど、世界をどう構築するかということで、「世界観構想論」なんていう講義があった。あの安田均さんが客員で教えていたんだけど、大学で講義できるくらいの分野なんだ、すごいなと思った。

●氷川　その種の「世界観」って、「お便利な設定」と僕は呼んでるんです。

●安彦　その場合の「世界」というのは、「セカイ系」でいうところの直結してつながっている「世界」とはまたちょっと違う？

●氷川　ゲーム的には「プレイフィールド」という、遊ぶためのフィールドとルールのことです。ゲームをプレイしている間、「ここが世界」だとプレイヤーが感じられる「世界」のことではと。

●安彦　それはたとえば永野護の『ファイブスター物語』（一九八九年）あたり。

●氷川　あの設定はもっと分厚いですね。ロールプレイングゲームだと、もっと狭い。町から出発してミッションをクリアしてゴールにいくというルート、そこしかないみたいな。そこを支える、「ここではこんな魔法が使えますよ」みたいな「お便利な設定」。そのことを「世界観」と呼んでいる気がします。

●安彦　この世界では、社会システムがどうなっているかとか、メンタリティがどうかってことを、全部押さえる必要があるよ、というのが、大学の講義として成り立つ理由でもあるんだよね。どういう宗教なんだとか、産業構造はどうなんだとか、それを嘘っぱちでもいいから一通り揃える。そうしないと社会が社会らしく見えない、総合的な教養を持ちなさいみたいな、そういう講義をしていたんだよね。

●氷川　ただ、ユーザーというかファンのほうはどうかというと、物語を作らずに世界観だけを作って満足してしまう人たちが現われているんですよ。

●安彦　それもまた気持ち悪い話なんだよね。

●氷川　中身のない、エンジン積んでいない車を作ってるみたいな感じです。

●安彦　おまえ、何様なんだと。

●氷川　車の形してるけど走らない、事故起こさないために、みたいな。

●安彦　神さまになった気持ちなのかよというね。

●氷川　設定だけでも読者がいるということは、読者もそれを楽しんでいるわけで、そこはさすがに僕もわからない領域ですね。

●安彦　全能感を楽しむみたいな。

●氷川　あるいは自分勝手な物語を作るための枠組みとか……。

●安彦　「おれが作った世界だ」というね。

▼「世界」を構築する喜び

●氷川　その「世界観」については困ったことがあります。ゲームファン、アニメファンが「世界を神的につくれるのは快感だ」と言うのはいいんですが、SONYがプレイステーション3という、飛躍的に画面の描写力が上がったゲーム機を出したとき、当時の社長が記者会見で「見てください、この水、この葉っぱ、本物そのままイメージです。これは、世界を作れるということなんです」と、ものすごくうれしそうにテレビで言っているのを見て、ギョッとしたんです。高校生のユーザーが言うならまだしも、世界を代表する企業のトップが「中二病的」なことを自慢げに本気で語っている。「ここまできたのか」と思ってしまったんです。

それぐらい「世界そのもの」を構築したいという欲望が、誰にも抜き難くあるようになったということですよね。それってたぶん抑圧の裏返しなんです。そして「なぜ政治が消えたのか」という疑問とも、どこかリンクしている。つまり「どうせ政治に参加しても世の中変わらないぜ」っていう、かつての絶望感があって、その抑圧のはけ口として、世界を作ってイジるということが出てきた。それを遊びの世界でというふうに……。

●安彦　「世界構築」というのは、ゲームというプロジェクトとしても必要とされる、込み入った大きな作業なんですよね。

●氷川　ええ、仕様書がないとプログラムを組めないですからね。でも、それは作り手の事情です。お客さんが「世界観」と言い始めたのは、いつからなんだろうというのが、興味あるところです。「この作品はこういう世界観だから良い、悪い」という評価を、お客さん側がいつの間にか言いだした。その次の段階として、新しいゲームが発表されると、キャラクター、あらすじ、そして世界観と明記されるようになった。それはいつからなんだろうと。

●安彦　それが『ファイブスター物語』とか、『ロードス島戦記』（小説：水野良、一九八八年）とか、あのへんからじゃないかな。

●氷川　そうなんです。たぶん八〇年代後半、要するに平成になるくらいからですね。

●安彦　そのときに、大塚英志とか物知りの解説者が、「こういう世界観があるぞ」って、教えたんですよ。ちゃんとできてるんだから、「ゲームのクリエイターになるんだったら、もっと勉強しろ」っていうね。

●氷川　それは正しい鼓舞の仕方ですよね。でも一方で、逆にだんだん面倒くさいパーツが外れていって今に至る、ということなのではないかと。

●安彦　そういう勉強しろっていう叱咤激励も気持ち悪いんですけどね（笑）。

●氷川　たしかに目的と手段がひっくり返る感じはしますね。
●安彦　神なるために修行しろみたいな感じでしょ。なりそこないもいっぱいでるわけですし（笑）。

▼「現実はクソゲー」

●氷川　あと「現実はクソゲー」という言葉があるんです。これは十年くらい前からですかね。
●安彦　それは相当言われたの？
●氷川　誰が言い始めたのか、ネットで広まりました。もしかしたら詠み人知らずかもしれませんが。
●安彦　すごくブラックな言い方ですね。
●氷川　でも、確実に何かを言い当てているんです。
●安彦　教養を積んで、世界観をしっかり構築したものに比べると、現実ってよくできてないんですよね。
●氷川　「クソゲー」って、だいたい設計ミスなんですね。第一面を突破するだけなのに、全員死んじゃう。いつまで経っても、どんなに訓練しても突破できなかったりする。おそらくそういうイメージで現実を語っているのだと思うんです。つまり、努力が報われない的なこと。脳に報酬系が生まれないということです。
ゲームの発達とともに、「承認」「報酬」が、ものすごく重要になりました。特にゲーム世代が後にインターネット時代になったとき、自分が満たされてない、「報酬」を受けてないという感情、あるいは「承認」されていないことへのストレスを、ネットに対してぶちまける。あるいはそれに対する癒しをゲームに求める。そんな傾向が、二〇〇〇年以降、日に日に強まってきた感じがします。要は「テクノストレス」なんです。テクノロジーが発達した結果、圧倒的な情報量が生まれ、過去にあった単純な社会的抑圧よりも、大きなストレスを受けるようになったんです。

SNS（ソーシャル・ネットワークキング・サービス、「インスタグラム」「ツイッター」「フェイスブック」など）の「S」は本来ソーシャル、社会のことですが、実際には友達同士で日記などを共有し、「あいつどうしてるのかな」ってぼんやり見る感じなんです。そうすると知らなくてもいいことまで知ってしまうので、ダークサイトも生まれるわけです。「みんな遊べていいな」とか「うまいもの食っていいな」とか、自分だけが充たされていないという被害意識を助長するところがある。それで「自分は恵まれていない」「俺は承認されていない」みたいなストレスを受ける。

もちろん、書いている側は自慢しているわけではなく、単純に「気に入ったものがあるから、みんな見てください」というだけです。それでも情報の量が、人の心を抑圧する。たぶん量がいけないんだと思うんです。

●安彦　SNSはいつごろから始まったの？

●氷川　もう十五年くらいでしょうか。雛型として前世紀にはパソコン通信の nifty がありましたが、ミクシィというシステムが二〇〇四年くらいから始まり、ツイッターが二〇〇八年くらい。

フェイスブックの本格化も二〇〇九年くらいです。

●安彦　要するに、スマホ以前からある。

●氷川　システムとしてはあります。たまたまフェイスブック、ツイッターの時代にスマホの普及が重なり、操作が簡単になってさらに広まりました。特にツイッターなんて、さっきは日記と言いましたけど、いま起きていることを140文字以内でレポートするみたいなところまで来ている。ブログを書くのは、タイトルつけてとか、けっこう大変なんですよ。そうじゃなくて、思ったことを即発信できるから、タカタカって送って、共有されちゃう。

●安彦　ツイッターもガラケー時代からあった?

●氷川　ありました。ただスマホの存在によって利便性が上がり、日々手に持って常時つながった感じとなったので、脳みその中身で考えたことがダイレクトに通じる「テレパシー」みたいだという人さえいます。代償として、他人の意識、他人のストレス、他人のうっぷん晴らし、あるいは自慢みたいな上から目線の感覚も同時に「逆テレパシー」で入ってくる。だから、抑圧がものすごく高くなったのも事実ですね。

▼未知のテクノロジー――新しい可能性はすでに存在している

●安彦　なんかね、話がどんどん絶望的になっていって、それでいいのかなという気がする。

●氷川　とは言え、そうなってから結構な時間が経っています。いま大学生を教えていますが、一年生が十八歳だとすると二〇〇〇年生まれです。生まれたときから、そういう環境で育ってきている。だから価値観を共有しづらい一方、すでに新しい価値観で生きているんです。僕がいまストレスだと言ったことも、すでにストレスではないかもしれない。もしかしたら子どもの頃からスマホを使っていると、些細なことで起きていた喧嘩が、起きなくなって育っている可能性もあるんです。

●**安彦** いろんな事件になったりするでしょ。スマホでいじめに遭っちゃったりとか、極端なのは秋葉原の事件とか。そういうのは過渡期だから、ストレスが積もってできちゃった?

●**氷川** そうだと思います。ただ表面化しにくいのは、その対極側なんですね。新しい社会性、人間関係、コミュニケーション術として見事に使いこなしている世代が確実に台頭してきています。そっちは絶対ニュースにならないですからね。そういう人たちが、どういう価値観と文化を育てているかは、未知数です。

●**安彦** 「癒されてますよ」と言えば、それは誰もなんとも文句を言わない。犯人もハッピーだし。

●**氷川** 落合陽一さんという、二〇一五年の国際映画祭のときに富野由季さんが連れてきた、「現代の魔法使い」と呼ばれる人がいるんです。彼は「葛藤のない世界の、何がまずいの」みたいな感じです。受験の問題をスマホで調べて解けるなら、それでいいと。自分だけ突出しようとするから葛藤が起きるのであって、いい情報はみんなでシェアすればいい。そういう語り口の方なんです。

●**安彦** 落合さんっていう人はどういう人なんですか。

●**氷川** ジャーナリストの落合信彦氏の息子で、物理学者で飛び級で博士号を取っている方です。

富野さんは「こいつは映画を終わらせる敵だ」といってイベントに連れてきた。宇野常寛氏の提案だと思います。彼のデモンストレーションが始まったら、僕の生きているうちには難しいと思っていた、立体ディスプレイ的なものを開発しているというんです。コンピュータの性能が数年おきに飛躍的に上がった結果、コンピュータがコンピュータを制御するような手段で、微粒子を空中に定着する立体ディスプレイができる。3Dプリンターみたいなものが、映像のようにダイナミックに動くものは、もう実現可能というデモ映像を見せ始めたんです。SF映画やアニメの中に出てくるようなものです。

●**安彦**　ホログラム……。

●**氷川**　ホログラムは虚像ですけど、粒子だから実体があるんです。プラスチック粒子、金属粒子とか。この技術は始まったばかりだから、この先にすごくいろんな可能性が見えるんですね。それこそ現実をまるごと書き換える、バーチャルリアリティの現実版が可能です。粒子で可能ならば、部屋の中の作りやテーブルをリアルタイムに書き換えるのは、もはや量的な差に過ぎない。雛型はできているから、あとは十分に規模を大きくしたり、演算能力を高速化するだけということで、時間が解決する。だから映画的体験という根本を書き換える可能性があります。というわけで、富野監督は「映画の敵」としたんですね。

●**安彦**　眼鏡もかけない？

●**氷川**　実体なので、眼鏡は不要です。

●安彦　四角い画面を観ている必要はないわけだ。

▼デジタルと非デジタルに二極化していく

●氷川　いまの僕たちは、映画が始まったら「画面」はないものだと思って、映画を観ている。フレーム（枠）を気にせず映画の中に入ってください、ということを了解して楽しんでいるわけです。でも、そもそも枠がないところで育った未来の子どもにとっては、映画の画面なんてきっと不自由に見えるんですね。たぶん富野監督はそうした将来象を読みとったんでしょう。それで「映画を殺すやつだ」と言った。

それで落合さんの語る内容は、さっき言ったようなSNS的な概念、いいアイディアがあったら友達とシェアしていく価値観の果てにあるような気がするんですね。それは僕の直観ですけれど。

これから至るところでこうしたことが二極分化していきます。デジタル的な環境になじんでいる人と、それをただストレスだと思ってる人の二極に分かれていく。真ん中はなくなる気がします。デジタルにはそういう性質がある。1か0にするのがデジタルですから、真ん中をなくすのもデジタル。だから0のほうだけを見ていると悲観的になります。そして1のほうは、本当にわからなくなり始めているんですね。

●安彦　そういうのが出てきても、映画は終わらないわけですよね。たぶんコマ割りのマンガも終わらない。

●氷川　ええ。でももしかしたら、文化的に低い人だけになり、頭のいい人は全然違うものを、ネオカルチャーとして楽しむ可能性もあるかなと。そういうのは、僕が死んだ後に始まる話だと思いこんでましたが、まさか生きてるうちに始まるとは……。
●安彦　頭の良し悪しとか、上下で分かれちゃうと無残だけど。
●氷川　知能よりも適応力の差みたいな感じがします。頭の柔軟性みたいなものの差。単なるＩＱなら話は簡単なんですが、いまはＩＱの高い人がワーキングプアみたいなことを口にして、いじけてますよね。本当はそういうギャップを、アニメやサブカルがつなぎ、もっと真ん中があるとか、下の人を底上げするようになってほしい。
●安彦　いまの二極分化と言ってくれたことで、ある程度ガスが抜けるんですよね。分解してくれなきゃ、救われない。「ストレスもいいじゃないか」っていうのと、「なんでストレスなんかかぶらないといけないんだ、心地よければいい」っていうのに分かれる。もう二極分化せざるを得ないという気がするんです。「やっぱり映画はいいよ」とか、「それもモノクロはいいね」とか。
●氷川　映画ファンのなかに、サイレント映画こそ本当の映画だとかいう人がいますよね。
●安彦　できたら弁士もいてほしいとか（笑）。
●氷川　「アニメは昔は手で描いていたから、それがいいんですよ」みたいに固執する（笑）。そういう話ではない気はします。デジタル化のもうひとつの特徴は、いったん進みだすとスピードが強烈に速い。あれ変わり始めたなと思ってから、完璧に変わりきるまでのスピードが、とんでもないです。アニメが九七年くらいからデジタル制作に移行する時も、最初はモタモタと足踏みしていたと思うんです。ところが二〇〇二年ぐらいから一、二年で、一気に変わった。ああいう現象を起こすんですよ。急速に、シュッと線路が変わるみたいなことが起きやすいんですね。

▼下手くそは全部CGになっていい

●安彦　アニメのほうに話がいきすぎるかもしれないけど、いま現役は何をやってるんだろうと思って、ふだん観ないアニメをちょっと観た。印象は、いわれるほど基本的にはあんまり変わってないなっていう感じ。相変わらずギクシャクしたことをやってるし、デジタルになったくらいで、仕事そのものはそう変わっていない。

ただその中で、たまたま僕が観たのは『亜人』（瀬下寛之総監督、二〇一六年）というやつ。フルCG。それで画は3Dなんですよ。宮崎駿さんの息子の吾朗さんは、NHKかなんかでやってて。あれは予告かなんかテレビで見て、これフルだよなと思って。おやじは相変わらずリミテッドやってるのに、せがれはフルかなんて思った。

●氷川　イベントで吾朗さん本人に聞きましたが、鈴木敏夫プロデューサーに引導を渡されたらしいですね。2Dには未来ないから、君は3Dやりなさいって。

●安彦　それで3Dをやった。

●氷川　それでジブリは2D中心ですからポリゴン・ピクチュアズという会社に行ったんです。ポリゴンは『シドニアの騎士』（第一期監督：静野孔文、二〇一四年／第二期監督：瀬下寛之、二〇一五年）というガンダム的な宇宙SFアニメをやり、吾朗さんを迎えて『山賊の娘ローニャ』（監督：宮崎吾朗、二〇一四年）という『長くつ下のピッピ』と同じ原作者（アストリッド・リンドグレーン）の名作アニメを手がけました。SFと名作と、両極できればあとはなんでもできるという会社の方針ではないでしょうか。

●安彦　『亜人』もポリゴン？

●氷川　そうです。同じです。

●安彦　そのとき感じたのは、2Dと3Dというのはちょっと定義が違うかもしれないけれど、要するに線画をフルアニメでやっているのを観て、なんと上手なアニメーションだろうって、予備知識がなかったから最初思ったんですよ。手描きだと思った。で、違うってわかった。でも、「あれいいじゃん、手描きはもういらないって、ならないかね」って、同業者スタッフにも聞いたんです。だけど、全部あれにはならないでしょ。それは、今の映画はなくならないというのと近いと思う。

●氷川　物語中心の大半のアニメは、ああいった3Dの形式に置き換えうると思っているんです。

●安彦　そのなにがいけないんだって、僕は逆に思うわけ。

●氷川　下手くそな作画よりも、きれいなCGのほうがいいわけです。もちろん素晴らしいアニメーション作画には残ってほしいですが、普通以下のものは全部CGになれば、むしろ底上げになるのではないかと。

●安彦　なくなっていいんじゃないかって思うけど、でもなくならない。
さっきの『アルスラーン戦記』なんかも観たわけですよ。

●氷川　『アルスラーン戦記』には、僕も頼まれてパッケージに文章を書きました。なんで今『アルスラーン』なのかと言えば、馬がCGで描けるようになったことも一因だろうと。いま動物を作画できるアニメーターがいないので、ほとんどCGになってますが、騎馬軍団は手では絶対に無理。大軍勢もそうですが、コピー&ペーストで処理できるので、史劇みたいな作品はCG向きなんです。実際、いくつか作られています。

●安彦　その『アルスラーン』。ほぼ同じ時期の仕事で、リメイクされている。でも、はっきり言って下手くそなわけですよ。ひどいと思った。なんでこういうのがいまだにあるんだろう、全部『亜人』になっちゃえばいいじゃないかって逆に思った。

●氷川　『亜人』の瀬下寛之監督にも聞いてみたことがあります。3DCGは、本来画を描くものじゃない。舞台装置の設計から映画に入ってきたと。だからポリゴン的には、あくまで主役は画面設定で、空間を作ったりするのはCGがすごく得意なので、それを中心に物語を構成する。舞台がうまくできてれば、多少キャラがギクシャクしても、ちゃんと観られるものになる。そういう発想だと語っていました。

▼CGと手描きのハイブリッド

●安彦　ディズニーのピクサーとかになると、ああいうふうに立体キャラになるわけですよ。
●氷川　あれはあれでまた技術が違っていて、昔の「カートゥーン系」の伸びたり縮んだりという手描きの作法を、どうやってCGで再現するかという、独特な価値観があるんです。
●安彦　みんな輸入物としてあれを観るんだけど、やっぱり日本人は線画が好きなんだよね。
●氷川　それは高畑勲監督が「日本人は昔からアウトラインがある絵を描いてきた」と指摘していますね。
●安彦　線画だから、ああいうふうな立体映像じゃなくて、CGになっても『亜人』になるんですよね。
●氷川　日本の業界では和製英語で「セルルック」と呼んでいます。世界的には「toon shading」という技術で、あまり流行ってません。アメリカの『トムとジェリー』みたいな作品を「カートゥーン」と言って、「トゥーン」はそこから来ています。「シェイディング」はカゲ付けのことです。アウトラインがあってベタ塗りだから「カートゥーン」に見えるものという意味です。ピクサーの「フォトリアル」と呼ばれる表面に無段階の質感があって、アウトラインのないものとは違うんです。これはよく日本画と油絵の対比で語られていますね。
　また、背景をどうするかの問題もあって、サンジゲンという会社が作っている3DCGアニメは実態としてはキャラクターだけがフルCGで、背景は手描きです。さっきの宮崎吾朗さんの『山賊の娘ローニャ』についてもイベントで聞きましたが、もし舞台の森をCGでやるとなると、全部木を作って植えてコンピュータの中で光を当てて撮らなければならない。ものすごくコストがかかるんです。でも、日本のアニメの特徴には背景美術の良さもあるので、ほとんどは手描きなんです。カメラが動いたりするところだけCGにする。

●安彦　枝が動いたり、葉っぱが散ったり。

●氷川　そうした折衷案、ハイブリッドみたいな作品が、いっぱい出ています。

●安彦　それはありなんじゃないですかね。

●氷川　ええ、お客さんにとって技術は関係ないですからね。見た目さえよければ。

●安彦　それは僕も実感したんだけれども、テクスチャーを貼り付けるっていうのは、相当ひどいものですよ。森っていうテクスチャーがあって、ペタペタっと。

●氷川　あれはコピペなんですよね。シールを貼りつけて作るみたいな。

●安彦　ほとんど画になってない。「しょうがないんだよ、これ貼り付けてるんだから」という世界です。嘆かわしいなと。それを手描きにして折衷にしたほうがいいんだよ。葉っぱが散ったりするところはうまいもんですよ。

●氷川　いまはもう、雪や桜の花びらが舞い散るのは全部CGになりました。

▼六〇年代と七〇年代の差異

●安彦　最初の話に戻すと、七〇年に「政治の季節」が終わっても、それは周回してこないと思った。七〇年の頭ぐらいには、なんとなく直感として、たぶんもう来ないなっという感じがあった。予知能力があったと自慢するわけじゃなくて、空気がそうだった。最初も言ったように、「シラケ世代」の頭のいい、趣味の豊かなやつらが、わがもの顔で出てくるのを見たときに、こいつらにはたぶん勝てないという気がしたのね。

ただ、その後に政治というものが、どうやって残るかについては別にまた考えるにしても、時代の転機はあそこにあった、という感じがするんですよ。七〇年。人生において、誰もが若い頃には、はしかにかかるようにして政治づく時期をくぐり抜けることがある。そういう人生経験は繰り返して受け継がれてきたわけですが、それがはっきり転機としてそこで変わった。

だから、その時代の当事者で現役の若者だった人間がその総括を——総括って言葉はひじょうに嫌われる言葉ですけれど——、なにか総括を形にして残すべきじゃないかというのが、じつは本意なんですよ。

●**氷川**　政治と絡むかどうかわかりませんが、大学生と大学院生向けに六〇年代と七〇年代の差を説明するとき、サブカルに絡めて説明することがあります。それは、七〇年代には集団とか企業が急に「悪」に転じるんです。一九七一年に大ヒットした『仮面ライダー』が典型ですが、仮面ライダーの主人公は個人で、敵であるショッカーは組織です。これは六〇年代の『ウルトラマン』と逆です。ウルトラマンに変身する人は組織に属していて、個別に出現する怪獣を倒すのが役目です。悪の組織ショッカーは単なる集団というだけでなくピラミッド型の階層組織で、要は政府や会社みたいになってるんです。社長みたいな首領がいて、部長みたいな幹部がいて、怪人がいて、戦闘員がいる。それで子ども番組的には、「敵」が会社みたいになって固定されるのが主流になってしまうんですね。『マジンガーZ』などアニメも、みんなそうです。

最近の『プリキュア』（女子向けアニメ、二〇〇四年〜）は、それが行きつくところまで行った感がありますす。今期やっている『HUGっと!プリキュア』では、敵側がクライアス社という会社で、稟議を承認したり発注したり、そういうことをしてるんです。

●安彦　会社みたい。

●氷川　幹部が失敗すると始末書を書いたりするので、お父さんがいっしょに見ると、いたたまれなくなりそうな（笑）。

●安彦　完全に会社。

●氷川　つまり「社畜」みたいな最新トレンドを取り込んでいます。その出発点はどこにあるかというと、『仮面ライダー』です。一九七〇年前後は「組織からの脱走者」の主人公が多く、『カムイ外伝』や『タイガーマスク』も該当します。そこに価値観のパラダイムシフトが感じられるんです。それまでの高度成長期の価値観だと、勉強して大会社に入って出世すれば安楽と、そんな感じでしたが、「悪の組織」では戦闘員で終わってしまうかもしれない（笑）。

●安彦　でも、会社的組織と闘うわけでしょ。

●氷川　ええ。でも、その手段は「個人の能力」のほうが重要、という物語が多くなるんです。これも面白主義とたぶんリンクしていることだと思います。何か出来上がった組織、団体のために奉仕するみたいなかたちが崩れていく。政治闘争を経た七〇年代、サブカルのなにが変わったかというと、そういう感じです。

●安彦 『マジンガー』シリーズって、ひじょうに身近だから、身につまされる部分もあるんだけれど、あれはいまの話でいうと、どっちになるんだろうね。

●氷川 ロボットアニメは基地があって博士がいて仲間がいる、という構造が多いですね。特撮は『仮面ライダー』の時代が七五年くらいに終わり、『秘密戦隊ゴレンジャー』の時代に変わります。五人の仲間の話になる。小集団というかチームものの友情みたいな、その先がけにも見えますね。

▼お客さんが「クオリティ」というようになった

●安彦 それからひじょうに印象的だったのが、『エヴァンゲリオン』がまるっきり『マジンガー』だったということ。

●氷川 庵野秀明監督が、企画段階で意識されたと語っていますね。ウルトラマン的な超人をマジンガー的に操縦するというのは新しいと、それは人から指摘されてわかったそうですが、話の構造として、『マジンガー』の基地があって怪しい敵が攻めてきて、それを迎撃するという構造は意図的にそのまま取り入れたそうです。

●安彦 『機動戦士ガンダム ジ・オリジン』を書き始めたころに、いろんな人と対談することがあって、貞本義行さんとも対談した。そのときは、『エヴァ』があんまりバカ当たりしてるから、憎たらしいと思って観ていなかったんですよ。でも観ないで対談もできないと思って、彼が書いたコミック版が七～八冊あったんで、それを一夜漬けで読んだ。そのとき、「あれ、ポストガンダムの新しいもんだって聞いたけど、これまるっきり〝懐かし〟ものじゃないか、『マジンガー』そのものじゃないか」と思った。で、「『マジンガー』だね」って言ったら、貞本氏があっけらかんと「そうですよ」って。庵野秀明さんが、こんなのやりたいんだと言って、『マジンガー』を持ってきたというんですね。あっさり認められた。

だからそこんところの問題で、頭のいい「次の世代」ならどういう仕掛けを加えるかっていうところで。神がかっているとか、謎めいていて使徒といったりとか、主人公が屈折してるとか、そういうことで味を加えている。

●氷川　ええ。でも、基本構造は古典的ですね。

●安彦　味つけを加えたものが、話の最初に戻るんだけど、「世界観」のスタートラインに位置づけられたりする。

●氷川　そこは着せ替え人形みたいなものではないでしょうか。着せ替えのコスチュームが「世界観」で、素体の構造は変わらない。構造を新しく考えるとなると、車でいえばボディではなくシャーシやエンジン周りのところをかえるみたいなことになるんです。車だったらデザインが一番速そうで美しく、整っているものが一等賞に見えるという発想。デザインにはものすごくこだわったと聞いています。つまり美意識のことですよ、美観や美意識。

●**安彦**　そこのところで、庵野秀明なんかは利口だなと思うのは、ものすごく味気ない言い方をすると、しっかり評論家を味方につけるわけですよ。『王立宇宙軍　オネアミスの翼』（監督：山賀博之、一九八七年）のときからね。すごいよ、意味深だよみたいな。氷川さんはどうだったか知らないけど、一所懸命評論家が解説するわけですよ、「こう読め」とか「こう観ろ」とか。うまいもんだなって思った。そうやって解説してみると、要するにデザインの問題だと。

●**氷川**　どんな発想やプロセスで構築されているかという設計思想的な意味のデザインと、見た目、外観、美観という意味のデザインがあると思います。デザインが問われるとなると、面白いかどうかではなく、よくできているかどうかの問題になってきます。それが、『エヴァ』の時代なんです。

当時のパソコン通信でも気にしていましたが、いつの間にかお客さんの側が「クオリティ」を問題するようになりました。最初は「面白いから」という理由でアニメを観始めたわけですが、いつの間にか「よくできてるから」「クオリティが高いから」という理由で、アニメを語るようになった。おかしいなと思ったのが、九〇年代半ばの『エヴァ』の頃です。つまりメーカーがレーザーディスクを売る前提でアニメを作るようになってから、ユーザーも「買う理由」を求めるようになったんですね。

●**安彦**　クオリティ云々がそうはずしてない評価だったら、こっちもがんばってるから、ちゃんと評価してくれてうれしい、となるんだけどね。その「クオリティ」が言っている意味はなんだっていう……、話が堂々巡りになってるかもしれない。

▼世代の共通体験としての『ガンダム』

●安彦　われわれの世代というのは、それは親の世代と比べたらの話なんだけど、ひじょうに恵まれたというのか、苦労知らずに育ったということを、この「訊き書き」の呼びかけ文で書いたんです（「諸兄へ」14頁）。生まれたときは、終戦まもなくだから親は苦労しただろうけれど、子どもは苦労を知らないから。物心ついたら復興がだいぶ形になっていて、飢えてひもじかったとか知らない。

●氷川　朝鮮戦争特需などが始まった頃でしょうか（一九五〇年頃）。

●安彦　そのあたりから、記憶がかろうじてある。その後、「国難」は巡ってきていないから、苦労してないわけですよ。

●氷川　なにかの本で、近い書き方を読んだことがあります。「食うに困らなくなった最初の世代」みたいな。

●安彦　決定的な時代体験もないわけ。せいぜい六〇年代、七〇年代の時は学生運動で、おれも石投げてたねみたいな、そういうことぐらいで。それだって実態は知っているわけだから〝戦争ごっこ〟みたいなものだったんじゃないの、みたいな言い方もある。怪我したやつも、獄中何年というやつもいるけれど、基本的には〝ごっこ〟に近かった。それはあまり自慢できることじゃないなというのがあるわけですよ。自慢するやつもいて、それはあんまり信用しないけれど。じゃあ、とてもつまらない人生だったのかというと、それはちょっと違う。自分が生きた時代に無理やり意味づけるのもどうかと思うけれど、無理やりじゃなく、やっぱりとても大きな分岐点に自分らは立ち会ったという気がするんですよ。僕の場合は、たまたまサブカルに身を置いたことで、それを身に染みて体感してるんです。これはあまり言うといやらしい感じになるんだけど、そこは形に残しておきたいなという気がするんです。

●氷川　われわれの世代の共通体験、戦争や学生運動に匹敵するものとなると、やっぱりテレビアニメになるんです。ビデオデッキがないから、同じ日同じ時間帯に、チャンネルを合わせて、同じ番組を観ていたというのが、最大の共通体験なんです。ところがビデオデッキが普及して全家庭にはいる八〇年代になると、それも瓦解してしまうんですね。学校で「昨日あれ見た？」と声をかけあうことが、たぶん八〇年代のどこかでフェードアウトしているはずです。

●安彦　ちょうどその境目に『ガンダム』があるんですね。

●氷川　ええ、『ガンダム』くらいまでが、最後の共通体験かもしれません。『ガンダム』の場合、劇場版やガンプラ（ガンダム・プラモデル）もあったので、その共通体験もあったでしょう。そこから先になるとファミコンも出てきますから（発売は一九八三年）、世代ではなく個人に分解されていくんですね。『ドラゴンクエスト』を買うのに並んだとか、家に集まってゲームしたとか、それも共通体験かもしれませんが。まだまだあまり語り直されていないです。

▼コンテンツの時代は終わった

●安彦　いま氷川さんの話を聞いてると、自分が思っていた以上に、七〇年のサブカルが時代の主役になっていく時期というのは、大きな節目だったんじゃないかなと思う。

●氷川　それは実感としてあります。七〇年代の十年間、その入り口と出口とで、景色がまったく違うくらいです。七一年『仮面ライダー』、七九年『ガンダム』ですから、たった九年でそんなに？　って思うぐらい、年々景色が変わっています。

●安彦　まだいろいろ変遷はあるんだろうけれど、さっきの映画が終わるか終わらないかみたいな話でいうと、でも「終わらないよ」ということになる。そういう意味では、いまはまだ節目ではないと思います。やっぱりまだまだ移り変わっている最中でしょ。

●氷川　そうですね。アニメだけに絞って考えると、ビデオパッケージ販売目当ての深夜のテレビアニメが急に終わるのではないか、配信のほうが主流になるのでは、という意見も多いです。

●安彦　かたちとしてはそうだね。制作会社のほうがうまみがないから、配信でいく、みたいな。

●氷川　高い電波料を払って全国にバラまいても、ブルーレイは売れないし、商売として厳しくなってくるんです。

●安彦　儲からないから、やらない。

●氷川　それでメディアへ同時に乗せることによる共通体験的なものが、さらにもう一段、ゆらぎ始めているんですね。配信のほうが断然いいかというと、やはりテレビで同時に放送することには意味があると思います。ツイッターを使ってアニメを観ながら同じ時間を共有して楽しむ、それがアニメそのものを何倍も楽しく観せている、そんな効果もありますから。配信だと、これができないんです。各人バラバラの時間で勝手に観ているだけですから。だから配信作品だと、評価はされるものの、一気に盛り上がったという話は、まだあまり聞かないんです。

●安彦　また集団化とか、ストレスを求めるとか、祭的なものをこしらえていくとか、そういう方向にまた帰っていくんじゃないかと。

●氷川　それも起きています。いまトレンドとして大きいのは「ライヴ系」と言われているものです。特にアニメ系の歌い手が、横浜アリーナや武道館を何万人規模で埋めるコンサートです。声優さんのユニットや歌手のユニットが、そういう動員をする。テレビやパッケージや配信では、つながっている感じが得られないから、ライヴで時間と空間を共有する。すると会場全員、何万人という単位で盛り上がるんです。

ライヴに行くと「サイリウム」という光る棒を観客が振っているんですが、その登場以降でかなり変わったと思います。応援する人の動きが少しずつズレた光の動きになって、アニメーション的な波みたいに見えるんですよ。これがあるとないとでは、盛り上がり方が全然違うようになりました。他人の感情の動きが可視化されて、自分も応答できるわけですから。自分も仕事柄、そういうライヴに行くことがありますが、つい先日も、年齢を忘れて盛り上がってしまいました。

●安彦　本当に感心するんだけども、料金だって安くないし、それを五日間やったら、全部行ったとかね、大変だろうなと思う。

●氷川　そのチケットや抽選券をつけて、ブルーレイを売ったりもしています。

●安彦　あれはけっこうストレスを伴うものでしょ。暑い夏にイベントに行って、人に揉まれて……。

●氷川　そこは逆だと思っていて、お祭りと同じで、「みんなでいい汗かいたな！」みたいなカタルシスがあるはずです。アニメはそれのためのネタみたいな感じにシフトしかけているかもしれません。「2・5次元」と呼ばれる、キャラクターもののお芝居をやるものも含めて、「ライヴ・エンターテインメント」として注目されています。ナマで一期一会、その場限りの瞬間を全員で応援して発散する。そんなカタルシスが、けっこうなお金を稼いでいるわけですね。

この四月に映像メーカーのバンダイビジュアルと音楽会社のランティスが合併して「バンダイナムコアーツ」という新会社になったのも、「ライヴ系の強化」と発表されましたし、「映像音楽プロデュースユニット」としているのも、この流れがいかに強いかですね。単なる映像としてのアニメではなく、合体したところに活路があるかな、と。逆を言えば、映像単体には活路がなくなり始めているとも言えますが。

ライヴの台頭によってコンテンツの時代は終わりつつあるという話は、以前「アニメ産業レポート」（一般社団法人 日本動画協会発行）に書きました。「コンテンツ」とは「目次」のことですから、

「作品」という呼び名に対してずっと違和感がありました。アニメの「中身」だけを問題にしていたから、それがデジタルで容易にコピーされ、ネットで違法配信される時代に即応できなかったというわけです。中身はただの触媒なので、それに伴う心の動き、さらには観客動員みたいな「人が行動する」というほうが重要です。

コンテンツをＤＶＤに乗せて、その高価格で元をとるという時代は一時期に過ぎなかった。ＤＶＤ、ブルーレイ、ＣＤの売り上げも落ち始めて終わりつつある。だったら本当に売っていたのは、実はコンテンツではなかったと考えるべきです。そんな模索の中で、ライヴみたいな「体験性」が収益をあげることがわかってきた。そこにスイッチしつつあるんですね、生き残りを賭けて。

●**安彦**　汗かいて、祭的なところに参加するのを、カタルシスととらえるか、ストレスととらえるかということはある。入ってみたらカタルシスじゃなくて、ストレスだけだったみたいな（笑）。

●**氷川**　僕は何回か行って、なるほどいいものだなと思いました。声優さんも、いまサービス精神がものすごくて、全身全霊なので頭が下がります。

●**安彦**　違ったストレスが発生する、ということでいえば、またひとつ転機がくるんじゃないかという感じがする。

●**氷川**　なにか飽和しかかっている感じはします。

●**安彦**　サブカル世界もね。

▼「複製技術時代の芸術」の終わり？

――（編集部）さっきの話ですが、アニメも配信によって、それまでのビジネス的なフォーマットがくずれつつある、という理解でよろしいでしょうか。

●**氷川**　大きな話題は、「ネットフリックス」という世界的にものすごい拠点をもって収益をあげている配信業者が、「日本発のアニメジャンルを本格的に充実させていく」と発表したことです。日本の映像コンテンツで世界に通用するのは、まずアニメだというわけです。おそらくテレビアニメの3倍から5倍くらいの予算を投下して、プロダクション・アイジーとボンズなどクオリティに定評のある制作会社に配信先行のアニメを依頼したんですね。テレビアニメとはちょっと違う作り方で、十から十二本をセットとして納品します。もう始まってて、それなりに成果を出しています。

一番話題になったのは『デビルマン（DEVILMAN crybaby）』（サイエンスSARU制作）です。永井豪先生の有名な原作を、湯浅政明さんという才能のある監督が、独自の解釈……といっても、これまでは難しかった原作に沿った内容で作りあげたんですね。もともと原作の『デビルマン』は、かなり残酷なシーンがあるので、テレビ放送は無理なんです。でも、それを全世界配信したことで、ものすごくいろんな反応がありました。原作マンガは輸出されていても、マニアしか読んでいなかったと思いますが、日本の古典が改めて国際的な広がりで注目されているんです。日本のアニメも深夜アニメはある程度の自由度がありますが、予算も限られてるしテレビコードもあって、リミッターはあります。でも、それを外したら表現的に面白いものができることが実証されました。「ネットフリックス」は映画も揃えていますが、主力はアメリカでつくっている一時間ぐらいの連続ドラマです。それも『ウォーキング・デッド』や『ゲーム・オブ・スローンズ』など、ゾンビもの、ハイファンタジーものなので、案外アニメに近いわけですね。それと横並びになるようなものを、海外の人は日本のアニメに期待している。アクションエンタテインメントのアニメは九〇年代後半から世界中で切望されてきたものなんですが、そのニーズが浮き彫りになったわけです。

――もうひとつ、ブツ自体が売れなくなっている、本も売れなくなって、音楽のCDも売れない、なのでライヴで盛り上がったりするという構造に変化しつつあるように受け止めたんです。音楽もそういうふうなものが主流になってきた。つまり昔はお皿を売るためにコンサートやったけど、いまは逆に、お客を動員するためにCDつくってるというような、主従が逆になってる。「複製技術の時代の芸術」の逆説といいましょうか、近代になって、貴族たちのたしなみものだったのが、複製技術によってだんだん大衆化していきましたよね。それが近代化だとすると、そのどん詰まりで、逆に「いま・ここ」が問題になるといいましょうか。それは先祖がえりと考えたほうがいいのか、どういうふうに考えたらいいんでしょうか。

●氷川　最大の理由は、インターネットが無料だということです。さきほど述べた「コンテンツ」はデータの集合体ですから、デジタル技術で無限コピーが可能です。配信を定額にできるのも同じ原理です。それで相対的に価値が低くなったんです。ライヴにしても、コンテンツ販売の価値が下がったので、相対的に上がったわけです。もともと物語の発祥は、原始時代、たき火を囲んでいる群衆に長老が伝説を語ったり、みんなで祈りの唄を合唱するところから始まったと捉えているので、たしかに先祖へ戻るという感じはしますね。

▼「七二年」をめぐって

――七〇年代、サブカルが質量とも大きく変わったというお話と、安彦先生の革命の方面を無理やりつなげちゃおうと思って言います。評論家の坪内祐三さんが『一九七二』という本で、七二年の「あさま山荘事件（連合赤軍事件）」を取り上げて、あそこに戦後社会の分水嶺があった、あそこで社会のあり方が変わって「現在」の「はじまり」があった、という言い方をしています。日本社会が消費社会に入っていくのが七〇年代のあたまです。その後日本は二回のオイル・ショックを切り抜け、消費社会が全面化していきます。サブカルは発達していきますが、その一方で政治的な運動はどんどん失速していくというのが、シンクロしているような感じがするんですけれど。

●氷川　サブカル的には、「変身」「特撮ブーム」というのが七二年に起きて、そこに大きな変化が起きています。きっかけは七一年に「仮面ライダーの変身ベルト」がものすごく売れたことですね。おもちゃが売れるということの社会的な意味って、実はすごく大きいんです。六〇年代はガムやチョコレートが主力商品なので、10円から50円ぐらいなんです。ところが「変身ベルト」は1500円なので、0がふたつ違います。ガムとかチョコレートは食べ物だから、第一次産業的なものですが、「変身ベルト」は機械工業的な第二次産業的で、生活必需品ではないという点では第三次産業的なんです。つまり、日本の家庭は、そんな「要らないもの」が買えるくらい中流化が進んでいたということです。そして『マジンガーZ』も七二年末からスタートです。七三年に『マジンガーZ』の玩具がヒットして、七四年に超合金が出てきたことで、七四年から七五年にかけておもちゃを売るための番組作りが始まりました。安彦さんも参加された『勇者ライディーン』もその代表ですが、原点は七一年の「仮面ライダーの変身ベルト」にあります。

七〇年代前半に、高額商品が成立するようになった。総じて国民が豊かになり、学生運動も終わったからだと思います。余裕が出てきて、アメリカのファストフードも入ってきて、中流的に生活が底上げされた感じがします。自分の家庭の記憶でも、六〇年代はものすごく貧乏だった気がするんだけど、七〇年代になると、そうでもない。カラーテレビが入ったりしましたから。

●安彦　でも、その前があるんだよね。「連赤事件」が境になったというのは、ちょっと違う気がするんですよ。僕らより十年若い人たちは、「その前」を知らないから、連合赤軍事件がひじょうに大きなファクターに見えるんじゃないかと。大きなファクターだとは思うんだけれど、あれはひとつの流れの中での終着駅なんですよね。「あれの前」と「あれの後」とで変わるというのではなくて、「あれの前」から変わりつつあったんだと。あれはとどめを刺したにすぎない、あれは境目ではないと、僕は思うんですよ。

じゃあどこからなんだと。たとえば、安田講堂のときとかね。そのあたりから、もう「終わり」

が見えてて、意外性はあったんだけども、それを劇的に終わらせたのは連赤なんだって、僕は思うんですけどね。
ただ若い人たちはその過程を知らないから、強烈にテレビから入ってくるわけだから、あそこを境目だと思っちゃう。十年ぐらい若い方には、そう見えるのかなって思ってるんですけどね。

二〇一八年六月八日　於　池袋ルノアール

第二部

論考

Ⅰ 『1968』の「革命」

一、『連赤』は何を「終わらせた」のか

一九七二年二月、札幌オリンピックの閉幕とほぼ同時に「浅間山荘事件」が幕を開ける。購入したばかりのテレビが映し出した軽井沢駅での逮捕者を見て妻が言った。

「青砥さんと、植垣さんだ！」

山中のアジト生活で荒れた二人の風貌を、僕はそれとは識別できなかった。だから「まさか」と思い、後でそうだったと知った時に女性の直感力に舌を巻いた。

当時、僕は入社して二年目の虫プロダクションで働いていた。アニメーターという仕事がようやくのみ込めてきていた時期で、妻のお腹には初めての子供がいて、妻子を養っていけそうな目途も

やっとつきかけていた。

その頃の僕は、もう左翼とも、かつての仲間達ともほぼつながりを断っていた。生活していくことにのみ必死で、その必死さで心の空白をひたすら埋めようとしていた。

青砥・植垣両氏の消息も、無論知らなかった。一年余り以前、最初に都下で住んだ四畳半に台所付きの小さなアパートに青砥氏が訪ねて来たことがあり、特有の明るい様子でかなりアブなそうな「運動」のことを聞かされていたから闘争現場にいるのだと思ってはいたが、その彼が変わり果てた壮絶な顔でブラウン管に映し出されたことから、なにか非常に厳しいことが、彼と植垣氏という弘前コンビの身辺に起きていたのだと察し、暗い気持ちになった。

二人の逮捕に連続して発生した浅間山荘たてこもり事件は、先述したように空前の全国的注目の的になった。テレビに見入った人々の気分は、ひいき目に見なくても籠城過激派学生に幾らか同情的だった。厳寒の中で共に放水を浴びている人質の女性の身を案じながらも、心のどこかで「学生がんばれ」と応援していた人は多かっただろう。

攻防戦がまだ続いていた一夜だったと思う。会社に近い居酒屋で、僕は同僚二人と酒を呑んでいた。二人共早稲田大学出で、一人は年長、一人は一歳年下で共に当時は会社にまだ在った演出部の所属だった。

酒癖の悪いことで定評のあった年下のほうの男が、まだ酔いも回らぬ頃合いで言った。

「浅間山荘が十個あったら革命ができるね！」

早稲田では演劇活動をやり、その難解そうな芝居を観せられてもいた僕は、その一言で以後彼を軽蔑しきることになった。

しかし、彼の軽口は、当時としては格別責められるべきものではなかった。そういう物言いはしないまでも、「まるで革命戦争のミニチュア版を観るようだ」という気分は、中継映像の異常な高視聴率の中身としてあったことだろう。

その野次馬的共感は、その後、「リンチ殺人」の発覚によって一変する。驚愕し、おぞましさに口をつぐみ、テレビから一転して目をそむけ、メディアも報道から撤収してしまう。

話題性に富む事件ネタは元来メディアの好むところだが、余りに刺激の度が過ぎると、協定でも交わされるのかメディアは一斉に口をつぐむ。似た事例は後の『宮崎勤事件』でもあった。僕の知る限り、ここ数十年でこの二件のみである。つまりはその位に、『連合赤軍事件』はおぞましい、センセーショナルな事件だったのだ。だから巷間、この事件で左翼運動は急速に勢いを失ったとされている。「政治の季節」は終わったとされている。でも、それはちがう。

「これほど注目されるなら革命も……」という類の野次馬的革命気分は、確かに七〇年代初頭の日本にはまだ残っていた。しかし、断言してもいいが、それはもう革命的気分の残り滓でしかなかった。「政治の季節」は、事件以前に、もうはっきりと終わっていたのだ。

『連合赤軍事件』は巨大な事件だったが、「革命的気分」を一気に萎えさせるほどに巨大だったわけではない。後日の解説や理解にはそこに間違いがある。

その間違いは「あの時代」の体験に対する評価の矮小化につながる。たかだか、その程度の革命気分でしかなかったのかという冷ややかさにつながる。つたなくもその時代を生きた者としては、それは耐え難い。

『連合赤軍事件』は、言ってみれば時代の終焉を告げる鐘ではなく、時代への弔いの鐘だった。既に死んでしばし経つ者への、酷すぎる響きの弔鐘だった。

そして間もなく、今度は世界が、より音量の大きな、酷い時代への弔鐘を聞くことになる。カンボジアでの、ポルポト革命政権による大虐殺とその発覚である。

二、全共闘運動はいつ「終わった」のか

一九六九年九月六日、弘前大学全共闘（準備会）は大学本部のバリケード封鎖を決行した。その前日、九月五日には各大学全共闘の統括組織「全国全共闘」が結成され、結成大会が日比谷公園で行われていた。代表は東大全共闘の輝ける指導者であり、有為の物理学者として既に著名だった山本義隆氏で、副代表は、東大をしのぐ動員力と活力で全国にその名を轟かせていた日大全共闘議長の秋田明大氏だった。

しかし、一月の東大決戦直前から地下潜伏の状態だった山本氏は、結成大会で登壇した所で「待ってました」とばかりに逮捕された。秋田氏は、三月以来もともと獄中の人だった。代表と副代表を欠いた全国全共闘は、当初からその機能不全を公言していたようなものだった。

実際、全国全共闘なるものに期待をかけていた全共闘活動家はほとんどいなかっただろう。全共闘（全学共闘会議）という組織は、もともと一九六五年、早稲田大学での学費値上げ反対闘争の中で立ちあがったものだったが、その名に反して正規に代議機関らしく成り立っているものではなく、「全学」とも「共闘」とも馴染まない、自発性をたよりの烏合集団だった。

後に、日大全共闘の中心メンバーの一人だった田村正敏氏等が北海道で立ちあげた『勝手連』が、そのスタイルにおいて全共闘に似ている。勝手連は北海道知事選で勝手に社会党の横路孝弘を擁立

し、そして当選させてしまうのだが、一切民主的な代議手続きに依らない。勝手に○○の代表だと名乗ってもいいし、単なる個人資格でもいい。後に首相まで登りつめる、やはり全共闘の活動家だった菅直人が市川房枝の擁立で使ったのもこのテで、「勝手にやってなにが悪い」という究極のひらき直り集団に他ならない。

そういう、組織とも言えないような組織が出て来た背景には、「民主的手続き」というものへの根本的な不信感がある。

現在の保守政権がそうであるように、多数決を原理とする代議制度は必ずしも多数の代表者を産まない。支持率で四〇パーセント程度もあれば上々で、それでも代議機関では圧倒的な多数派になれ、その代表として「民主的指導者」を推挙できる。

「代表」の選出過程にさして関心のない権利資格者がその権利を行使しないからで、国政選挙でさえその棄権率は半数近くにもなるのだから、もともと関心の低い学生自治会などでは「民主的手続き」の形骸化はあらかじめ約束されている。

六〇年安保闘争で猛威をふるった『ゼンガクレン』に懲り、一九六五年に「再建」された日本共産党系の『全学連』は、こういう「民主的手続き」の上に成り立っていた。

そんな手続きなぞ知るものか、と、一方は当初から居直っているのだから始末が悪い。クラス代表、学科代表等々と勝手に名乗るふてぶてしい個人が寄り集まって勝手に「共闘」し、「全学組織」なるものがいつのまにか出現する。

もともと「全共闘」などというものはそういうものだから、それが更に寄り集まって全国なんたらと名乗ってみたところでたかが知れている。全国的なよく統制された組織が生まれるわけがない。まして、『全国全共闘』は発足したその時点からツートップを欠いていた。結成大会の参加者レベルでも、その実際の機能に期待していた者は皆無に近かったのではないか。

そういうことだから、結成翌日には木造の大学本部入口にバリケードを組んだ少数の烏合集団『弘前大学全共闘（準）』のメンバー達も、「全国全共闘」をいささかも頼ってはいなかった。もちろん「民主的手続き」もなく、それどころか事前の煮詰った交渉過程すらなく、「勝手に」封鎖というような乱暴な手段に出たのだった。

『全国全共闘』の結成は、皮肉なことに全共闘運動の終幕を告げるものだった。同時期に闘争拠点校だった京都大学や広島大学では封鎖が解除され、文部省や治安当局は、新規につくられた「大学管理特別措置法」をふりかざして「大学正常化」に本腰を入れ始めていた。

もちろん、一般学生が「闘争」に飽いてくるということもあった。過ぎた一月の東大安田講堂の落城での「ピークは過ぎた」感もあった。そしてなによりも、「闘争」の質的変化も見逃せないほどになっていた。

安田講堂の籠城戦が象徴するように、「闘争」の形態は既に元来ノンポリだった一般学生がついていけない様相になり、プロを自認する党派活動家達が主役にとって代った。大学改革や不正告発のような一般学生の共感を得易いテーマも後景に退き、代って『三里塚』や『沖縄』といった政治色の濃いターゲットが闘争の目標物に据えられるようになり、党派が、そうしたなかでやはり発言力を増した。

山本義隆氏や秋田明大氏といった生粋のノンセクト有名人をあらためて前面に出した全国全共闘の結成は、そのような状況を考えるなら、一種の「党派隠し」であったのかもしれない。

二〇一七年秋、千葉県佐倉市に在る国立歴史民俗博物館で行った企画展『1968年／無数の問いの噴出の時代』は、一九六〇年代末の運動の主体を「個」と捉えている。主催者の意図は図録の冒頭でこう語られている。

〈この企画展示は、日本の社会運動が、それまでの組織的な問題設定・問題解決方式に対し、「個」「私」の主体性を、そしてだからこそ、それぞれの人々（「わたし」「われ」）が、それぞれに抱える問題を考え、「あなた」と議論し、時に「われ」と「われ」が結び、さらに社会に向けて「問い」を発することを重視するという特徴を強く顕しはじめた1960年代末の運動の姿に光を当てようとした…〉

そして
〈展示のタイトルは、その数年の運動の高揚期の中で、最も尖った山場にあたる「1968年」という年をもって象徴的に表現しました〉とも。

小熊英二氏の時代総括的大著の表題が『1968』（新曜社）であるのも同じ理由からだろう。そして、それは正しい。

ベトナムの反戦運動に発し、アメリカの公民権運動とヨーロッパの学生反乱、そしてチェコスロバキアでの反クレムリン民主化運動、と、西と東の両陣営で同時的に高まった世界的な世直し気運が日本に伝播しないわけはなかった。ましてや日本には伝統と化した反安保闘争があった。奇しくも一九七〇年には、十年ごとに更新される条約の節目が来る。革命的状況の高揚は、半ばは約束されているようなものだった。

しかも、その運動の主体は「個」である。

コミンテルンによる方針の押しつけで大打撃を被った日本共産党は党是の大方針を「自主独立」と変え、それによって事は足りたとしていたから、その後に来たスターリン批判には対応できなかった。それでは当然「個を主体とした運動」など領導していけるわけがない。いきおい、出番は新左翼とノンポリに巡って来ることになった。

しかし、「個」に優しい社会運動には限界がある。求められる覚悟と残酷さが増し、有無を言わせない強い指導力がなければだめだと思うようになる。そしてその時点で、「個」にこだわるような人間的な社会運動は（大スケールの運動としては）終わるのだ。

全共闘運動がいつ終わったのかという問いへの答は、だから「一九六八年一杯からそう時の経たないうちに」ということになる。

あとは急進諸党派が主役を争ってしのぎを削る時代だ。まかり通るのは革命の戦略論であり、如何にしてボルシェヴィキ的規律を持った強大な党を建設するかというような、言ってみればとてつもなく現実離れした空論ばかりだ。そういう論議にはノンポリから転じたノンセクトラジカルはついていけないから、次々と現場から降りていくことになる。「政治の時代」はそうやって（連赤事件の衝撃によって急激に、ではなく）ゆるやかに終わったのだ。

三、社会主義はいつ「終わった」のか

〈親愛なる同朋よ！
背信の軍隊によって、ワルシャワ条約機構五ケ国軍のチェコスロバキアへの干渉がなされ、その後事態は我々人民にとって益々ひどいものとなってきている。かかる悲劇的状況にあって、我々は諸君に向って、チェコスロバキア学生運動との連帯を示威するよう訴える——中略——〉

この文章は弘前大学全共闘（準）の機関誌的発行物となっていた『こんみゅん』に掲載されたものだ。『こんみゅん』はわずか三人（後に四人）の小所帯が発行していたB４版二ツ折り十ページ程度のタイプ印刷紙で、頒価は十円となっているが、ほとんどは無料で配付された。資金をどう工面していたのか、今となっては記憶も覚束ないが、安田講堂攻防戦で編集員三名を失った後も、応援を得てなんとか十数号までを出し続けた。当該文はその第六号。一九六八年十二月十四日付号に掲載したもので「編集会議訳」となっている。四名のうちの、僕以外の誰かが訳したらしいが、誰であったかも、もはや記憶にない。

当時、『プラハの春』は八月のソ連軍侵攻でもう圧殺されていた。改革派の指導者ドプチェクは拘束され、クレムリン主導の反動攻勢は、非武装の市民の抵抗を力で排除しつつ強行されていた。「11月17日行動委員会」の名による文章は更に続く。

〈我々人民の内政上の事柄に対するソビエト指導部の度重なる干渉に反対して、我々は政治闘争における非暴力的形態（大学における大衆討議、街頭デモ、学生大会、学生ストライキ、シット・イン等々）で闘ってきた。我々は今、我々の生活から政治的な言論と集会の自由を跡形もなく奪い去ろうという法案に反対して、闘争を組んでいるのである。

我々は、共産党内部で生長し、党より黙認され、ソビエト権力エリートの軍・文支配層と密通してテロで以て人民に攻撃を加えながら社会主義進歩勢力の圧殺を狙う疑似ファシスト的要素が大きくなっていくのに反対する闘争を組んでいるのである。

――中略――

明日の日曜日、11月17日、我々は国際反戦デーを祝う。この日はプラハの一学生 Jan Opletal の悲劇的な死の記念日である。彼は29年前、ナチの侵入に抵抗する闘いの中で死んだのだ。そしてきょうは又、今年の8月20日の革命的な抵抗運動の盛りあがりの中で死んでいった人々のことを想い起こさねばならない。

親愛なる同朋よ！　我々は諸君に向かって、チェコスロバキア人民、その社会主義建設闘争、チェコスロバキア学生、そして我が国の全ての青年との連帯を、諸君が示威することを訴える

――以下略――〉

当時、一九六八年はまさに大詰めに来ていた。同じ時に、社会主義改革運動のトップランナーだったチェコの先進的な学生・労働者達はこのような追いつめられた状況下に居た。彼らにとって、

友邦として越境してきたソビエトとその忠実な同盟諸国の軍隊は、ナチスの侵略軍とまったく同じように見えていたのだ。

だとすると、ソ連を最高の達成形態としていた社会主義とは何なのか。誤りを正したかに見えたスターリン批判とは何だったのか。軍事力の行使によってしか保持し得ない社会主義体制というくくりは何なのか。

疑問は次々と連鎖せざるをえない。

既に、当初は大いなる幻想に彩られ、あたかも硬直した社会主義体制を改革するお手本のようにも見えた中国の「文化大革命」も、メッキがほぼ剝げ落ちていた。毛沢東の個人崇拝は明確になり、紅衛兵達のステレオタイプ化された集団行動は、「造反有理」などというスローガンとは無縁の、権力闘争の手段と化した異様な傀儡《くぐつ》芝居であることが露呈してきていた。

既存の社会主義体制は改良できるのか。新しい、「人間の顔をした」社会主義をめざす革命は可能なのか。否。非人道的な戦争に反対し、同じく非人道的な搾取に反対し、資本の横暴と差別を排し、不平等と不正を正す社会を実現しようとする時、その社会の名は「社会主義」でなければならないのか。

そうした疑問は汎《ひろ》く湧きあがってきていた。

党派の活動家達も同様の問題を論じ合っていた。スターリニズムに依然として毒されている社会主義国を認めるべきなのか、それはいったい革命の側の友邦として護られるべきものなのかどうか……。

大杉栄は大正時代に、既にこの問題に明確に答えている。

彼は言う。

〈ボルシェヴィキ政府に対する批評！　僕はそれをずいぶん長い間遠慮していた。僕ばかりではない。世界の無政府主義者の大半はそうだった。また、革命の最初にはみずから進んで共産主義者らの共同戦線に立ったものも少なくはなかった。ロシアの無政府主義者らは、ほとんどみなそうだと言ってよかろう。

ロシア以外での無政府主義者は、一つにはロシアの真相がよくわからなかった。そしてもう一つには、実際反革命がいやだった。そして彼らは十分な同情をもって、ロシア革命の進行を見ていたのだ。

が、真相はだんだん知れてきた。労農政府すなわち労働者と農民との政府それ自身が、革命の進行を妨げるもっとも有力な反革命的要素であることすらがわかった。

ロシアの革命は誰でも助ける。が、そんなボルシェヴィキ政府を誰が助けるもんか。〉「ロシア革命論・なぜ進行中の革命を擁護しないのか」（一九二二年）

無政府主義者大杉は「生死生に答える」という小題の同じ文章の前段でこうも言っている。

〈一足飛びに天国へ行けるかどうかは僕も疑う。しかし無政府主義へ行くにはまず社会主義を通過しなければならぬとか、ボルシェヴィズムを通過しなければならぬとかいうことは、僕は無政府主義の敵が考え出した詭弁だと思っている〉

大正時代、アナキストとボルシェヴィキ支持派の間の論争、いわゆる「アナ・ボル論争」はとても活発だった。それは前世紀のマルクスとバクーニンの論争のやき直しで、大御所二人の論争もその国内版も、マルクス・レーニン主義の側の公式評価では圧倒的に結着がついたということになっている。マルクスの側が勝ったのだ。当然なことに。

一九六〇年末の左翼運動には無政府主義の傾向が強く漂う。僕が所属した『べ平連』はまさしく無政府主義をゆるく実践した組織だったし、ヘルメット部隊にも黒旗黒ヘルの集団がいた。

しかし、運動の中で「アナ・ボル論争」が交されることはなかった。それはやはり「結着がついているもの」だという暗黙の了解があって、べ平連も黒ヘル集団も敢えてそれをむし返すことはしなかった。

だから、運動後半の内部論争では「党建設論争」ばかりが耳についた。

四分五裂した党派同士が「強大な党」の建設構想をぶつけ合う。どうせ出来もしない空論同士なのだが、論争は熱を帯び、角材での殴り合いになり、ついには内ゲバ・殺人という、ヤクザ組織の抗争もどきの物騒な争いになった。

「党建設」と並ぶもうひとつの党派間論争の重要課題が「武装問題」だった。

一九六七年の羽田闘争から登場したヘルメットに覆面のいでたちは、頭の負傷と「面割れ」を防ぐもので、これは当初から武装とは見なされなかった。やがてデモ隊が角材や竹竿（旗竿）を持つようになり、舗道の敷石を割って投石するようになっても、権力側の圧倒的な武力に対してあまりにもひ弱そうなそれは、「武装ではない」とされていた。

しかし、大学を拠点とした闘争が潰され、街頭デモの動員数が落ち、運動の高揚感がうすれていく中で叫ばれ始めたのが「大衆武装」というスローガンだった。

そこでいう「武装」というのがいったいどういうレベルのものなのか、角材や石以上の、いったい何を持とうとしているのかがいっこうに不明確なまま、ただ声の大きさだけを競い合うような「論争」の中に登場したのが「赤軍派」だった。

銃と爆弾による武装を、彼らは公言してはばからなかった。武装した集団を実際につくりあげ、蜂起する戦略を彼らは「前段階武装蜂起」と呼んだ。

革命の機が熟したから、ではなく、機を熟させるために、敢えて機が熟していない「前段階」でも起つというこの意思表示は、諸党派の中でも異彩を放った。それはまさしく二昔前の無政府主義的な冒険主義「一揆主義《ブランキズム》」なのだが、マルクス・レーニン主義に立つ多くの党派はそれを「無政府主義ではないか」と古風に論難することは、なぜか敢えてしなかった。

小題に戻る。社会主義はいつ終わったのかという問題だ。

「一九六八年」に、それは既に終わっていたというのが僕の考えだ。僕が考えるだけでない。社会主義の再生にかけた最後の望みを体現するかのようなチェコスロバキア人民の試みを戦車で圧殺した時点で、つまり、ブレジネフドクトリンという鉄の鎖で縛りあげなければ社会主義陣営とその体制はもたないのだと公に認めてしまった時点で、社会主義は自らの終わりを告白してしまっていたのだ。

そこから一九八九年までの二十年余は、現実に、物理的な崩壊現象としてその「終わり」が顕れるまでに要した単純な時間経過に他ならない。

既に、一九八一年にポーランドの自主管理労組『連帯』の議長として来日したレフ・ワレサは「我々の理想はポーランドを日本のような国にすることだ」と発言していた。彼はもう、一九六八年のドプチェクのように、新しい社会主義をめざす、というような空疎なことは言わなかった。

戒厳令をしいて『連帯』を弾圧したヤルゼルスキも賢明な人だった。彼もまたドプチェクの轍は踏まなかった。ソ連に侵攻の口実を与えず、後に登場したゴルバチョフとの間合いをうかがいつつ、自らは悪役に徹して一九八九年の『連帯』の圧倒的勝利をお膳立てた。

後に東大総長になった法政治学者佐々木毅氏が「ベルリンの壁崩壊というような事態は政治学者は誰一人として予測していなかった」と語ったのは、悪い冗談でなければ政治学という学問全体を貶めるものだろう。

　本来なら、学問を積んだ政治学者は、ベルリンの壁という物質の崩壊現象をではないにせよ、「社会主義の終焉」そのものを、一九七〇年前後には、予測していなければいけなかった、はずだ。

Ⅱ　革命とサブカル

一、新左翼運動のサブカル性

「われわれは明日《あした》のジョーである」

一九七〇年三月末、日航機『よど号』をハイジャックして北朝鮮に渡った赤軍派グループが残した声明文の有名なくだりだ。

いうまでもなく、ちばてつや作画、高森朝雄（梶原一騎）原作の超人気漫画をもじったもので、犯人グループの一部か、もしくはほぼ全員が愛読していたのだろう。

ちなみに、事件が起きたのはまさに同作のテレビ放映が開始された時だった。この声明文の効果もあったのか、テレビ番組『あしたのジョー』の視聴率は常時三〇パーセントを超えた。テレビアニメの視聴率が総じて高かった当時にあっても、それは大ヒットといえる数字だった。

もうひとつ、ちなみに。

『あしたのジョー』を制作していたのは虫プロダクションだった。

手塚治虫が手塩にかけて育てた虫プロは、当時「手塚はもう古い」と半ば広言し、手塚作品以外をせっせとアニメ番組化していた。『あしたのジョー』もそのひとつで、会社は演出・出崎統、作画監督・杉野昭夫という、最良の組み合わせと最強の作画チームをその制作にふり向けていた。

さらに、もうひとつちなみに。

僕が虫プロダクションに偶然のように拾われて入社したのは同年の九月である。翌年明けから配属されたのは「最弱」とも言えるチームで、そのチームが手がけた少女漫画作品『さすらいの太陽』の中盤に、悪いことにヒロインの少女のボーイフレンドのボクシングシーンがあった。

音入れ前の、荒編集をしたフィルムを「ラッシュ」といい、普通、それはスタジオでスタッフ達がひっそりと見るのだが、どこで聞きつけたのか、問題のシーンのある回のラッシュ試写には『あしたのジョー』班の「精鋭」達が団体で来た。電車をわざわざ乗り換える遠隔地まで、「冷やかしに」である。そういう社内の空気だった。

話をもとに戻す。

当時は「大学生が漫画を読む」ことが話題になった時代だった。

実際、辺りをはばかることもなく、大学生達はよく漫画を読んでいた。弘前大学の場合、貧乏学生が大半の地方の国立大学だったから、読んでいるのはたいてい書店の店先で、である。漫画雑誌を購う金も節約したいから立ち読みですませるのだ。いきおい、これは人目につく。「いい年の大学生が漫画を」と、見た人は眉をひそめる。そうやって汎《ひろ》く話題にもなるのだ。

言い訳めくが、僕は漫画を読まなかった。

中学・高校と暇さえあれば漫画を描いていたのに、「非現実的」と漫画家になることをあきらめてからは、生意気に「漫画は卒業した」と思うようにしていた。

が、全共闘系の学生達には漫画を「卒業していない」者が多かった。いや、卒業「していない」のではない。卒業「しない」と言ったほうがいい。その傾向が、赤軍派も強かったのだろう。

植垣康博氏の組織内での通り名は「バロン」である。当人も気にいっているようで、現在も経営するスナックの店名にしている。

「バロン」というのは当時の人気漫画『昭和柔俠伝』の作者バロン吉元さんからとっている。劇画家に分類される人だが、いい意味でのアメリカかぶれで絵がお洒落だ。特に女性の描線に独特の色気があって僕も好きだった。御当人はいたって軽妙洒脱な人で、僕は後で漫画団体を通じて知己を得るのだが、その時に訊かれた。

「あなた、赤軍派の植垣を知っているだろう？　俺、会わされたよ」

バロンさんは、意外な読者との縁に驚いているふうだった。

『こんみゅん』の編集子の一人で安田講堂逮捕組の一員でもある日角健一氏が、三里塚現地闘争本部で与えられた名前は「ジャコ万」だったそうだ。こちらは『男一匹ガキ大将』に出てくるキャラクターで、「北海道出身だから」そういうことになったのだという。彼の所属していたのは赤軍派とは系統の違う「第四インター派」だったから、マンガ好きの傾向は党派を問わなかったのだろう。

マンガが好きだっただけではない。

新左翼系はヤクザ映画も好きだった。

橋本治氏創案の東大学祭の有名なコピーフレーズ、「とめてくれるなおっかさん。背中の銀杏が泣いている……」は、今で言えば流行語大賞級の傑作で、東大闘争以外でもその気分は汎《ひろ》く共有された。

また、ちなみに、なのだが。

弘前大学の本部封鎖時、僕は当夜をバリケードの中ですごし、二日目にやっとアパートに寝に帰ったのだが、朝、キャンパスに戻ってみると聴こえてきたのは藤純子の唄う大音量の『緋牡丹博徒』だった。

「やってるナ」と、思わず苦笑して、悪い気はしなかったものだ。

まだある。

新左翼はエロも好きだった。

「革命をするとセックスがしたくなる」というのも、よく聞かれた当時の悪ぶった流行語だ。

全ては、要するに日共主導の、お行儀のいい文化論へのアンチだった。「エロ・グロ・ナンセンス」を叩く決まり文句に対し、「全部、いいじゃないか」と、青臭く反抗したということだ。

実際、当時の日共の文化観念は呆れるほどに硬直していた。

大学に入学して早々、志願して入った民主青年同盟で最初に読めといわれたのはオストローフスキーの『鋼鉄はいかに鍛えられたか』だった。

読書傾向の「点検」もあった。

大学班の定期会議でそれが行われた時のことだ。マルクス主義の指定文献や赤旗の論文を学習しているという声の続くなかで、会計を担当していた二学年上の実直そうな農学部生が言った。

「小説を読んでます」

「えっ?」と、座の空気がちょっと硬くなった。「何を?」と、議長役の先輩が訊き返した。実直氏は、普段はあまり見せないような悪戯っぽい目をしてそれに答えた。

「宮本百合子」

「ああ。それならいいんだ」

小さな緊張はいっぺんにほどけた。

もし彼がこの時、五味康祐とか大藪春彦と答えていたらどうだっただろう。中野重治と答えたなら、一座はたちまち査問の場になっていたかもしれない。日共の寡占状態にあった旧左翼の文化的度量は、こんなふうに狭い状態にあった。

しつけの厳しい親に対してわざと悪ぶって見せていたような当時の新左翼のお行儀の悪さが、後に隆盛をみるサブカルチャーの直接的な源ではないかと思うようになったのは、じつは比較的最近のことだ。

それまでは、僕はひたすら「脱政治」の断絶ばかりが気になっていた。

「政治」が一転して流行《はやら》なくなる中、「面白いもの」を求めて軽快に生きる俗称「シラケ世代」の後輩達を、ずっと、まぶしいものを見るように見ていた。

後にアニメブームに火をつけるトレンドウォッチャー達は、その「シラケ世代」から出てきた。

虫プロをはじめ、アニメ業界の大手プロダクションが続々と倒産するか倒産しかかるという最悪の時期をくぐって、玩具メーカーという、頼れるほとんど唯一のスポンサーにすがって俗悪なロボットアニメなぞをつくっていた時に、傍に寄って来る彼らを、ぼくは最初、小意地の悪い冷やかし屋連中なのだろうと思った。

友人を介して出会った中島梓（栗本薫）もその一人だった。

群像新人賞を早稲田の在学中にとって、堂々と文壇というメインカルチャーの場にデビューしたはずの彼女が、「ほんとうは少女マンガ家になりたかった」と語る現象は信じられなかった。

しかし、その後の彼女の作家活動は言葉に嘘がなかったことを証明していた。彼女は若やいだミステリーを書き、長大なヒロイックファンタジー小説に手をそめ、ファンクラブをしたがえて宝塚ばりの創作劇に没頭した。彼女の才能と知性をよろこんで迎えいれた筈のメインカルチャーへの未練をいささかも見せないまま、彼女は病を得て、死んだ。

やがて、世間が総体的にサブカルチャーに優しくなる時代が到来した。学生が読むとはなげかわしいと、かつて言われていた漫画の、そのおこぼれにすがっていたようなアニメ界にまで陽が当たるようになった。陽が当たるだけではない。アニメになぞ、過去も現在も別段関心がなく、当然見る目も持っていないと思われる政治家や役所や自治体の位の高い人が、「日本が世界に誇るべき文化」だなどと言うようにさえなった。

世の中も、なんと変わったものだ。

しかし、「変わった」と、単純にそれを言祝ぐわけにはいかない。いかがなものか、という白眼視もバッシングも、その片方にあるからだ。

一九八九年に発覚した『宮崎勤事件』時に吹いた逆風は、その最たるものだった。彼のアニメ狂いと自閉的生活、社会とのコミュニケーション不全が「幼女連続殺人」というおぞましい犯罪を生んだとされ、彼のようなタイプの総称である「オタク（もしくは、おたく）」が、総じて犯罪予備軍であるかのように見られかねない空気にさえなった。

当時、僕は自分のアニメ才能に見切りをつけ、漫画家に転身していた。そして、そのタイミングで事件が表面化したことに非常に安堵していた。

「現役のアニメ屋でなくなっていてよかった」と、僕は本当に心から思った。

そう思ったのは、じつは以前から不安があったからだ。アニメファンと称して増えていくオタク達に対して、「大丈夫なんだろうか」という懸念が、その数と比例するようにふくらんできていたからだ。

それは、今にして思えば、全共闘運動終末期の不安にも似ていた。実態のない観念が、当時は独り歩きしていた。「革命」「武装」「党建設」……。

かつては実直な「個」の表白のように口にしていた「自己否定」や「実存」や「疎外」というような用語もスカスカになっていた。

コミュニケーション力が失なわれ、あるいは自らそれを放棄し、特有な言語と興味、関心のタコツボの中に各々が入り込み、いたずらにイラだって他者に攻撃的になるような行き止まり感。

いつか体感したそうしたものに似た空気は、悪いことに、僕がメインスタッフの一人となってゼロから立ちあげた『機動戦士ガンダム』の続編世界と、それを取り巻くファン達の世界にもっとも濃くたちこめていた。

おりしも、「アニメもなかなか面白そうだ」と感じた新才能達が、アニメ界には続々と新規参入してきていた。ファン層からは新しい作り手が生まれ、大友克洋のような異才が、常識を蹴破って漫画界から越境してきたり、「良いものは良い！」と公認された宮崎アニメが、彼の出自である日共的臭みをその豊かな才能で上手に包みかくして、圧倒的な国民映画としての不動の位置を確立したりもしていた。

ころあいの良さは充分すぎるほどだった。

もうここに、自分は居るべきではないと思った。

かつて「闘争」の現場から早々に降りた時のように、誰にもそうと気付かれぬのを可しとする気分で、アニメというサブカル世界からも、僕は退場した。

二、「オタク」とは何か

「オタク」とはいったい何だろう。

若者文化に理解があった数学者の森毅さんは「オタク」を心配する声を聞いて、「僕もオタクだ。数学オタクで今こうなっているんだよ。専門家なんて皆そんなものだ」というふうに言っておられたが、現実に「オタク」を知っていた僕は「先生、それは違うよ」と思った。

たしかに、ゆるやかな意味では、ある対象に対して異常に詳しい者を周囲は「オタク」と呼ぶ。呼ばれたほうも、別に悪い気はしない。しかし、異常に詳しかったり、関心が異常に強いだけではその人は「オタク」ではない。単に「マニア」と呼んだほうがいい。「マニア」は度を超すと「スーパー・マニア」になる。カタカナ語がなくて言葉遣いへの配慮も薄かった時代には、それを「○○気違い」などと呼んだのだろう。森先生のような人は数学気違いが昂じて学者になられたのだろう。

「オタク」の語源は二人称の呼びかけに発する。

相手に呼びかける時には普通なら名前を呼べばいいし、名前が不明の時は「あなた」とか「きみ」と呼べばいい。しかし、僕も内気なほうだから、こういう呼びかけをすることにちょっと臆する気分は理解できる。そういう気分の時には「お宅」という妙にモヤッとした言葉は使い勝手がいい。

「お宅」というのは相手の家、もしくは家庭のことだ。相手をさしているようで、ストレートに相手そのものでないというところが、なんとも曖昧で対人恐怖感を和らげてくれる。

そういうことだから、その呼びかけかたはコミックマーケットのような、個人とグループが混在して集まる場に適していた。従って重宝され、たちまち、そのような特殊な場を離れて一種の世代語にまでなった。

「おたく」の命名者はコラムニストの中森明夫氏ということになっている。記録を辿るときっとそうなのだろうが、別に誰が命名したのでもいい。そういう呼び名がいかにもしっくりして、世間に定着したということのほうが大事だ。

問題は、サブカルチャーの隆盛の中から、対人恐怖的なコミュニケーション不適応現象が出てきて、それが、サブカルチャーを時代的に色付けるほどにまでなったということだろう。

僕の関係したアニメ作品『機動戦士ガンダム』が、若干この問題にかかわる。

その中に「ニュータイプ」という概念が登場する。いっとき、それは何だという議論がかまびすしかった。

ひとつの解釈として、宇宙時代には新しい有能な種が現れてやがて彼らが人類の歴史を一段の高みに導く、というようなのがあって、それを現在でも僕は「認めない」と言っているのだが、「オタク」の登場を認識した当初は、若干意味あいこそ違え、僕は彼らを、じっさい「新種の世代」かと思った。

彼らは、まるで興味という水槽の中にいるように見えた。対話はガラス越しのようでとらえようがなく、「空気を読む」ふうもなく、こちらの云いに、じつはごく限定的にしか反応してくれていないこともわかった。

「こういう連中がいったい以前にもいただろうか」と、僕は考えた。

当然いたにちがいない。しかし集団で、固まりのように存在したことはあっただろうか。自身の短い人生をふり返るだけでは、思い当たることはなかった。

「こういう連中が、将来、いったいどうなるのか」。それを案じたこともあった。が、自分が見慣れたのか、それとも当の「オタク」達も、時代を経て角がとれてきたのか。たぶん、何よりも、僕自身が「オタク」ファンの多いアニメ界から退いたということもあって、「オタク問題」の影は以後、僕からはずいぶん遠のいた。

三、サブカル的政治・革命

覆面で顔をかくすという匿名性。大衆団交に見えるコミュニケーションの断念。パフォーマンス化した演説。冗談や偽悪的ポーズもとり入れた劇場形の派手な行動。現実から非現実へと、軽々と飛翔してゆく空論と大言壮語。

一九六〇年末の新左翼運動に間違いなくあったこうした要素は、ひとつひとつに、硬直した旧左翼運動（その全体を「スターリニズム」と呼んでいいと僕らは考えていた）への反対の意思をこめたものだった。

なにかと批判の多かった大衆団交でさえ、話し合っても所詮埒のあかない問題を、あたかも話し合って解決できるかのように装飾されることへの拒否としてあった。派手で無責任な行動にさえ、真実を隠して餌で誘導するような旧左翼的なやり方の対極として、「こっちは好きにやるから、そちらも自由に、好きに受け取ってくれていいよ」という、当時はやりだったブレヒト劇の「異化効果」を狙う意図があった。

『よど号ハイジャック事件』を含む赤軍派の一連の行動が、『浅間山荘事件』までは、まだ幾分かの支持と容認の目で見られていた理由は、民主主義の虚構や社会主義の嘘をさんざん見せつけられていた市井の人々の、「そんなに言うんなら、まあ、やってみろ」という寛容さが、一定のレベルで残っていたからなのだろう。

『連合赤軍事件』の衝撃がその寛容さを打ち消してしまった後には、否応なく「脱政治」の時代が来る。事件の、あまりにも暗く重たい否定性のために、「政治」はもう容易には受肉することができない。そして。

長い時間（といっても、それはたかだか数年程度にすぎないのだが）を経て、全共闘運動のモチーフは全く別の装いをもって顕れる。サブカルとして、である。


もともと相性の悪くなかった両者はこのすりかわりに気がつかない。もちろん、そこには世代の交代もある。高度成長期からバブル期へ、国民総中流化社会へと向かって、社会がまだ安定的な余裕と活力を持っていたということもある。元来、存在すらしなくても誰も困らないような文化の片隅の余分な領域に、何が、どう芽生えようと誰も拘泥しない、そんな時代だったということだ。

僕はサブカル評論家ではないから、サブカルチャーと呼ばれるものの全体像を知らない。比較的近い領域だった漫画や特撮もののことも、知らない。だから、「サブカル」といっても、たかだか僕の棲んでいたアニメ界の、そのまた周辺部程度の狭い領域についてしか語ることができない。

先に書いたアニメ界の最不況期にも、例外的に元気だったのは東映動画が製作していた『マジンガー・シリーズ』だった。秘密基地に拠る強力な正義のロボットが、くり返し現れる邪悪な的を撃退し続けるというもので、多才な表現者だった永井豪が、前世代の大ヒット作品、横山光輝の『鉄人28号』をバージョンアップして、類似のシリーズを含む盤石のラインを構築していた。「巨大ロボットもの」と称されるこのテのものを、かつて「アメリカに護られる日本を戯画化したもので、巨大ロボットとは安保条約下のアメリカ軍だ」と評した若い批評家がいたが、残念ながらそれは的をはずしている。

永井豪は善悪の対立よりもむしろ世界の裏表に関心の深い魔性を秘めた作家だが、明らかに「政治」には興味を持っていない。年齢は僕よりも上だが、作家性においてはむしろ後続の「面白いものはないかっ」という世代に近い。気持ちが若いのだ。安保条約をもじるというような爺ィ臭いことをする作家ではない。

「巨大ロボットもの」という人畜無害なジャンルで最初に微妙な一線を越えたのは富野喜幸（現・由悠季）だろう。

『機動戦士ガンダム』の原作・監督である彼は、その二作前に『ザンボット3《スリー》』という小品を作った。異星に存在する「絶対悪」が派遣した醜怪な侵略者と、やはり宇宙から太古にやって来た神一族の子孫である主人公とその家族が闘うという、相当に荒唐無稽な話なのだが、富野ははじめてその闘いを「戦争」というかたちで描いたのだった。

秘密基地とそこを拠点とする強いロボットに護られた、基本的に安全な小世界というそれまでの舞台設定の基本を富野は捨て、敵と戦いつつ難民化する仲間達を援護するという、生々しくリアルな展開を敢えて選んだのだ。難民達は北上し、舞台には青森県野辺地というような実在するマイナーな土地が当てがわれてゆく。これは、いわば後に定番化していく「御当地もの」路線の魁《さきがけ》にもなったと言っていい。

のみならず富野は、主人公の仲間が悪によって人間爆弾にされ、爆死させられるという、今日のISのやり方を想わせるような表現も敢えて行って、子供番組の禁止区域に（たぶん意識的に）乱暴に踏み込んだ。

だが、断っておくが富野は政治的人間ではない。六〇年安保と全共闘運動のちょうど中間に映画学科で学生生活を送った彼は、本人もはっきりと認めるように、政治的テーマをむしろ忌避するタイプの表現者といえる。

彼の代表作『機動戦士ガンダム』の特に第一シリーズには、たしかに政治的要素がかなり濃厚にただようが、しかしそこでも、彼の表現の主眼は、あくまでも登場人物達のリアルな造形にあることが判る。後で述べる「世界系」のスタイルを、彼はとらないのだ。

『機動戦士ガンダム』の成功は同業者と後続してくるランナー達に大きな刺激を与えた。類似の作品が何タイトルもつくられ、富野自身がつくった続編群と合わせて、そこにはまたひとつのジャンルが形づくられた。

このジャンルに「政治」を持ち込んだのは、若くて才能にあふれた庵野秀明とその仲間達だった。一九八〇年代末、彼らは驚異的に高精細な画面と思わせぶりな政治臭をまとった話題作『王立宇宙軍・オネアミスの翼』をつくった。

米ソ冷戦を思わせる政治的緊張のなかで、森本レオがけだるい声で演じる主人公は最初の宇宙飛行士として大気圏外に飛ばされる。下界でくり広げられる小ざかしい政争や戦闘を見下して、森本はあくまでもけだるく、「地球は青い…」とガガーリンばりに呟く。そういう映画だった。

この映画を観て、僕は強い違和感をおぼえた。若い、有能な彼らの表現技術に舌を巻きながら、「なにか違う、違う」と思った。

印象に残っているシーンがある。

歴史的快挙となるロケットの発射を阻止すべく、敵国の役人か軍人かが政府高官に指示を仰ぐ。高官はバスルームにいる。いかにも大物らしい声音で、その高官は部下に指示を下す。その時、画面の下辺に高官の肩書を示すテロップが出る。

『○○○○政務次官』

たしかそのようなテロップだった。「次官」という妙にリアリスティックな部分が強く印象に残った。

何故普通に「大臣」や「長官」ではないのか。たかが「次官」がこんなにエラそうにしているということに、何か格別な意味があるのか。いや、あるまい。つくり手はありきたりの「大臣」や「長官」ではなく、「次官」という政治的にリアルな響きをもった肩書を「つかってみたかった」のだろう。

そう、僕は結論づけるしかなかった。

庵野氏の新しい話題作『シン・ゴジラ』を僕は未だ観ていない。別に他意はない。「そのうちに」と思っているうちに見逃してしまっただけの話だ。これから、観させてもらう機会はいくらでもあるだろう。それを楽しみにしている。

聞くところでは「次官が活躍する話」だそうだ。ただし、どうやら『オネアミス』のようにバスルームで威張っているような「次官」ではなく、今度のは若くて汗をかく有能な「次官」や「次官達」らしい。

それならばいい。おそらくは現実とマッチするし、リアリティを担保する調べも行き届いているのだろう。『シン・ゴジラ』が『ゴジラ』への原点回帰であるらしいこと、のみならず、第一作以上にアクチュアルな警句や状況への批判に満ちているらしいということも聞く。

オリジナル・ゴジラは「ヒロシマ」や核軍拡競争への批判をこめていた。してみると『シン・ゴジラ』には「フクシマ」への痛烈な批判があるはずだ、それも、いい。

が、僕は庵野氏にメッセージ性に富む政治的映像をつくってほしいと期待してはいない。深く何かを考えさせる神秘的な映像を、とも思っていない。氏は、ただ優れたエンターテイナーであってくれればいいと思っている。そして、たぶん、聡明な彼も「自分はそういう作家だ」と思っているはずだ。

僕のこういう要らぬ心配は「世界系」と呼ばれるサブカル界での一流行への猜疑心から来ている。「世界系」の嚆矢は庵野氏の代表作『エヴァンゲリオン』であるらしい。どういうことかと思いつつ、これまたその『エヴァンゲリオン』を僕は切れ切れにしか観ていないのでよくわからないのだが、作画監督でキャラデザイナーでもある貞本義行氏によってコミカライズされたものは、十数年前にかなりまとまった分量で、読んだ。

読んでみて、「これは『マジンガーZ』だ」と思った。

基地があり、近接して護られるべき小世界があり、基地には強大な力のロボット（エヴァをロボットと言ってしまっていいものかどうか）がいて、主人公はそれを操って戦う。相手は一体ずつ襲来してくる謎の外敵だ。「使徒」と呼ばれているそれはメインタイトル同様に宗教めいていて気味が悪い。その構造は間違いなく『マジンガーZ』だ。一般に『エヴァンゲリオン』は『ガンダム』の後継と云われているが、そうではない。もっとプリミティヴで素朴な、昔なつかしいものだ。『ガンダム』に似ているといえば内向的で暗い主人公の性格設定くらいなもので、あとは存外に明るい。あっけらかんとさえしている。そんな所も、まるで永井豪のノリだ。

そんな印象を対談で貞本氏に言った。

「そうですよ」

貞本氏はごくあっさりと肯定した。

「庵野さんが、こういうのをやりたいんだと持って来たんですよ。『マジンガーZ』を、どっさり」

才能のある若い人はトリビュート的なリメイクでオリジナルをがらりと変えてしまう。永井豪は魔力を内に秘めたクリエイターだが、絵が元来のどかだから凄みがもうひとつ出ない。これを、例えば寺田克也や高寺彰彦のような異才が描くと、『デビルマン』なんかは「こんなに！」というほどおぞましくなる。

『エヴァンゲリオン』と『マジンガーZ』の関係はそのようなものだ。そして、そうであるからといって、『エヴァンゲリオン』の価値も『マジンガーZ』の価値も、少しも下がるものではない。

問題なのは「世界系」だ。

この言葉をネットで検索するとカタカナで「セカイ系」と出る。解釈や定義には諸説あるとしつつ、幾条かの特徴が挙げられ、東浩紀氏らによる定義が紹介される。

それによると、

〈主人公（ぼく）とヒロイン（きみ）を中心とした小さな関係性（「きみとぼく」）の問題が、具体的な中間項を挟むことなく「世界の危機」「この世の終り」などといった大問題に直結する作品群のこと〉

とある。

さすがは東チームだ。言葉数が多くも少なくもなく、言い方が明瞭で判り易い。

それならば、と、僕は思う。

「世界」とか「この世」とかいうレベルの大問題に結びつくのなら（天変地異は別だが）、それは優れて政治的事象にかかわると考えていい。しかし、「中間項を挟むことなく」（つまり、政治的リアリティを有することなく）、大問題がいきなり個のレベル（それも「きみ」と「ぼく」というレベル）に結びつくというのなら、それは「政治」ではない。偽似政治と云うべきで、この場合の「政治」は完全にサブカル化された政治、政治用語で表現された、単なる物語ファクターということになる。

ここで一九七〇年の『よど号事件』に立ち返ってみよう。「われわれは明日のジョーである」とサブカル的なジョークを効かせた声明を発した田宮高麿等の目的は、北朝鮮と中国の体制変革と革命根拠地化（つまり金日成と毛沢東に対するオルグ）、北ベトナムと結合してのサイゴン攻略（これは五年後に赤軍派の関与抜きで実現される）、そして東南アジアへの革命戦争拡大と日本本土での全面武装蜂起実現、であったという。「きみ」を欠いた「ぼく」だけの一方的な意思表示だが、まさしく個のレベルと世界との中間項が欠落していることがわかる。「セカイ系」なのである。

彼らの「革命」は、じつはこの時点で、その内実においても、もう完全にサブカル領域に移行してしまっていたと言っていい。

四、連赤とオウム

「セカイ系」の主格がなぜ「きみ」と「ぼく」なのか。その「きみ」がなぜ「戦う美少女」なのか、というようなことについては古い知人の大塚英志氏がたくさん言及している。しかし、彼と僕はたいへん仲が悪いので、その問題に入っていこうとは思わない。

大塚氏は宮崎勤の特別弁護人をつとめ、『連合赤軍事件』についても、永田洋子に深入りするかたちで本を書いている。これも僕は当然読んでいないのだが、『オウム事件』を「オタク（おたく）の連赤」と言いきったという彼の発言には完全に同意する。

ふたつの事件を同質とみなすことに対しては異論があるのかもしれない。片方は政治的事件であり、片方には宗教が深くかかわっているからだ。

しかし、後で言及したいのだが、マルクス・レーニン主義が行き詰ったのはそれがほとんど宗教と化してしまったからだと僕は考えているから、二つの事件の間に質的な違いはない。あるとしたら、オウムには悪いが、彼らの行動にサブカル的滑稽さがずっと強く出ていることで、その理由は片方が「政治（革命）の時代」に起き、片方が「サブカルの時代」に起きたという、そのことに尽きるだろう。

極端に言い切ってしまえば、僕はオウム事件を好かない。存在してほしくなかったとさえ思う。

何故なら、それがあったために『連合赤軍事件』の重みがずいぶん消されてしまっているように思うからだ。

だから僕は、オウム事件についてはマスコミ報道、それも、テレビ・新聞で得たごく断片的な知識しか持たない。それで充分だと思っている。

麻原彰晃は、蓬髪と髭というその風貌からしても、仏僧というよりむしろイエス・キリストに近く、自身もそう意識していたのではないかと想像する。で、あるのなら、彼がイエスのように刑死するのはやむをえない。むしろ、刑死することによって、彼がイエスのように、一段高い信仰の対象になってしまうことを畏れる。

宮崎勤の事件の時と同じように、僕は自分がアニメ界にいる時期にそれが起きなかったことに内心安堵した。

僕が永くつき合っていた会社は杉並にあり、その一帯はオウムの拠点のひとつだったとも聞いて寒気がした。

実際、（どこの会社のスタッフだったかは知らないが）、アニメの演出家がひそかに仕事中に仕込んだとされる「サブリミナル効果映像」はずいぶん話題になった。宮崎事件の時のように、アニメ業界は危険な害毒をたれ流すうさん臭い所だと、世間からうしろ指をさされた。そんな所から早目に退散しておいたのはよかったと、本当に心から思ったものだった。

人前で集団パフォーマンスをするというような劇場型の行動。「武装する」という発想。人を超える人であると思いあがって他の人を裁ける、死にさえも至らしめることができるという傲慢な考え、「日常」を憎み、それをとりあえずくつがえせば、混乱の中から何かが始まるという場当たり主義。それらはすべて二つの事件に共通するものだ。

ただ、両者には決定的に違う面もある。

連合赤軍が非合法活動を息をひそめて継続し、酷寒の山岳アジトに籠り、ひどい倒錯の結果とはいえ、ぎりぎりまで仲間の思想性を問い詰める格闘に明け暮れたのに対し、オウムはマスコミにもさらけ出されたサティアンで暮らし、ファミレスで食事をし、組織外の市民を殺害し、最後には、ラッシュ時の地下鉄を利用しての大量殺人という悪魔的行為を実行したのだ。

後者の行動の軽さ、激しい短絡ぶりの所以は、彼らの思考が（思想であれ信仰であれ）著しくオタク（おたく）化していたからだ。だから、大塚英志氏がオウム事件を「オタク（おたく）の連赤」と言い切ったのは全く正しい。

思想は、人の死を正当化できるのか。

これは連合赤軍事件が我々に提示した重苦しい問いだ。それは、たかだか一世紀足らずの間に数千万人の人を死に至らしめた戦争や革命の、半分以上に責任を負わなければならない「社会主義」そのものへの告発、問いかけでもあった、はずだ。

事件のあまりのおぞましさに、世間は、マスコミですら目を覆った。しかし、歴史は間もなく、さらにおぞましい、大スケールの「死の事件」で社会主義を告発し、世界に問いかけた。思想は、人を殺しても許されるのか、と。先にも言った、ポル・ポトの虐殺だ。

獄中で最も頑強に非転向を貫き通した植垣康博氏は、「あのまま革命を成功させていれば自分はポル・ポトになっていた」と述懐している。

そうなのだ。連合赤軍事件はまさしくポル・ポト政権の大虐殺を先取りしていた。世界史的事件だったのだ。

その意味でも、その重大な意味は、とてもオウム事件の比ではない。

閉塞的な空間での答のない糾問、死に至るまでの苛酷な断罪、それらは連合赤軍事件の暗黒を象徴している。しかし、それは冬の身延山地や上州の山奥の小さなアジトだからこそ現出した特殊な形だったのか。

そうではない。

スターリンの粛清は広大なシベリアで起こった。文革という粛清も十億人が暮らす中国大陸で起こった。ポル・ポトのそれも、カンボジアのジャングルの、田園の、いたる所にあった労働キャンプで起こったのだ。

人の精神を縛るのは鎖でも縄でもない。人を密室に閉じ込めるのは頑丈な鍵でも、冷酷な番兵でもない。人は、人がつくり出した観念で縛られる時、最も身動きができない状態になる。

その観念を「思想」といってもいい。

思想が強化されたものは「主義」になる。「主義」がさらに頑固になれば「信仰」になる。マルクス主義は、まさにこの「信仰」にまでなった。キリスト教とイスラム教があたかも世界を二分しているかのように見える今日に似て、資本主義と社会主義という二つの巨大宗教が対立してしのぎを削る時代が、二十世紀を通じて非常に長く続いた。

現代は「新冷戦の時代」などとも云われる。プーチンのロシアと米欧側の対立が尖鋭化し、世界のあちこちでその代理戦争のような衝突が起きているからだ。

しかし、こういう状況を「新冷戦」などと呼ぶのはおこがましい。冷戦時代の怖さを、世界は忘れてしまったのだろうか、とさえ思える。

ロシアとアメリカ、中国とアメリカ、そして中国と日本、のような対立は基本的にはテリトリーゲームだ。縄張り争いだ。冷戦時代のような、「殺すか、殺されるか」という性格のものではない。だから、こういう状況に北朝鮮の核問題なんかをからめて「かつてない国難だ」などと騒ぎたてる安倍政権の危機の煽り方は、とても異常で、滑稽でさえある。

現代のいろんな状況に対する個人的な考えは最後《あと》の章で述べたい。ここではもう一度、一九六〇年代末の全共闘運動に戻って、当時の特徴的な「『個』の主張」が、どういう下地から出ていたかということを、貧しい僕自身の経験としてふりかえってみたい。

五、「歴史の必然」か、「個」か

昭和二年、「僕の将来に対する唯ぼんやりとした不安」という言葉を残して自殺した芥川龍之介の「不安」の中身が、宮本顕治が指摘したとおり、社会革命に対する『敗北』の予感だったどうかは判らない。しかし、日本海のむこうに誕生していた巨大な社会主義国家の重圧は、繊細な神経と病弱な身体の芥川のようなインテリにとって、小さいものではなかっただろう。

「重圧」は不安だけをもたらしたわけではない。

一九一二年（明治45年）につくられた北海道大学（同時は東北帝国大学農科大学）の代表的寮歌「都ぞ弥生」の詞の一節、〈星影冴かに光れる北を　人の世の　清き国ぞとあこがれぬ〉を〈清き労働者国家・ソ連邦へのあこがれ〉と読みかえて高唱した若きインテリ達も少なからずいたにちがいない。

北大中退の演出家、杉本良吉もそうした一人だっただろうか。一九三八年、彼は有名女優、岡田嘉子と共にブリザードと粛清の嵐が荒れ狂うソ連へと越境し、スパイとして銃殺されてしまう。

新国家ソ連を至上の国と見紛う根拠は、その指導理念のマルクス主義が、資本主義国家体制の崩壊と社会主義への移行を「歴史の必然」としていることにあった。

〈ブルジョワ階級の存在と支配のためのもっとも根本的な条件は、私人の手中への富の累積、資本の形成と増大である。資本の条件は賃労働である。賃労働はもっぱら労働者相互の競争にもとづいて成立する。ブルジョワジーがいやおうなしにその担い手になっている工業の進歩は、競争による労働者の孤立のかわりに結合による彼らの革命的団結をつくりだす。だから、大工業の発展とともに、ブルジョワジーが生産し、その生産物を取得するための土台そのものが、ブルジョワジーの足もとからとりさられるのだ。ブルジョワジーはなによりもまず自分自身の墓掘人をつくりだす。ブルジョワジーの没落とプロレタリアートの勝利とは、ともに避けられない〉

（『共産党宣言』）

この世の中はブルジョワとプロレタリアというふたつの階級の対立の上になりたっている。最終的に勝つのはプロレタリアだ。さあおまえはどっちにつく？　そう云って迫られたら、たいていはプロレタリア側につく。貧しい労働者は、身なりはうす汚れていて貧相だが、労働で体を鍛えているから頑丈そうで、対するに、ブルジョワジーのほうはだらしなくふやけていて、目もずるそうでいつも悪だくみをしているようだ。こんな連中に与しているとは思われたくない。そう思うのが人情というものだ。

ブルジョワのあくなき利潤追求は恐慌を招く。

恐慌は戦争によってしか解決されない。ならば、その戦争を階級闘争の内乱に転化すれば革命ができる。

そういう論理の展開にも説得力があった。

どうせなら勝ち組になりたい。歴史の発展に遅れをとる者や、ましてやさからう者にはなりたくない。

そう考えて、とりわけ感じ易い若者達はマルクス主義に接近した。

しかし、時代も一九六〇年代後半にもなると、こういう考えはそれだけではもたなくなってきていた。

戦後、敗戦国日本には「アメリカの夢」と「ソ連の夢」が同居していた。原爆まで落とし、全国の街を空襲で焼け野原にしたものの、アメリカ人は云われていたような鬼畜ではなかった。ソ連も、終戦時のふるまいは卑怯で野蛮だったが、もともと人民の国なのだから進歩的で、民主主義では共にやっていけるはずだ。

そういう甘えた考えは、東西対立の厳しい対立で頰を打たれ、先の選択は「アメリカにつくか、ソ連につくか」という選択にすりかわってつきつけられてくる。

思えば奇妙なことだった。

僕らが子どもだった頃、大人達は「ハワイ航路」に憧れながら、「パルチザンの唄」を唄っていた。労働者の旗を振りながら、いつかは冷蔵庫やテレビのある、アメリカ人のような暮らしがしたいものだと願っていたのだ。

六〇年の安保闘争で、この同床異夢の状態が引き裂かれた。どちらにも共通する価値観であろうと思われていた民主主義という括弧がはずされて、世の中はバラバラになった。アメリカはベトナムに介入し、スターリンの死と彼の時代への反省でつき合い易くなるかと思われたソ連も、あいも変わらぬ硬面でいっこうにつれなかった。

そうなってくると「歴史の必然」にも疑問が沸いてくる。マルクス主義にも不信感が芽生える。アメリカはたしかに帝国主義国の乱暴さでベトナムに襲いかかっている。しかし、あちこちで足元に火がついていても、なかなかブルジョワジーは倒れそうにない。

社会主義国の側もおかしい。

「万国の労働者よ団結せよ！」とマルクスが言ったのに、だいたい社会主義国同士でさえ団結していない。国内では物不足もあり、自由もずいぶん制限されているようだ。どこか間違っている。間違いはたぶん物質偏重の考えからきているのではないか。そう考える人達が現れた。経済的な矛盾が解消されれば一気にユートピアが出現するほど世の中は単純ではない。人のストレスは経済的な貧困からももちろん来るが、心への抑圧や、伝統的な文化の喪失や生活環境の破壊などからも来る。マルクスほどの人なら、本来はもっと根本的な、本質的な問題に言及していたのではないか。

そういう疑問に応えてくれたのが「初期マルクス」だった。

僕にとっては梅本克己さんの『唯物史観と現代』（岩波新書）がよい教科書になった。

梅本さんは本の冒頭でいきなり「マルクス主義は崩壊した」と言う。そして、それで崩壊したというのなら、「何がどのように崩壊しているかを判別する場合の基礎的な知識を提供してみよう」といって論理を進めていく。

今僕は二十歳代の初めの頃に戻って「初期マルクス」を復習しようとは思わない。だから、書架の奥でもうすっかり古びてしまっていた新書本をぱらぱらとめくり、いったいどれほどの若者が、あの当時この本を読んでいたのだろうと思いやることしかしない。

梅本さんは、

〈人間の行動を、経済的な諸関係だけから説明しようとしても出来ない相談である〉と言い、これに対してマルクス主義の外から批判が加えられても当然だ、とする。そして、マックス・ウェーバーやサルトルが（唯物論という）邪魔物をとってしまってそのあとを補おうとしてくれているのも「貴重な刺戟」だという。

なんだかずぶずぶに妥協していっているようだけれども、そうではない。問題はマルクス主義者が唯物史観と唯物論との間に「隙間」をつくってしまったことで、だから「外から」いろいろ批判されたりするのだ、ということになる。

梅本さんはそこから「自然」という概念をとり出す。それから、マルクスに先行した唯物論者フォイエルバッハのキリスト教批判に入っていく。

ここからは先述した僕らの小さな新聞『こんみゅん』一九六八年十二月十四日付（先に引用したチェコスロバキア学生のアピール文を載せたのと同じ号）に見える僕自身の論文からの引用を許された

い。青臭い気取りや片肘張って力み返っている可笑しさも含めて、「当時の学生」の気分と、論理の一端を感じ取ってもらいたいからだ。

〈マルクス主義の真髄、それは科学的に論証されたヒューマニズムである。フォイエルバッハによって築かれた思弁的人間主義の、それは唯物論的に、社会科学的に再編され、洗浄された姿なのである——中略——自己自身を対象化する人間の本質から、フォイエルバッハは神の存在を解明した。人間の最も主体的な、最も固有な本質の対象としての神の措定は、必然的に人間の主体性・人間性をそれ自体から疎外する。

——中略——

彼の唯物論に絶大な称賛をおしまなかった若きマルクスは、しかし一方に於て彼の宗教批判とその人間学が、人間本質のより徹底的な究明を欠いていることを見逃がさなかった。——中略——

「人間は類的存在である」と云いきったマルクスは、次の言葉をこれに連らねる。

「疎外された労働は人間から㈠自然を疎外し、㈡人間自身を、人間の自己の活動的機能を、人間の生活活動を疎外することによってそれは人間から類を疎外する。——後略——」（「経済学・哲学手稿」）

対象の意識は人間の自己意識である。——フォイエルバッハは『キリスト教の本質』に於てかく規定した。しかし自己を対象化する過程は本質的に、自己自身を否定する契機を内にはらむ。

対象は自己自身ではないからである。人間が（その本質が）造り出したものが、必然的に人間と（その本質と）敵対するものとなる。――後略――〉

もう充分だろうか。

もしも僕と同世代の、当時、同じような活動現場にいた人がこれを読んだとしたら、思わず微苦笑されるのではないか。

「俺もこんな文章を書いたことがあるよ」と。

そうなのだ。ここには当時の新左翼学生が愛した言葉がいっぱい並んでいる。「疎外」「個」「主体性」、「対象化」「自然」「類的存在」……。

それらの言葉達を、僕はほとんど『唯物史観と現代』という小さな本一冊から抽出した。だが、今で言うコピペではない。論理の展開は自分なりのものだ。

そしてこの後、カール・カウツキーというドイツ社会民主党の（もちろん歴史上の、だ）著名な指導者への批判へと向かう。

カウツキーはレーニンによって「背教者」とまでののしられた人だが、僕の論は後半で「結局、レーニンもカウツキーも同じだ」としている。両者とも「意識の外部注入」ということを云って、それを大衆運動の指針としているから、というのがその理由だ。

自己を対象化し、対象化することで自己を認識し、それが所詮は自己自身ではないことで疎外され、戸惑う「個」、しかしそうやってしか生きられない類的存在としての人間、それを究極的に人間解放に導くのが「革命」なのではないか、と、そんなことを初期にせよ、いや初期にこそ、マルクスが言っているのなら、指導者から頭に流し込まれた意識で革命的プロレタリアートになり、成就するような革命はマルクス主義の革命ではない。そんな革命なんか要らない。欲しいのは人間の顔をした革命だ。人間の顔をした社会主義の世だ、というのが論文の結論で、タイトルは『カウツキー主義の彼方から』だった。

当時、新左翼といえば定番は「初期マルクス」だった。『共産党宣言』以前に書かれた『ドイツ・イデオロギー』や『経済学・哲学草稿』は、あたかも指定文献のようによく読まれたはずだ。そのきっかけがなんだったたか、梅本克己さんの名著に、僕のように触発されてのものだったかどうか、僕は知らない。

しかし、歴史民俗博物館の企画展示『1968年』が抽出したように、「個」が、「主体性」が、そして「疎外された自己」の回復が運動をはっきり特徴づけていたことは間違いない。

そういう位相から見ると、連合赤軍事件の残酷な様相がさらにくっきりと浮かびあがる。「個」は組織を求める。個本来の類的特性からそれを求める。組織の同志、同じような志向性を持ち合った仲間の内にあって、彼は彼自身を認識する。しかし、それは決して彼自身ではない。宿命的に、そうはならない。

そして、この認識としての彼自身は変貌する。単に同好サークルのような仲間内ではなく、命をかけた目標に向かった者同志である組織の中では、その「目標」も、緊張をはらんだ仲間の存在も、彼自身に不断の「背伸び」を要求する。

背伸びの課題は「革命戦士になる」ことだ。その「革命」とは、これまた変幻自在に形を変えるしろもので、様々なものを個に要求して個を試みる。

試みてくる時、その主体は「階級意識」である。これは普通は意識というだけに文字通り見えないものだが、時として突然に人格としても顕れる。連合赤軍の場合、森恒夫や永田洋子になり、時に応じて「総括」を迫る非情な同志にもなる。

「階級意識」の向こうには、究極的には「神」がいる。すべてを命ずる者で、プチブルジョワ的迷いから見て完全に別世界にいる者だ。「神」だからそれはヤハヴェのように、または完全な共産主義のように見ることはできないが、始末の悪いことに誰でも、最もじつはプチブル的で俗物であるものでも、その威光を身にまとうことはできる。

「神」の前に立ち、後背のようにその光を背に負えばいいのだ。そうすることでその者は「弱者」に対して圧倒的な優位者になることができる。

いっとき「神」を装った者が、次には別の者がまとう「神」によって裁かれるということはむしろ不断に起こり得る。彼は自分で裁かれたようにして裁かれ、その彼を裁いた者も、やはり他の彼によって「神」の名で裁かれる。

終わりのない減殺行為が続く。

連合赤軍事件では結局十二名がそのようにして粛清死させられる。青砥、植垣両氏を含めて生きて逮捕された者は八名、浅間山荘籠城組は五名、逃亡者をさし引くと、実にほぼ半数が、裁きを受けてあとの半数に殺されたということになる。

ポル・ポト派の虐殺の場合は数字がケタ違いに多くなる。密室と化したカンボジアの国内で、七百万人の全人口のうちの、実に二百万人近くが殺されたとされている。連合赤軍の場合と同じように、敵対的なブルジョア階級の者かその傾向を持つ者として、「神」の名で裁かれ、抵抗することなく。

さらに、もっとはるかに大きな組織的殺人がある。言うまでもない。一九三八年をピークとするスターリンの大粛清だ。

人民の軍隊とされた赤軍関係の、将校以上に限定された数字がある。

〔元帥五名中三名、陸軍司令官（一等、二等）一六名中一四名、海軍提督（一等・二等）八名全員、軍団司令官六七名中六〇名、師団司令官一九九名中一三六名、旅団司令官三九七名中二二一名、国防人民委員代理一一名全員、最高軍事ソヴェト・メンバー八〇名中七五名、将校団約三万五〇〇〇名〕（『ブハーリン裁判』 鹿砦社）

粛清という名の狂気はとめどないということがわかる。

ユダヤ民俗の絶滅を謀ったホロコーストの犠牲者の数、六百万人も戦慄すべき数字だ。先の大戦で日本軍が、中国大陸や東南アジアで行った蛮行の犠牲者も厖大な数にのぼる。しかし、粛清としての大量殺人には、それらとはまた違った、冷えびえとしたおそろしさがある。

同じものは宗教殺人にもある。異教徒の抹殺や異端審問、魔女狩りなど。近くはＩＳやアッシャバーブの犯行もそれに近い。肌の色やテリトリーの違いを問題にするのではない。内面、心、に問題があるからそれの宿っている肉体ごと消し去るのだ。

宗教には神がいて教祖がいる。思想なら真理にめざめたことを自覚する、とび抜けた頭脳の賢者がいるだろう。が、粛清的な死を人に強要するようになるなら、その宗教なり思想は根本においてきっと間違っている。解釈によってそうなるなら、やはり同様に、その解釈は間違っている。

そのように考えれば、マルクス・レーニン主義は、いや、マルクス主義そのものも、革命思想としては間違っていた。しかしその間違いが露出した真っ黒な渕を、直かに見た人は少ない。青砥幹夫氏と植垣康博氏は、その少ない人々の中に必ず加えられるだろう。

Ⅲ 「今」を考える

一、「アメリカの日本」は「戦後の国体」か

話題となっている本『国体論　菊と星条旗』（白井聡、集英社新書）を読んだ。大いなる共感と共に、大いなる違和感を抱く本だ。

白井聡という人は、日本で最も先駆的に（そのことの良し悪しは問わないが）サブカルを教育として取り入れ、「マンガ学部」を創設した京都精華大学で教壇に立たれている。「マンガ学部」の教授から学部長に、さらに学長にまでなられたのは、僕もよく知っている少女マンガ家の竹宮恵子さんだ。

マンガ家が、教授ならともかく「学長に（！）」である。時代も、本当に移り変わったものだ。

ちなみに、竹宮さんはかつて背徳的な少年同士の愛を描いた名作『風と木の詩《うた》』を、掲載誌の編集部とも闘いつつ描いたことで世間から「教育上好ましくない」と叩かれた漫画家だ。その彼女が「学長（!!）」なのだ（「なりたくてなったんじゃない。推されて、しょうがなくてなった。だから一期だけ。二期目は当然、やらない」と、彼女は言っておられた。その一期目はまだ終わっていず、彼女は現在も学長でいらっしゃるのだろうか）。

「サブカルの時代」も極まった、と言うべきかもしれない。

もっとも、他人言ではない。かく言う僕も、ほんの十年くらい前までは「大学教授」だった。神戸芸術工科大学という、京都精華大学の後を追ってサブカル系学部を創設した小さな美大の専任教授で、先に「仲が悪い」と言った大塚英志氏とは研究室が隣り合う同僚だった。案の定「自分の柄じゃない」と気付いて僕は「教授」の名刺を返上したが、大塚氏のほうはその後京都の日本文化研究所教授になり、東大や芸大でも教授として教えている（らしい）。

話題が私ごとにそれた。もとに戻す。

気鋭の政治学者、白井聡氏の名前を、当然ながら僕は識らなかった。本はもちろん、文章も読んでいない。

その本のことを僕が知ったのは白井氏自身の声で、だった。

仕事の手を停めることなく、たまたま聴いていたＦＭラジオ番組に、氏はゲストとして出演された。そして、自著について語られたのだ。

話のポイントはふたつあった。

ひとつめは、一昨年八月にテレビを通じて「退位の意志」を表明された今上天皇の「お言葉」の重要な意味について、そしてもうひとつは、わが国・日本の「国体」が戦前は「天皇制」であったのに対して、現在のそれは「アメリカである」という筆者の考えについて、だった。

後者の考えが本のタイトル『国体論　菊と星条旗』となっているわけだが、なんとも刺激的で、そのせいもあってか、新聞の書評等でも（僕がラジオを聴いた後で目にした限りでも）多くとりあげられた。

「『国体』って、何だ？」と、氏の話を聴いていて僕はまず思った。この本のタイトルや内容から、ほとんどの人が感じたであろう、それは疑問だった。白井氏も、当然その疑問を想定していたのだろう。本のなかではていねいに（氏としてはそのおつもりだろう）国体の定義と、それが「天皇制」から「アメリカ」に変わったと考える理由を説明しておられる。が、僕は元来頭が悪いし、学として政治学を勉強したこともないからそれが呑み込めない。だから、読直後も今も、氏の論は間違っていると思い続けている。

僕は、日本の『国体』は「天皇制」で、それは戦前も現在《いま》も同じだと考えている。そしてそれは、日本が受け容れた「無条件降伏」の陰の「暗黙の条件」として連合国側に承認され、吉田茂が度々表明したように、「国体は（敗戦にもかかわらず）護持された」のだと考えている。

こういう考えへの論駁を、氏は相当の熱意をもってやっておられるが、それにはどうも承服することができない。就中、戦後の『国体』が「アメリカ」だというのが、判らない。

『国体』とはなにか。

広辞苑をひくと、大意「漢語で〝国の体裁・くにがら〟」とある。まあ、そういうことだろう（別の説明で「国民体育大会の略」というのもあるが、これは、もちろんこのさい問題にならない）。だいたい、現在では「国体」なぞという言葉は（体育大会以外では）あまり使われない。だから、そんな言葉を聞くと不意に戦前の臭いをかがされたようでびっくりする。戦前、その同じ言葉はとてつもなく重く、ほとんど、国民の死活を決しかねないほどの聖性、不可侵性を帯びていたと聞き知っているからだ。

実際、この『国体』を護持するという名目のために多くの人が死んだ。既に敗戦の趨勢が誰の目にも見えてきていた昭和二十年一月以降の死者が、三百二十万人とされる先の戦争での軍民を併せた戦死者の、実に三分の二を占めるという統計もある（『日本軍兵士』吉田裕、中公新書）。早い話、降伏があと半年早ければ、三月の東京をはじめとする空襲犠牲者も、対馬丸の学童を含む二十万余の沖縄での死者も、ヒロシマ・ナガサキでの爆死者も、見捨てられて大陸の大地で行き斃れた満州開拓民や植民地移住者達も、死なずにすんだのだ。

降伏が早期になされなかったのは「国体の護持」が確約されていなかったからだ。「天皇制の延命を保障しない降伏には応じられない」と、軍国日本は意地をはった。

一九四五年七月の降伏勧告『ポツダム宣言』にも、それは明示されなかった。だから当初日本は宣言を受諾しなかった。それによってまた百万人に近い死者の数が積みあげられた。

じつはアメリカの中枢部では「敗戦国日本に天皇制を残す」ことはほぼ既定の方針だった。そういう事情は本書『国体論　菊と星条旗』に詳しく記述されている。

〈戦争終結後も天皇制を存続させ、円滑な対日政策に裨益《ひえき》させようというアイディアがアメリカ国内で出て来るのは、戦争が終わるはるか前の一九四二年の時点であり、そうした構想を練っていたのは、ＣＩＡの前身であるＯＳＳ（戦略諜報局）の関係者達であった〉（同書、121頁）

このような方針をベースに、マッカーサーは天皇の軍事的利用価値を「二十個師団以上」と、軍人らしく計算した。

〈つまり、昭和天皇の戦争責任を問わないことや象徴天皇制として天皇制を存続させるという大枠の政策判断は、長い時間をかけた研究と議論の末に導かれたものであり、会見の際にマッカーサーが昭和天皇に対して好意と敬意を抱いたことによってその場で決断されたというような、即興的なものでは全くなかった〉（同書、同頁、傍点筆者）

僕が「敗戦にもかかわらず国体は護持されている」と考えるのは、まさに右の理由からだ。宰相吉田茂の考えも同じだったただろう。

天皇制は（象徴的制度としてではあれ）廃止されずに存続し、あまつさえ、結果として天皇は退位さえすることなくその座に居続け、大多数の国民がそれを認めたのだ。「国体は護持された」と言って何の間違いがあるだろうか。

興味深い数字がある。一九四八年八月十五日の『読売新聞』による世論調査だ。それによると、〈天皇制存続支持は九〇・三パーセント、天皇留位支持は六八・五パーセント、皇太子への譲位が一八・四パーセント、退位のうえ天皇制を廃止するという回答は四・〇パーセントであった〉（小熊英二著『〈民主〉と〈愛国〉』147頁）というのだ。

小熊氏は続けて「当時の階層差」を指摘している。同年九月、それを考慮して行われた別の調査では、「政治・法律・哲学関係の文化人」対象で〈退位賛成五〇・九パーセント、反対が四二・九パーセント〉（同書）であったという。氏が「退位論のピークだった」とする一九四八年で、この数字である。天皇制廃止論者の割り合い、推して知るべしというところだろう。

何百万という「臣民」に盲目的な忠誠を強要したうえに死なせ、自身の特殊な立場を保持するためにその事実に目をつむり、戦直後のメーデーで、「朕はたらふく喰っているぞ。汝等臣民飢えて死ね」と揶揄されていた天皇に対する、これは信じ難いような高率の支持の表明なのである。

諸外国の例に照らすなら、国民に多大な犠牲を強い、国を滅亡させかねないほどに危うくした君主は、すくなくともその座を追われる。悪くすればフランスの王のようにギロチンにかけられるか、ごく近いロシア革命時のロマノフ王家のように、退位させられたうえに復活を永遠に防ぐため根絶やしにされる。

日本の皇室がそういう運命に遭わなかったのは、日本に固有の、一種土俗化した王権神話があったからだ。

「天孫降臨」「万世一系」というような皇室の由来譚はたしかにそれ自体として非科学的で他愛ないが、そうしたたしかな裏付けのない王権が、現に王権として、人々の記憶と記録の辿れるかぎりの長期にわたって在るという、世界的にきわめて稀な国が「日本」なのだ。

かつては、日本の皇室の歴史はエチオピア王家の歴史と同じ程古い、と云われた。そのエチオピア王家も最後の皇帝ハイレセラシエが社会主義クーデターで殺されて断絶し、現在、日本の王家の歴史は、その古さにおいて世界に並ぶものがない。

明朝の滅亡と共に日本に亡命・輸出された儒教的名分論が、その後水戸学に結実して尊皇攘夷思想の母体となったという考えは『現人神の創作者たち』で山本七平が説いたところだが、そもそもの始めに「有史以来」の系統を誇る不思議な王族が日本には居たのだ。

その人々が現実には統治能力を持たず、過去の「栄光の時代」を古びさせたまま徳川王権に冷遇されていることに、憂国の士は怒り、それが維新革命のエネルギーになった。

だから、

〈国体の意味内容は、やがて近代日本の公式イデオロギーとなる国体概念、すなわち、「神に由来する天皇家という王朝が、ただの一度も交代することなく一貫して統治しているという他に類を見ない日本国の在り方」という観念に定まってくる。

しかし、この国体概念は、それを現実の政治に投射しようとすると、たちまち自己矛盾に陥る。なぜなら、実証的な裏付けが困難な古代を別にすると、天皇自らが実効的に政治的支配者として君臨した時代は短く、むしろ例外的ですらあったからだ。〉（白井同書、98頁）という「矛盾」は問題でなくなる。天皇家にまつわる神話的王権は、もともと、「実証的な裏付け」を必要としないものだからだ。

実証的な裏付けをもとに、天皇家が常に政治実権を維持してきた者でないことは汎《ひろ》く了解されている。だから、「天孫降臨」「万世一系」を非実証的にとなえ続ける日本の伝統的王権は超時代的な「政治主権者」ではない。

このことを、白井氏も全くそのまま述べられている。先の引用文に氏の文は続く。

〈ゆえに、国体論は「国体と政体の区別」という概念を即座に持ち込まざるを得ない。すなわち「時代によって支配統治の政治的形態（政体）は変化するが、政治の次元を超越した権威者として天皇は常に変わらず君臨してきた（国体）という秩序観である」（同書、同頁、傍点筆者）

この定義にもとづけば、まさに、敗戦によって否定されたのは「国体」ではない。それは大日本帝国憲法という立憲君主制に見合った憲法によって規定され、統治されてきた「政体」のほうなのだ。その否定によって、西欧的立憲君主を必死に演じてきた天皇は統治者としての権力を失った。失って彼はもとの「象徴」にもどったのだ。

その地位は、室町時代から戦国、江戸時代まで続いた「権力なきミカド」の地位に等しい。しかし、彼はその存在までは消されなかった。存在どころか、王位をすら失わなかった。彼に対する不可解な国民大衆の支持があったからだ。この不可解な（非科学的な、神話的な）ものこそが日本の「国体」なのではないか。僕はそう思っている。

だから、（そろそろこの項の結論を急ごう）あの敗戦によっても、「残念ながら」というべきか、国体は護持された。

世界に類例のほとんど見えないこの特有な国家観によって不幸な話の行き違いが生じ、日本の降伏が遅れ、死ぬ必要のなかった人々があまた死ぬことになったが、不思議な「国体」は護られた。

象徴天皇の座というのは、そういう、おびただしい国民の犠牲によって支えられ、現在《いま》に在るものだ。平和への行脚と「祈り」をひたむきに続ける今上天皇の心中には、自己の立場に対するそのような痛切な認識があるのではないか。だからこそ、白井氏がまさに本書の冒頭で云うように、今上天皇は「象徴のつとめ」として祈るのである。祈るだけでなく、国内外の戦地を巡り、被災地を巡るという行動を、老齢に達した自らに課して祈るのである。「老いてつらいのなら宮中で祈ってくれているだけでいい」という政府諮問機関の声に怒気をすら示しつつ、「象徴とはそういうものでない」と反論されるのだろう。

そういう、おだやかな外見に似ぬ今上天皇の発言（「お言葉」）に、「釘付けと」なり、「衝撃の感」が深まったという氏の気持ちが、筆者にはどうも判らない。

白井氏は戦後日本の対米従属の姿勢に対して強い怒りを抱かれている。それは「戦後、国体はアメリカになり変わった」ということへの義憤である。その憤りはあたかも、「われら国民の天皇」

であるべき若き天皇を取り巻いている「君側の奸」や「腐った財閥」にいきどおっている「二・二六事件」の青年将校のようですらある。

白井氏は書いている。

すこし長くなるが引用しよう。

〈敗戦にもかかわらず天皇制が護持されたことを当時の日本人の大半が喜んだが、そのことの本当の意味が、いま露になりつつある。「われわれは、われわれの天皇を失いはしなかった」と本当に言えるのかという問いから、もはや誰も逃れることはできない。

おそらくわれわれは、世界史上でも稀《まれ》な、途轍もなく奇妙な敗戦、すなわち、どのような敗北を経験しているのか敗者自身が自覚できないことによってそこから脱出できなくなるような異常な敗北を喫しているのであり、そのことが表面化してきたのである。

このような状況下で「お言葉」は発せられた。

敗戦国で「権威ある傀儡」の地位にとどまらざるをえなかった父（昭和天皇）の代に始まった象徴天皇制を、烈しい祈りによって再賦活した今上天皇は、時勢に適合しなくなったその根本構造を乗り越えるために何が必要なのかを国民に考えるよう呼びかけた。

もしもこれに誰も応えることができないのであれば、天皇制は終わるだろう。現に国民が統合されておらず、統合の回復を誰も欲してさえいないのならば、「統合の象徴」もあり得ないからである。あるいは、アメリカが天皇の役をやってくれて、それでいいのであれば、日本の

天皇など必要ないからである〉（同書38～39頁、傍点筆者）

怒りと心配のテンションはわかる。しかし、これは奇妙な文章である。

奇妙さの原因は先に指摘した「国体」と「政体」の区別の混乱から来ている。白井氏は「護持された天皇制」が何に当たるかを位置づけることなく、政治の実権をアメリカに握られたこと、すなわち「政体」の強制的な変革をもって「戦後の国体」がアメリカになった、とする。ならば、天皇制が護持されてもされなくても、言いかえれば「象徴天皇」が存在しても存在しなくなっても、「戦前の国体」は過去形になって消滅したというのだろうか。

それでは、今なお「釘付け」になり、「衝撃」を受ける「天皇」の存在と、その発する「お言葉」とは何なのか。うかうかしていると「天皇制が終わってしまうぞ」というのは、いったいどういう状態を不安視して発せられている言葉だろうか。

筆者は、むしろ白井氏は極めて実感的に、「戦後の国体」を「象徴天皇制によって統合された、日本固有の、悠久のくにのかたち」として捉えている人なのではないかと思う。「アメリカが天皇になってしまうぞ」などというヒステリックな警句は、日本の固有の歴史と、政治体制の変遷を超えて在り続ける不思議な「天皇制という国体」を誰よりも熱愛する心情から出ているのではないかと思う。

何故なら、アメリカという非人格は、どうやったって「天皇になる」ことはできないからである。トランプが日本の天皇になった姿を想像できる人は、どんなにだらしない右翼にも、小林よしのり氏の云う「親米ポチ」にも、「アメリカのものならなんでも好き!!」というアメリカおたくにもいないはずである。

今上天皇の強い「お言葉」は、ひたすら、自身の老いに対する危機感から出ていると、僕は素直に理解している。

今上天皇は、「生きる屍」となった父昭和天皇が延々と続けられる輸血によって無惨に「生かされる」様を見ている。「玉体」とかつてよばれた聖なるはずの肉体の血が、かつて臣民とよんだ国民のものとはいえ、誰から採取したか判らぬ血液で総入れかえされる様を見ている。その様を見て今上天皇は、「自分はこのような姿になってまで象徴とは呼ばれたくない」と思われたはずだ。生きて祈り、かつ、象徴としてのつとめを果たせてこその「象徴」なのだと。賢明にも。

その「象徴としてのつとめ」のきわめて大きな部分を占めてきたのが「戦争へのつぐない」だ。戦いで死んだ者、殺された者達への、終わることがないような追悼の行脚だ。

その行動のもとは、立憲君主として戦争に対面し、苦闘した父への想いと、自身の皇太子としての戦争体験と、そこからくる責務の意識からきているのだろう。が、美智子皇后の助力やすすめも、少なからず与っているのではないかと推察する。

かつて、「粉屋の娘」とさげすまれながらも、美智子皇后は皇室史上極めて例外的に、民間人として皇室に迎え入れられた。その母が痛ましいまでの苦労に耐えつつ妃殿下の務めを果たす様を見てきた現皇太子は、雅子現妃殿下へのプロポーズにあたって「私が護りますから」と約束した。それを記者会見の席で明らかにしたのは当の雅子妃だった。

その雅子妃は、裕福ではあっても所詮は製粉会社の社長だった正田家とは違い、国際司法裁判所所長になるようなエリート外交官を父に持つ家の出で、自身も将来を嘱望されていた外交官だった。

その嫁入りは、まるで降嫁かと思えるほどだった。今上天皇が皇太子として、伝統に開けられた風穴から吹き込む強風に身をさらして耐えたような労苦を、時代の変化によって現皇太子は課されずにすんだ。皇太子が負ったのは、それとは別の、妃殿下の気の病いとの闘いという、これはこれではなはだ大変な苦労だったわけだが、戦後の安定期に生まれた彼が、戦争責任を受けとめるという象徴としての重いつとめを、父のように自覚的に果たせるかということについては不安がつきまとう。

ならば、白井氏のような考えの人が今上天皇に託する望みは別のかたちであったほうが良い。

老いと闘い、退位なぞせず、一年でも永く象徴天皇の地位にあって、聡明な美智子皇后と共に、戦後日本のために祈り続け、つとめに骨を折ってほしいと、そう願うほうがいい。そして、退位後の事態にそなえて国民に汎《ひろ》く覚醒をうながすよりも、何らかの手だてを考えて、現皇太子の、象徴としてのつとめへの自覚を高めるよう、学識者の立場から努力したほうがずっとずっと、いい。

二、ソ連の夢、民主主義の夢

今、この稿を書いている時（二〇一八年六月十二日）、シンガポールではアメリカのトランプ大統領と北朝鮮の金正恩党委員長が会談をしている。一時「戦争か」とまでいわれた両国の関係は平昌オリンピックを境に急変化し、南北板門店会談、そして今度の米朝会談と、事態の進展はマスコミが追いかけられないほどに慌ただしい。

北朝鮮の問題について、ことに、それと日本のかかわりについては、しかし後でふれたい。ここでは「アメリカの夢」の対極にあって、同じように戦後の日本を魅了した「ソ連の夢」のことをちょっと考えてみたい。

「北朝鮮」の正式な国名が「朝鮮民主主義人民共和国」だということは誰でも知っている。かの国の客分になった赤軍派を含め、ソ連の陣営にシンパシーを持つ者は、だから「北朝鮮」などとは呼ばずに、長い国名を律儀にそのまま発音するか、あるいは「共和国」と略称し、対する大韓民国を「南朝鮮」と呼んだ。そういうルールは、たぶん南北それぞれの陣営では現在も守られているはずだ。

金日成から三代にわたって続く独裁国家を「民主主義…」とは嗤わせるじゃないか、と言いたいところだが、これは衆知のようにそう特殊な例外ではない。

そもそも、「民主」という語は左翼と相性がよかった。「民主」も「共和」も「平和」も、加えて「愛国」も「民族」も、である。

マルクス主義は歴史を「発展するもの」ととらえるから、近代的でより良いとされるものがその主義（教義）と矛盾するはずがないという確信がある。「革命的なもの」は、だから常に正しく、そういうもの同士は保守的・反動的・非民主的なものに対してはいつでも共同戦線をはることができるのだ、と、そう考えていた。

党派を組むマルクス主義者も、進歩的・改革的であろうとしている穏健な民主主義者も、そう考えていた。

だから、敗戦国日本がかつての敵国と講和条約を結ぶ時にも、「単独講和」か「全面講和」かということが大きな論争になり、進歩的勢力は、アメリカ側とだけでなく、ソ連や中国とも講和を結んで友好的な関係を結ぶべきだと訴えた。

しかし、現実はそんな理想論を許さなかった。サンフランシスコ講和条約は東西に分裂した世界の片方、西側だけを相手にしたものになり、同時に日米安保条約が結ばれて、日本はアメリカの対ソ、対中前線基地になった。

朝鮮戦争という残酷な戦争はそういう時に勃発した。狭くて逃げ場のない半島を、北から南に、南から北にと戦線がローラーのように移動し、逃げまどう民衆を押し潰し、街々を焼いた。北によるパージ、南によるそれへの報復も非情だった。親しい韓国ジャーナリストの金《キム》さんによると、そういう同じ民族の中での殺し合いの犠牲者の数は今もってはっきりとは判らず、判らないながらも、百数十万人と云われる戦死者や戦闘犠牲者の数とほぼ同数にのぼる（！）のではないかと考えられている、そうだ。

朝鮮戦争は、しかし、敗戦国日本を大きくつくり変えた。特需で経済は活況を呈し、「戦争放棄・非武装」を明記した憲法に公然と叛して自衛の軍「警察予備隊（後の自衛隊）」が創設された。革命のうしろだてになってくれる解放軍かと左翼に幻想を抱かせた進駐軍は、変貌して彼らを抑圧する強い力となり、左翼活動家やそのシンパは「逆コース」によってパージされ、職場や生産点を追われた。

革命への甘い期待は一掃された。共産党は分裂し、ソ連共産党情報局（コミンフォルム）の指導方針に従った主流派（「所感派」）は、過激な闘争の末に壊滅した。

その後に、日本の戦後史を永く支配する「五十五年体制」と呼ばれる保革対立の時代が来る。「自由」「民主」という保守二大政党が合併してできた「自由民主党」は、現在もなお、この国の政治世界の支配政党であり続けている。

一方の革新統一党派、日本社会党も永年リベラル左派のリーダーであり続けた。その党にはモスクワに指導されることを嫌うマルクス主義者や労働組合指導者、被差別部落解放運動の活動家等も加わり、独特の急進左派的な性格から、日本に特有の非共産党の左翼組織＝「日本型社民」と呼ばれた。

政治的主張が大きく違う両党の間では、もう政権交代は起こりそうもなかった。社会党は声高な体制内反対派として政府の政策には基本的にことごとく反対し、「なんでも反対」の党としてその性格を固定化した。

相手がなににでも反対し、政権を現実的にとろうとしないのなら、安定与党自民党の択るべき途はひとつだった。アメリカの庇護のひたむきな受け容れ、それに尽きた。

白井聡氏が『国体論　菊と星条旗』で告発した「アメリカへの従属」の背景はこのようなものだ。あまりにも汎《ひろ》く識られた図式だが、何故か白井氏はこのもう一方の「ソ連の夢」に牽き寄せられた陣営を見ない。だから、なげかわしい「アメリカ追従」が「国体のアメリカ化」というような奇怪なイメージを借りて強調されることになる。そういうイメージ演出は論壇で目立とうという若い氏の野望の計算された顕れかもしれないが（氏はちょうど僕の息子達と同じくらいの年齢だ）、そういう戦略は自然にひとつの盲点を生む。

共産党への接近だ。

おびただしい犠牲を代償として得られた「社会全体主義」を受け容れてはいけないという歴史経験の空洞化だ。それを甘く見てはいけない。

三、「アメリカ追従」の終焉

シンガポールの米朝会談の様子は、この稿を書いている今も、テレビで刻々と流されてきている。二人の個性的な指導者はなかなかに意気投合しているようだ。ノーベル平和賞が念頭にあるトランプは、いかにも自分が偉大であるかのようにふるまい、神秘のベールに包まれた恐怖の独裁者であった金正恩は、人なつっこい笑顔の太っちょとして、「案外いい奴かもしれない」という印象を世界にふり播いている。

独り、不快気に見えるのが、我が安倍首相だ。表向き彼は「友人」のトランプ大統領に拉致問題の解決を依頼したとか、非核化の徹底を念押ししたとか言っているが、この会談が彼にとって予想外の不幸なものだっただろうことは察するに余りある。

彼と、彼が支配する自民党政権にとって、「米朝の接近」はあってはならないことだったにちがいない。

邪悪極まりない「北朝鮮独裁犯罪国家」は、絶対に存在していてくれなくてはいけない「必要悪」であり、その存在があってこそ、「安保法」や「集団的自衛権」問題や、憲法九条「改正」問題は論議の対象になり得てきたから、である。

その「絶対必要悪国家」の首領が、ニコニコと笑みを浮かべて、英語を駆使しながら安倍首相の

「かけがえのない友人」と談笑していて、その様子が、安倍首相とトランプとの友好的ゴルフなんかよりずっと広範な報道で世界に発信されてしまっては、「アメリカの友邦日本」は立つ瀬がない。安倍首相や、不愛想がウリの菅官房長官は、今夜（二〇一八年六月十三日未明）あたりは、まったくヤケ酒でも呑みたい気分なのではないだろうか。

これはいい兆候である。

日米関係が、嘘臭い蜜月から破綻に向かう前兆である。このポイントは、是非、のがさないようにしないといけない。

従来、日本政府は注意深くアメリカの顔色をうかがってきた。相手が民主党であれ共和党であれ、その気分ひとつで日本は「風邪をひく」からだ。ソ連（ロシア）、中国という、大陸の両巨大国家を前にして非武装（軽武装）の日本ははだかの状態に近く、世界一の軍事大国アメリカの庇護を得られていることはこのうえもなく安心なことだし、貿易相手国としても、金持ちで何でも買ってくれるアメリカは上得意だった。

「良い友達、ではなく、良い親分を持った。この関係は未来永劫大切にしないといけない」と与党の政治家達は思い、それを家訓にした。

彼らにとって、歴史上の最大の間違いは「アメリカと戦争をしたこと」だった。それ以外は、明治の国づくりも、脱亜入欧も、軍事大国化も、反共政策も、何ら問題ではなかった。ただ、アメリカと敵対し、戦争を挑んだこと、それだけがいけなかった。

満州国で指折りの実力者と云われ、東条戦時内閣の閣僚であり、戦犯となった岸信介を祖父に持つ安倍首相は、たぶんそういう教えを祖父からみっちり伝授されつつ政治家になったのだろう（彼を当初「安倍晋太郎の息子」と理解していた僕は間違っていた。彼は、自分でも自慢しているように「岸の孫」だったのだ!!）。

だから、以前に真珠湾を訪れた時に、彼はくどいほど、「かつて戦い、今は固い友情で結ばれている」日米両国の関係を強調した。「かつてこっぴどく叩きのめされた」ではなく、「（雄々しく）戦った」とアピールすることが、たぶん大事なのだった。そうすれば祖父の名誉はあまり傷つかない。偉大な祖父が犯した、ただひとつの間違いにだけふれることになる。そして自分が、その間違いを（それのみを）反省し、正しくアメリカとつき合える最良の日本代表であることが内外に伝わる。安倍首相の真珠湾での演説は、そういう意図が見えすぎる非常に嫌なものだった。

その安倍首相が第一次政権時（持病のために）体調をくずし、あっけなく辞任してから政権をとった民主党はその逆を行った。当然、他人の家の家訓を守るようなことはしなかった。

鳩山由紀夫という人を最初に見た時「理科の先生のような人だな」と、僕は思った。

第一回帝国議会から議員であったという由緒ある政治家一家の御曹子らしい政治家の顔では、要するに、なかった。

その後、大学は理系で（たしか数学の）博士号を持っていると知り、第一印象が間違っていなかったことは判ったのだが、それでもやはり「この人が何故政治家に」という、同情的な思いは消えなかった。

その鳩山氏も、首相になる頃にはずいぶんと政治家が板についてきていた。「東アジア共同体構想」とか「第七艦隊があれば米軍基地は要らない」とか「普天間基地の移転先は最低でも県外へ」とか、出だしはなかなか威勢がよくて、それなりに期待を抱かせてくれたりもした。が、まもなく、「アメリカにたてつく」ことがどんなにおそろしいことかを鳩山政権は知ることになる。

ことの始めはワンマン幹事長になった小沢一郎が国務長官ヒラリー・クリントンとの面談をつまらない理由で断った一件だったかと思う。小沢としては「外人は苦手」「頭のいい女も苦手」くらいの気分だったかもしれないが、新内閣の傾向を瀬ぶみしようとしていたヒラリーにはこれだけでも充分だった。

「この内閣は潰す」と、思ったに違いない。そして、潰すならこの無礼なオザワという醜い男からだ、と。

小沢には根拠のあやしい贈収賄の疑いがかけられた。鳩山には母親からの資金提供が違法な献金だというケチがついた。

このふたつの「金《かね》の問題」と沖縄の普天間基地問題のこじれで内閣は立ち往生となり、結局鳩山は「小沢さん、一緒に辞めましょう」という涙の会見で首相降板となる。

鳩山内閣の退陣劇にアメリカの意向がからんでいた、などと言えばなにやら謀略めくが、なにもＣＩＡあたりが工作してくれていなくてもいい。「裏の事情」はいずれ具体的に明らかにされるだろう。

もっとも、「謀略」というほどではなくとも、アメリカの機嫌をそこねて内閣が立ちゆかなくなるというようなことは以前にもあった。よく識られている田中内閣の例がそうだ。対中政策と石油政策で自立性を強く出した田中角栄はニクソンに嫌われ、ロッキード事件で命脈を断たれる。

アメリカの政権コントロールは、しかし謀略もどきの力技だけではない。むしろたぶん、アーミテージとかジョセフ・ナイといった「日本に好意的」といわれる「知日派」の意向を、彼らとの仲が良い（かどうかは知らないが）岡本行夫とか故岡崎久彦といった高慢な元外交官が伝達し、レクチャーするということで政策当事者を動かしているのだろう。

印象的なのは「普天間問題」がデッドロックに乗りあげてしまった時だ。「最低でも県外に」と公約した鳩山首相が「勉強すればするほど、移設先は辺野古しかないとわかった」と変節し、沖縄県民は激怒して、以後「聞く耳」を持たなくなってしまった。

この時、鳩山首相を「勉強」させたのが岡本行夫氏だ。

重要施策について「勉強していなかった」という首相も首相だが、それをそう認めさせる進講者もすごい。やはり「アメリカの意向」という強いオーラが、ここという時には威力を発揮するのだろう。

別の話になるが、この「勉強してわかった」ということでは小泉元首相の反原発論者への転身一件がある。

今や彼は日本で最も熱心な原発反対派だが、首相在任中は（勉強不足のため）推進派だったという。彼が「勉強していたら」ひょっとすると福島事故は起きなくてすんだかもしれない。為政者のポテンシャルの如何は、当然のことかもしれないが、なんとも高くつく。

「反米」の烙印を押されて難行する民主党政権をまた大試練が襲う。二〇一一年三月十一日の大地震・津波と、それによる原発事故だ。

二万人という死者の数や物的損害では『3・11』は、たとえば『関東大震災』には及ばないかもしれないが、初めて経験する、それも世界規準で最高レベルというような苛酷な原発事故が誘発されたという点で、それは文字通り有史以来の大災害といっていい。

そのような大災害が、よりによってまだ経験値の浅い民主党政権時に起きたというのは、歴史の意地悪さか。あるいはいたずらなのか。

時の内閣の長だった菅直人首相の対応にはなにかと批判がある。

一九九五年の『阪神淡路大震災』時に政権の座にいたのは自社連立の村山内閣だった。その時の村山首相の対応と比較した菅への批判は冗談ともつかぬものだった。曰く。

「村山はなにもしなかった。が、菅は余計なことをした」

菅の行いが「余計」だったかどうかは知らないが、鳩山と同じ理系だった彼が、なまじ事故の重大さを理解できたがために幾分冷静さを欠いたという面はあったことだろう。しかしそれを、ましてや「民主党が政権をとっていたから」とすり替えた議論に持っていくことは、とりわけ、原発政策を現在も無反省に堅持している者に許されるわけがない。

運転が停止しても核燃料が高温を発し続け、充分な冷却がなされなければ、ごく短時間で文字通り爆発的な危機に達するという原子炉のおそろしい特性を、国民の大多数はこの時まで識らなかった。遠い異国で起きた『チェルノヴイリ事故』を「原子炉の構造が古くて問題があり、運転員がドジだったから起こったのだ」と認識していた人も多かっただろう。恥ずかしながら、僕もその一人だった。

菅首相よりも無能だったのは原子力安全委員会の班目委員長だった。そして、それよりももっと、滑稽なまでに無能だったのが東電の清水社長だった。

何の用事でか当日奈良に出張していた彼は、その日のうちに東京の本社に帰ることもできず、帰って来ると間もなく「血圧が…」というような理由で入院してしまった。

抑制できない水蒸気のおそろしい圧力で原子炉が四基も吹きとんだのだ。血圧もあがろうというものだが、この情けない社長が出した指示で唯一確かなのが、

「メルトダウンという言葉は口にするな」

だったというのだから畏れいる。

こういう無能で小心な人がなぜ東電のような巨大組織の長にまで昇りつめることができたのかと

いうと、彼は優れた「コストカッター」だったのだそうだ。

「他のどんな電源よりも安い」という嘘（信じられないことに通産省（経産省）は現在もそう言い続けている！）をさらに補強すべく、彼は安全の命綱を何本もカットした。その手柄で彼は出世したが、事故対策と復興費用で既に、彼のカットした分の何千倍という費用と労力が『フクシマ』には投じられている。それだけではない。双葉郡三町から飯舘村に至る広大な、日本の古里といってもいいような国土は、半永久的といってもいいほどのしぶとい放射能汚染にまみれて無住の地になっている。

津波災害と原発事故の当時、菅内閣の「参与」になられていた思想家の松本健一さんは、ある意味で僕の恩師である。

すこし以前から民主党の議員を相手にした「教室」を開かれていて、「主な連中はみんな来ているんだよ」と、松本さんはまんざらでもない顔で話され、そのことを本に書かれたりもしていた。「参与・松本健一」の名が新聞やテレビでクローズアップされたのは、原子炉災害にふれて松本さんが「被災地には今後十年は人が住めない」と発言した時で、「ひどい！」「被災住民に対する配慮がない」というバッシングが菅首相にも及んだ。その時、「自分じゃない。松本さんが言ったんだ」と火の粉をふり払った菅首相の言葉か態度の印象が僕にはある。この印象が間違いでなければ、菅首相はたしかに責任能力と人格・識見において、いくぶん問題のある人だったのかもしれない。

松本さんに参与を依頼したのは、「親友」といっていいほどの永年の友の仙石官房長官で、担当は、鳩山内閣が先に掲げてそれっきりになっていた「東アジア共同体」構想の推進だった。原発はまるっきり専門外だったわけだ。しかし松本さんには『海岸線の歴史』のような自然環境や災害に関する著書もあり、津波被災と原発事故のダブルパンチで官邸が混乱する中でその存在が突出してしまったのだろう。

もちろん、松本さんがつい洩らした「今後十年は」などという言葉がひどく控え目だったことは自明だった。もっとおそろしい事態だということに、マスコミも一般市民も多く気がついていた。ただ、直視したくなかったのだ。おそろしすぎる、ために。

バッシングを受けて松本さんは表舞台からは消え、それからは本来の守備位置である「東アジア外交」に当たるのだが、その辺に関することは著書『官邸危機』（ちくま新書）に詳しい。


この項の本題に戻る。

「トランプ政権は日本のアメリカ離れをうながす」という論調に最近はしばしば出会う。まったくそうだと思う。

トランプが、下品で、計算高くて、内向きで、高圧的で、アジアに対して差別的であればあるほど、日本人のアメリカイメージは悪くなり、今までは見えにくかった日米関係の黒い部分が見えてくる。それは願ってもないことだ。

従来、アメリカと仲良くつきあえる総理大臣が日本の指導者として好ましい、と、保革を通じてなんとなく国民は思ってきたのだったが、相手がトランプになってこの事情は変わった。オバマやクリントン（夫妻）のような「理想的アメリカ人」イメージが覆いかくしてきたアメリカのエゴイズムを、トランプは正直にも全くかくそうとしないから、「仲良くするのも考えものだ」と、現在は多くの日本人が考えはじめている。

そういう中で、あさましいまでにトランプの友達ぶっている安倍首相も目下まきぞえをくいつつある。これも、いい。

米朝シンガポール会談の直前に行われたG7カナダサミットの分裂は、トランプにつめ寄るメルケル独首相を強く印象づける傑作写真で世界に知れわたった。

アメリカ以外の国＋（アメリカ＋日本）＝G7、という数式が露呈してしまったのだ。こういう数式を「美しい」と見るかどうかはセンスの問題だが、すくなくとも「アメリカの傍（できれば一番近く）にいれば日本は安全で、世界から孤立せず、したがって美しい」と信じてきた人は今「嫌なもの」を見ている。

こんなはずではなかった、と思い始めている、はずだ。

この変調は、この後「北朝鮮問題」を中心にますます大きくなり、「アメリカに寄りそっていれば」という考えは試練にさらされるだろう。

今でこそトランプは北朝鮮に顔を向けているが、それは北の核ミサイル開発が無視できない脅威のレベルに達してしまったからで、「米朝和解」でそれが解決してしまえば、もともと半島情勢になぞ興味がないから、「イスラエル」や「対中貿易」や「メキシコとの壁」のような本来の関心事に向き直る。

北の核放棄はしっかりチェックするだろうが、そのあとの「体制」のこととかは、たぶん「どうでもいい」と彼は思っている。日本では大きな関心事とされている拉致問題にしても、金正恩に言ったことは「何とかしてやれよ。でないとそれを口実に日本は金を出し渋るゾ」というくらいがオチだろう。

冷戦の全期間を通じて、アメリカは日本（と韓国・台湾）を共産主義に対する橋頭堡としてきた。あたかも将棋の駒組みのように、相手がこう来ればこう…という戦略が描かれ、それぞれの国や地域の事情がどうあれ、このパワーポリティクスは動かしようがなかった。しかし、現在はちがう。社会主義の敗北というめでたい形で冷戦は終わり、相手は投了した。

プーチンのロシアはトランプにとっては「できればうまくやりたい相手」で、共産党の中国も、そんな体制問題なぞどうでもよく、商売で儲けさせてくれるなら最良の友にしてもいいと彼は考えている。

在韓や在日のアメリカ軍も、経費は全部負担するとでも相手が言うのならともかく、金がかかってどうしようもないから、体裁を保つくらいで、できれば引きあげてしまいたいというのが本音だろう。

「自国を護りたいというのなら、憲法でもなんでも変えて自前の軍隊をつくり、自分で護るがいい。ただし、その場合は優秀なアメリカ製の武器を金に糸目をつけずに購うことだ。そして、まかりまちがってもその軍隊でアメリカにたてつこうなどとは思うな。その時はまた……。判っているだろうな」

いささか品がないが、トランプの考えはこんなところだろう。

いささかも観念的なところがなく、判り易い。「そんな奴とわかったら縁を切る」と、すぐにでも言ってしまいたい相手だ。

だが、日本にはそれが言えない。「アメリカ離れ」をしたいものだと、内心相当に思っている人でも、言えない。

理由は、中国の脅威だ。

この脅威は「刃物を持った隣人」のようだった（米朝会談があったので過去形で書く）北朝鮮とは違って、本物の、本当の脅威だ。

明治以来、日本は近代国家の仲間入りをすべく、アジアを離れ（脱亜）アメリカやイギリスに近づいてきた（入欧）。その政策は相当うまくいったのだが、やはり生まれは争えず、イギリスと、次いでアメリカとも仲たがいしてしまった（いわば「いじめに遭った」「シカトされた」ようなものだ)。

それで「そういうことなら」とアジアに目を向け、『大東亜共栄圏』なぞと言ってはみたが、先の態度を知っているから隣人達はみんな冷たい。「今さら…」というような顔をしている。

極めて単純なとらえかただが、こういう状況が今後起こりうるだろう。

友達だ、と思って媚をうっていた相手が急に冷たくなるのだ。そうなってから、以前喧嘩で仲違いした相手に「よりをもどそう」といっても簡単にはいかない。

民主党・鳩山内閣の『東アジア共同体構想』は、そういう「手遅れ」となってしまわないうちに、早目に根回しをしておこうというものだったのだろうが、文字どおり、天が味方をせず、それは消えてしまった。

だが、「天」だけでなく、そういう「友好」的なメッセージは他の現実にも冷水を浴びせかけられた。「領土問題」だった。

四、「領土」という軛

松本健一さんに関係したことをもうすこし書く。

松本さんは『若き北一輝』で若き日に論壇デビューを果たした硬派の思想家だ。その松本さんが民主党のブレーンとなり、菅内閣の参与になったというのも一見皮肉だが、「右でも左でもない」その立場も「アジア主義」という点では紛れもなかったから、「アジア外交」担当でと友人の仙石長官に請われて、「よし、それならば」と引き受けたのだろう。

この時、じつは民主党政権のアジア外交、その要《かなめ》である対中国外交は重大な危機に直面していた。前年九月に発生した尖閣諸島海域での「漁船衝突事件」の処理の不手際で、他ならぬ仙石官房長官自身が野党自民党から集中砲火を浴び、「日中友好」も、菅内閣そのものも立ち往生の状態だったのだ。

仙石由人という人は社民党（社会党）のベテラン政治家で弁が立ったから、少々貫目が軽い菅が首相でも「自分がいれば大丈夫」と思っていたのだろう。国会答弁での目立ちすぎから「オレオレ官房長官」とか「影の総理」とかいわれていて、要するに、自分からすすんで鳩山・小沢に次ぐ「標的」に名乗り出ていた。集中砲火の餌食には、なるべくしてなったわけだ。

巡視船に荒々しく衝突する漁船の映像はワイドショーでくり返しくり返し流れた。しかもそれは

「憂国」の保安官が故意に流出させたもので、政権のたてまえとしては日中友好の観点から「国民に見せてはならないもの」だった。「見せてはならない」としつつ長官とその周辺は散々見ているじゃないかとお茶の間世論は沸いた。まさに劇場型政治だ。そこに船長を罪に問わないという司法判断が出た。それを「諒とした」ことをとらえて自民党は「なんたる弱腰か！」と仙石長官を追及したのだった。

民主党政権のこの対応は、じつは似たような事例で小泉政権がとった「なかったことにしてさっさと国外追放」という処置とたいして変わる所はなかった。しかし、ワイドショー的に事が盛りあがったことで「良い攻撃チャンスを得た」と自民党は勢いにのった。一介の中国人ゴロツキ船長に政治が翻弄されたのだ。

もともと、何故か中国政府は民主党政権に冷たかった。同年には日本人商社マンの「スパイ容疑」での逮捕事件や「レア・アース問題」等もあり、政権に対する中国の意地悪は目立っていた。そしてこの後、「尖閣国有化問題」のこじれで、日中関係は皮肉にも、「友好」「アジア重視」を掲げる民主党政権下で近年稀に見るような最悪レベルまで悪化していくことになる。こういうのを「歴史のいたずら」または「ミステリー」と、たぶん言うのだろう。

ともかくも、本来の守備位置についた松本健一さんは日中関係の修復につとめる。しかしその努力も、震災見舞いに対する日本側の対応の悪さをカバーするという程度にとどまり、同年九月の内閣退陣と共に、松本さんの政治現場での役割はあっさり終わりを迎えてしまうのだった。

松本さんは不思議な人だった。

「左翼か右翼か判らない」というのは自称でもあったが、加えて年齢が、判らない。

実は一九四六年の生まれ。僕とは数え年で一歳しか違わない（学年では二学年違う）。

それなのに、書くものを読むと、とてもそうは思えない。丸山真男、竹内好、埴谷雄高、吉本隆明といった「歴史上の人物」と、論敵や弟子として深く交っている。「文壇の葬儀委員長」だった埴谷老人に、ある時は肩をかしたりもしている。だから僕は、面識を得る以前は、てっきり「六〇年安保世代の人」なのだろうと思っていた。

「会ってください」と声をかけたのは『王道の狗』という自由民権運動にからんだ作品に解説を兼ねた対談が欲しかったからで、「いつも刃物を懐中に呑んでいる」という物騒な噂も、まさしく刃物のようなそのお顔もこわかったが、勇気をふりしぼって依頼したのだった。

自由民権運動が早すぎた民主主義の勃興だというような、色川大吉さんあたりの「解説」は僕には物足りなかった。それはたしかにそうでもあったのだろうが、それだけでは大勢がその後国家主義へと傾斜していく事情が判らない。それを「民権から国権への転向」で片付けてしまっては身もフタもない。だいたい、大多数が「転向」してしまわざるをえないような運動は、マルクス主義もそうだが、その運動の内身がもっと深く検証されなければいけないのではないか。

そんな生意気な考えを前置きにして話をうかがったのだが、話の中身よりもまず僕の印象は「笑顔が案外と可愛らしい人だ」というものだった。松本さんのほうでも、たぶん初めて会った「漫画家」という変わった人種に興味を持たれたのだろう。以後覚えが目出たくなり、文藝別冊の『三島由紀夫・没後35年・生誕80年特集号』では、別に三島読者でもないのに対談相手に指名されたりもした。

その松本さんとの最後のかかわりは二〇一四年だった。五月に、また僕は対談をお願いした。『天の血脈』という、今度は日露戦争前後を背景にして「朝鮮問題」と「天皇制」を問う欲張ったテーマの作品のためのもので、収録は当作品の四巻と五巻にまたがっている。

この時、出版社のロビーで待ち合わせた僕は、先に来られてソファに座っておられた松本さんを別の年配の人かと思った。後にして思えば「やつれ」が見えておられたのだ。

しかし、松本さんはよく話された。作品も、畏れ入るほどよく読み込まれていた。

帰路、お酒好きの松本さんと同様に嫌いでない僕は池袋のビアホールに入った。しかし松本さんの酒杯のペースは遅く、「体調が悪い」という様子だったので早目に、震災時、参与当時の御苦労なぞもあまり訊くことなく二人は店を出た。

「韓国に行かないか」と誘われたのはその時だったか、それとも後日の電話でだったか。用件は言論NPOが主宰する討論イヴェント「日韓フォーラム」への参加だった。

同NPOは「北京・東京フォーラム」というのも主宰していて、こちらのほうは先行して回を重ねていて、松本さんはその両方の御常連だった。

「君のようなヘンなのも入っていたほうがいいんだよ」

松本さんはすこぶる正直にそんなふうに言った。

「政治家や学者や新聞記者ばっかりで面白くない。ヘンなのもいてくれたほうがいいんだ」

『天の血脈』は朝鮮に舞台が移るところだったから非常にタイミングがよかった。あつかましく二つ返事で僕は引き受け、言論NPO工藤代表の「面接」も通って、六月に初めてソウルの土を踏んだ。

日本側の代表は川口順子元外務大臣だった。他に、民主党政権時に短い間外相だった（現在はたしか自民党の）松本剛明氏、自民党議員、慶應大学教授、元駐韓大使といった方々がメンバーで、たしかに松本さんが言っていたように「ヘンなの」は僕一人だった。

到着早々、現在は国連大使になられている別所駐韓大使のはからいで「昼食会」ということになった。その席でたまたま（というかなるべくしてというか）「竹島問題」が話題になった。

「竹島は韓国に譲っていいんじゃないですか」と、僕が口をはさんだ。

漁業権さえ保障されれば本音ではそれほど、と、問題の前線基地の島根で以前聞いたような記憶もあったのでそう言ったのだが、この「けしからん」発言は左右にいた両元外務大臣から反論（というか、お叱り）を受けた。そういうことを言ってはいけない。それではロシアのクリミア併合等に対してもモノが言えなくなる、等々というのだ。僕は「クリミア併合には（話せば長くなるけれども）もともと自分は反対ではないし、竹島が日本領だという絶対的な証拠もない。だいたい竹島を公式に日本領としたのが日韓併合直前の微妙な時期だから今に至るまで韓国側の喉に刺さったトゲになっている。そんな小さなトゲすら抜けないようなら領土問題なんてひとつも解決できませんよ」と、最後の一言はほとんど捨て科白のように言った。

悪いことに、僕を誘った松本さんはその場にいなかった。講演等でやりくりがつかず、一足遅れて来る、ということになっていたのだ。

松本さんがいてくれたなら上手くこの場を収めてくれただろうな、と思いつつ、このままでは大使のおもてなしのせっかくの昼食が不味くなると空気を読み、自分から議論はやめてあとはおとなしくなった。

フォーラムの「議論」は、たしかにおもしろくなかった。僕の発言の機会もさしてなく、ただ自己紹介をかねて「きみのような変なのもいたほうがいいんだと誘われて来てみたけれど、見たところ韓国の側には変なのがいない。次の機会には是非相方に変なのを参加させて、そしてもう少しくだけた議論をしたほうがいい」というようなことを言って、それだけがちょっとウケた。

午前の部が終わって昼食会の時には僕の隣に松本さんがいた。昼食の中華料理を食べながら、松本さんは「キミを連れてきてよかった」と言った。

松本さんはその後、やはり講演の先約があるからということで一足先に帰国した。だから、「キミを連れて来て…」という小声のひとことが、僕の耳に残る松本さんの最後の声になった。

その後、十一月に松本さんは亡くなる。御病気は胃癌だった。

五月に感じた「やつれ」はその病いのせいだったのだろう。健脚を誇り、若い頃と体重が変わらないことも自慢していた松本さんが病いを得たことに参与時の苦労が関係していたかどうかは、もちろん僕には判らない。

松本健一さんにかかわった話が存外に長くなった。その理由は、松本さんが僕が直接識る数少ない論壇の著名人の一人だったからだ。「右翼か左翼かわからない」とされつつ基本的にはナショナリストで、安倍現首相や中曽根、小泉元首相と気脈が通じる面もあったようだ。そういうことから「要するに政治が好きなんだろう」(佐高真)と、肌の会わない人からはかなり嫌われてもいたらしい。

もっとも、松本さんは「国家主義《ナショナリズム》ではなく、自分のは愛郷主義《パトリオティズム》だ」と常に言っておられた。それを僕は、「国家」という元来怪しげな概念にとらわれて思考を狭くせず、もっと確かな、目で見え、肌で感じられるような地点で思想を育み、政治を考えようということだと理解していた。

時には署名入りで、松本さんからはたくさんの御著書をいただいた。周回遅れの読書は、しかし今も、全然追いついてはいない。

「ナショナリズム」の中身の大きな部分を占めるのは「領土」の問題だ。

「愛する郷里」というような馴染みの深い土地とは多くの場合それは違い、行って見たこともない場所や、竹島や尖閣のように、そもそも行くことも容易でないような難所や最果ての岩礁だったりもする。

日本が当面する「領土問題」の対象地は三ケ所ある。「竹島」と「尖閣」と「北方領土」で、いずれもそのような所だ。

立場をあらかじめはっきりさせたほうがわかりいいから、この三つの問題についての僕の意見をまず書いてしまう。

「竹島」は先に書いたような理由から「韓国に譲るべし」と考えている。「尖閣」は反対に中国に譲ったりしてはいけない。「北方領土」は、日米安保条約が今後どうなるかにかかわらず、軍事基地を（アメリカのも日本のも）置かないという条件で返還して貰うべきだ。そう思っている。

床屋政談のようになってしまうからそれぞれの理由をくどくどとは書かない。書かないけれども目下一番アツい問題になっている尖閣についてだけ言うと、なによりも、そこでの対中譲歩は中国の「南支那海占有」というあつかましい大国主義と闘っている東南アジア諸国への裏切りになる。それはいけない。

もともと、中華思想の国中国にとっては台湾でさえ「化外の地」だった。十七世紀に日中混血の革命児鄭成功が明朝の亡命政権を台湾に建て、それを清朝が「捨ててはおけぬ」と獲ったから台湾本島は清国領になった。尖閣のような小島は、それでも眼中に入れては貰えなかった。そこに日清戦争の直前に目をつけ、日本領としたのはおそらく陸奥宗光か、天才軍略家川上操六の炯眼だったろう。

そういうことで、日清戦争以来の帝国主義的な獲得領土にかろうじて含まれないことで、尖閣は残った。北方領土を領土として主張する時も、竹島をそうする時も、理由はせいぜい「かろうじて」だ。決して「固有の領土だから」などという理由で主張してはいけない。

「固有」というような意味でいえば北海道も沖縄も日本固有の領土などではない。とりわけ沖縄は、ほんの百数十年前まで「琉球王国」という独立国だった。そういうことは、ちょっと歴史に関心のある子なら小学生だって知っている。文科省が「固有の領土であるということを学校でよく教えろ」などというのはひどく教養のないおせっかいだ。

逆の例もある。

小笠原諸島は沖縄と共に戦後アメリカの統治下に置かれたが「沖縄返還」と同時に日本に返された。しかし、無人島だった小笠原島に、江戸時代末に初めて定住したのは捕鯨船で渡海してきたアメリカ人だ。その子孫は現在も、風貌にそのおもかげを残しつつ、日本名を名乗って住んでおられる。

最初の住人がアメリカ人だったにもかかわらず幕末・明治にアメリカが小笠原をアメリカ領とせず、戦勝で一旦統治下に置いても律儀にまた返したのは、江戸時代の古資料に「小笠原は日本の一部」と解すべき記録があったからだ。

その古資料というのは林子平の『三国通覧図説』で、鎖国中に絶版を命じられたこの書が海外に流れ、ヨーロッパで数ケ国語に翻訳されたことで（国際ルール的に）、その権威が認められた。その書に添えられていた不正確な地図の「色分け」を根拠に、小笠原は日本領であると認定されたのだという。

この「数ケ国語に翻訳された」というところがキモだそうで、その辺のところを味わい深く描き込んでおられるのは大河長編マンガ『風雲児達』（リイド社）の著者みなもと太郎さんだ。領土問題ということを本当に教育の場で考えようというのなら、検定で硬直化した教科書なんかに拠るのではなく、サブカル資料を含めた、こういう生きた素材をもとにして考えさせたほうがいい。

「クリミヤ問題」についても私見を述べておきたい。

クリミヤ半島の帰属に関しては、もともとソ連時代にクレムリンが二つの読み違い、もしくは失敗をやらかした。ひとつめはフルシチョフの時代で、ロシア共和国に属していた当該半島を「地続きだから」ということでウクライナの一部とした。中世の昔に「キエフ・ルーシ」と呼ばれ、いわばロシアの故地でさえあるウクライナが、将来よもや独立するような事態に至るとは考えなかったからだ。

「ソ連邦解体」を強引にリードしたエリツィンも読みちがえた。

解体後の受け皿としてエリツィンが用意した「独立国家共同体」は、案の定、すぐにバラバラになった。のみならず、バルト三国をはじめとして、構成する国々が続々と西側に、NATOになびきはじめた。「ロシアの中のロシア」だったはずのウクライナも政争の巷になり、親ロシア、反ロシアの政権が交互して、結局親ロ派のヤヌコビッチは斃《たお》され、親米マフィアとつながりを持つと云われるポロシェンコ政権の国になった。

そうなると、ロシア有数の保養地であり、歴史的なヤルタ会談の舞台であり、黒海艦隊の母港セバストポリを有し、八〇パーセントのロシア系住民の暮らすクリミヤは反ロシアの側に奪われてしまう。悪くすると、永遠に。

二十一世紀のピョートル大帝を気取るプーチンがそんな事態を甘受するはずがない。そこで彼は住民選挙を組織し、ロシア帰属を意志決定させたうえで「併合」した。

決して「不当」ではない。

スターリンやヒトラーがやったような領土拡張ではない。

結果としてわずかばかり「ロシア」の領土は広くなったが、それは「ソ連解体」によって失われた天文学的な広さの領土から見れば「ごく一部」である。それを現状変更というのならば、旧西側のNATO拡大のほうがはるかに大きな「現状変更」に当たる。

かつてゴルバチョフはドイツ統一に当たって旧東ドイツまでNATOが拡大することを怖れ、NATO非加盟をコールに懇願した。そんなことを頼むあたりにゴルバチョフの人の好さがあり、だから彼はレーガンにもエリツィンにも負けてしまったのだが、その後の展開は「統一ドイツのNATO加盟」どころではなかった。バルト三国も、チェコも、ポーランドもNATOに加わり、そこに弾道ミサイルを配備する「東欧ミサイル防衛構想」が大浮上した。

表向きそれは「イランの脅威に対する備え」ということだったが、「それならばコーカサスに基地用地を提供しよう」というプーチンの申し出を断ったことで見えすいたウソがばれた。「ロシア封じ込め」が、もちろん主眼だったのだ。

子ブッシュに較べて理性も知性もあるオバマがアメリカ大統領になっても（二〇〇九年）、この戦略は変更されなかった。自由の人オバマはブッシュ以上に独裁者プーチンが嫌いだったから、それも当然といえた。「新冷戦」と呼ばれる冷たい関係がこうして生まれるのだが、それがかつての『冷戦』のような非妥協的な思想対立とは違うものだということは、ずっと前に書いた。

もうこのくらいにしよう。

「領土」という問題は、とにかく低レベルだ。「神から与えられた」というような神聖不可侵な「領土」はどこの国にもなく（イスラエルはそれをパレスチナで主張しているが）、「固有の領土」もない。あるのはそれぞれの地にまつわる歴史的な経緯と政治かけひきで、それを考えるためには、まず柔軟な思考力が要る。

しかし「領土」という軛はその思考力を停止させる。ちょうど、お隣りさんとの敷地境界のたかだか数センチの巾の違いが仲を決裂させるように、頭は硬直して物の道理がわからなくなる。そのレベルなら「浅ましい」と人は嗤うのだが、事が大スケールになってくるとその浅ましさが「ナショナリズム」を名乗るようになる。強欲と狭い器量が中身の、思想ですらない「イズム」であるにもかかわらず、だ。

Ⅳ 天皇制の「オリジン」

一、「内なる」天皇制

「内なる天皇制」に負けた。

こんな言い方が一九六九年から七〇年頃に流行した。「キザな言い方だな」と思いつつ、至言かもしれないと自分も口にした記憶がある。

いったいどこから発したのか。「背中の銀杏…」や「おたく」のように嚆矢を名乗る人がいるのか。以来、なんとなく気になってはいた。

小熊英二著『〈民主〉と〈愛国〉』（新曜社）を読んでいて、思いがけないところでこの言葉に出会った。

終戦直後、「戦争責任」と「個の主体性」を根源的に問う文学運動を担って立ちあがった『近代文学』の同人達が異口同音に口にしていた、というのだ。平野謙や埴谷雄高、荒正人といった作家達は全共闘派の間でも人気だった。そうだったのか、と思ったが、意外に古くからその言葉があったのだ、と、ちょっと驚いた。

僕のイメージではその言葉は、中野重治の小説『村の家』に結びついていた。

小説は東大新人会出身の作家で、検挙された作者自身と、北陸の農民である父との葛藤を描いている。病弱で留置に耐えられないと感じた作者の化身は「偽装転向」して保釈されるのだが、それを迎えた老父は、息子や娘達を病いや政治運動に奪われたことを嘆きつつ、老農夫の律儀さで「もの書き」になっている息子を責める。偽装であれ何であれ、「転向」した弱さを詰《なじ》るのだ。

「転向と聞いた時にゃ、おっ母さんでも尻餅ついて仰天したんじゃ。すべて遊びじゃがいして。遊戯じゃ。屁をひったも同然じゃがいして。――今まで何を書いてよが帳消じゃろがいして」

「本だけ読んだり書いたりしたって、修養が出来にゃ泡じゃが。お前がつかまったと聞いた時にゃ、お父つぁんらは、死んで来るものとして一切処理して来た。小塚原で骨になって帰ると思うて万事やって来たんじゃ……」（新潮文庫）

老農夫の父は、続けて「そういう文筆なんかは捨てるべきじゃ」と言う。何を書いても転向の言い訳になる。そんなものなら書くな。筆を捨てて農民になれ、家には並以上の田畑も家屋敷もある。借金も並み以上だが、嫁も一緒に田に入ればやっていけないこともない。

「一体どうしる積もりか?」「これから何をしるんか?」と迫る。

作中の中野の化身は逡巡の末に「自分は肚からの恥知らずかもしれない」「他人に説明しても分からぬような破廉恥漢なのだろうかという、漠然とした、うつけた淋しさ」を感じつつ、「よく分かりますが、やはり書いて行きたいと思います。」と答える。

作中、圧倒的な存在感を見せるのは、それなりの教養を持った骨太な農夫の「父」である。子ども達を巡る病死や逮捕といった不幸で半気狂いにもなったという母の小さな姿である。それに較べれば、獄死の恐怖に負けて転向を装った作者の、

「失わなかったぞ、失わなかったぞ!」

と強がる自己憐憫が、なんとも哀れではかない。

昭和十年という時期に、当局の監視の中で書かれた作品は当然複雑に屈折している。しかし、戦後も日本共産党の中枢で活動し、国会議員になり、反党分子として除名もされるという浮き沈みの激しい特異な作家であり続けた中野重治は、文学論争の相手だった「近代文学」の作家達からも一目を置かれた。

その近代文学の同人が「内なる天皇制」と呼んだのは「闘いの対象」であり、「自分自身の問題」(『〈民主〉と〈愛国〉』)だった。「露骨な戦争協力こそ行わなかったものの、戦中に転向し、沈黙していたという悔恨は、彼ら自身の問題でもあった」(同)から、「自分の内部にある『天皇制』に根ざす半封建的な感覚、感情、意欲——そういうものとの戦いにおいて初めて天皇制を否定することが

でき」（同書、荒正人の発言引用）るのではないかと、荒や平野や小田切秀雄達は考えた、というのだ。それは、戦争が終わった直後の、反省と無反省と偽装反省がごちゃごちゃに入り混じる状況のなかで、文学者達が痛切に考えた真摯な問いだったのだろう。

全共闘運動の敗北的行きづまりの中で我々が感じ、口にした同じ言葉の意味は、それとはすこし違っていたように思う。

それは、言ってみれば『村の家』における「父」の論理に近いものだった。

権力に負けて転向するような者の書くものはたいしたものでない。それよりも生活が大事だ。先祖から受け継いだ田畑や、家や、苦労して生きてきた者や、今も生きている者の、営みのほうが大事だ。敗戦を経ても実はしぶとく生き残っていた「天皇制」とはそういう庶民の感覚の総和で、戦前戦中の命をかけた左翼運動よりはるかに薄っぺらな自分達の思想や運動なぞ、それに対してはまったく屁のようなものにすぎなかったのではないか。

そういう反省的な思いだったように記憶する。

だから、運動が後退期を迎えて、流行したのは柳田民俗学だった。フロイトの精神分析学、レヴィ＝ストロースの文化人類学、難解なシュールレアリズム、それに続いて構造主義……。どれも、僕にはとっつきにくいしろものばかりだった。

我々にとって思想界の主役だった（そして現在でも主役であり続けているような）吉本隆明が、「天皇制」に挑んだ方法も、「民俗学」と「文化人類学」だった。その思想的営みは『全南島論』として大冊にまとめられているが、その論の一端を僕は氏の講演で聞いた。あこがれの師の肉声で、場所もあこがれの文化の殿堂「紀伊國屋ホール」で、である。

しかし、僕は爆睡してしまった。

当時は慣れない写植工見習いの仕事で疲れていたせいもあったのだろう。だが、それだけではなかった。

「天皇制を無化する」「対象化する」方法として氏が説かれていたのは、それが「南島起源であること」の解明だった。あわせて、大嘗祭や婚姻の儀の秘事とされている部分までが公開され、識ることができれば、天皇の神聖＝超人格性や、幻想としての政治権力もはがれ落ちる。論の大意はそのようなことだと僕は理解していた。

なんだかひどく遠回りだ、という感じがしていた。

我々を根深い日常のレベルで受け付けなかった生活者である庶民が、まさしく日常感覚として持ち続けている「内なる天皇制」を撃つのはいいとしても、もう少し手近で、使い勝手のいい方法がありそうなものではないか。そう思っていた。

講演は一九七〇年の九月上旬であったらしい。してみると疲労感は、初めて経験した東京の夏の暑さからもかなり来ていたのかもしれない。

吉本さんの口調は予想外にとつとつとしていた。自身の雑誌『試行』誌上から『新日本文学』の武井昭夫や花田清輝に投げつけていたような、喧嘩腰のべらんめえ調ではなかった。聴衆も無論、ブントの学生集会のようなノリではなく、いたって静謐だ。

眠くなるのも無理はない、のだった。


大思想家吉本さんには悪いが、僕は「天皇制を無化し、対象化する」ためには、『南島論』は要らないと思っている。

『古事記』・『日本書紀』で充分だと思っている。

その理由を、ちょっと乱暴に書く。

二、『記・紀』と『南島論』

二〇二〇年は『日本書紀』編纂一三〇〇周年だ。でも東京オリンピックの年だし、それでなくても『日本書紀』は（『古事記』に較べて）人気がないから、たいして話題にはならないだろう。

それにしても、『古事記』という書物が正式な国史だったとして、その僅か八年後に、あらためて『日本書紀』が編まれたのはどうしてなのだろうか。

『古事記』がいいかげんだったからだ、それしか理由はない。

『古事記』は語り部の稗田阿礼と天武天皇との、ほとんど一対一の密室作業で成ったのではないかという説もある。天皇の死後、やっとそれは出来あがるのだが、文体がひどくて当て字ばかりだからとても外に出せるようなシロモノではない（だから本居宣長も読むのに苦労をした）。

それで汎《ひろ》く当代の学識経験者達から成る「編集委員会」を立ちあげ、資料も収集して、中国や韓国のような先進国に見せても恥かしくないものに、内容も、より現国家権力に都合が良いようなものにまとめて出版し直した。そういうことだったろうと思う。

いずれにせよ、時の権力がつくらせた歴史書ということで、とりわけ古い時代の分については資料価値としての評価が低い。だから戦前、津田左右吉博士が資料批判の観点から歴代天皇の実在性に疑問符をつけ、すくなくとも二代から九代目までの天皇は実在せず、初代と十代目は同一人物だろうという「欠史八代」説をとなえて大問題になった。

津田博士は迫害されて早稲田の教授を辞めさせられた。学問への、権力の不当な圧力の犠牲者になった。しかし、そのことがあったために津田博士は戦後の史学会のヒーローになった。「津田史学」の成立である。

戦後、歴史学は「実証できる」ということが何よりも大事になったから、その意味ではほぼ全員が津田博士の弟子になったといっていい。当の津田博士は天皇に畏敬の念を持つ人だったからいろいろ行き違いもあったようだが、とにかく「欠史八代」は常識だということになり、天皇制の成り立ちを「記・紀」の神話伝承から考えるというような立場は、学問世界からはほぼ排除された。

しかし、この「実証主義」は史学界に大きな代償を払わせた。

上古史から、固有名詞が大量に消されたのだ。

日本に文字が伝来したのは朝鮮を経由して中国からだから、それが使われだしたのは当然両国より遅くなる。さらに、「木と土の国」で、石や金属に刻んだ遺物「金石文」が少なく、湿気が多くて、在ってもその残存条件が悪いときているから、「実証」手段が限られてくる。

一九六八年、埼玉県行田市の稲荷山古墳から出土した「金錯銘鉄剣」に記された「獲加多支鹵大王」（ワカタケル大王、雄略天皇）の名が、今のところ「実証された」最初の天皇名ということになっている。

皇統でいえば第二十一代だ。津田博士が「実在したかもしれない」としている第十代の崇神天皇より、さらに十代以上も後の人だ。

銘文に記された年号によると、それが刻まれたのは「辛亥の年。定説では四七一年」とされている。これより以前に年代と共に確証を得られている人名といえば、二三九年に中国の魏朝に使いを送り金印と鏡を貰ったとされる、かの卑弥呼だけだ。その間の空白は実に二百年余り。しかも、卑弥呼が治めていたとされる邪馬台国の所在地さえ、議論百出でいまだに確定されていない。

しかし、稲荷山鉄剣銘文に刻まれていた人名はワカタケルだけではない。ワカタケルに仕えた銘文の主ヲワケの家系八代の名も刻まれている。その初代がオホヒコ（大彦）である。

大彦命《おおひこのみこと》は『記・紀』によると第八代孝元天皇の第一皇子、崇神天皇の治世下での外征を担った「四道将軍」の一人で、大和箸墓古墳の被葬者と『記・紀』が記す倭迹迹日百襲姫《やまとととひももそひめ》の甥に当たる。

箸墓の築造は、以前は西暦二八〇年頃とされていた。しかし、それが卑弥呼の墓ではないかという説が「邪馬台国畿内説」の柱として強調されてくると、伝えられる卑弥呼の没年・二四〇年頃とのひらきが不都合になってきた。それで近年は様々な年代測定法を駆使して箸墓の築造時期はじりじりと繰りあげられ、現在では「卑弥呼の没年とほぼ同時代」ということに、科学的実証研究では、なっている。

「科学」を決して馬鹿にするわけではないが、なんだかおかしい。

最近ではこんなことがあった。

「箸墓の近辺から（加工された）梅の実が出た。科学的年代測定によるとその古さは邪馬台国時代に当たる。これで邪馬台国が畿内に在ったことがほぼ証明された」というのだ（毎日新聞夕刊、二〇一八年五月十五日）。

以前には「紅花が出たから…」という新聞記事も見た。散々の議論の挙げ句「梅干し」や「紅花」が証拠だというのだから畏れいる。そしてこういう、梅干しや紅花を重視する学者は、例えば鉄剣銘文の「八代の系図」に対しては「つくりものの名前だ」と言う。あれこれと難くせをつけて「胡散臭い」というのだ。

大彦の実在がまさに金石文である稲荷山鉄剣銘文で証明されたと見るなら、八代の「欠史」のうちうしろからの二代、「開化」と「孝元」の実在も証明されたことになる。そして、彼らの時代が旧来箸墓が築造されたとされていた時期、西暦二八〇年前後だということも、だ。そして、このような推論をおし進めていくことで、「邪馬台国の時代」が「天皇制発生の時代」とほぼ重なるのではないかという史的想像が成立する。

天皇制を、その起源を、「歴史として」とらえることは可能なのだ。

しかし、吉本さんの『南島論』はそれとは逆の考えだ。

吉本さんは言う。

「日本の統一的な問題は、おそらく、琉球・沖縄の問題の中に、日本の統一的共同体形式の歴史的な具体的な過程の問題が、すべて包括されている」（一九七二年、高崎経済大学での講演）

「もし日本の国家、あるいは国家権力と呼んでいるものを、どこから根源的にくつがえして

ゆくのかという課題――この課題に思想的に耐えるのは、たぶん南島だけだとおもわれます」（一九七一年、共産同《ブント》政治集会にて）

「天皇制権力というものが――いわば統一国家というものを成立させたわけですけれども、――そういうものはどこからやって来たかということはまったく現在も不明です。あるものは朝鮮から、つまり大陸の方から朝鮮を経由して来たというふうな説もありますし、あるいは南朝鮮と――親縁関係にあった北九州における豪族といいますか、そういうものが、だんだん中央に進出して来て統一国家を成立せしめたという考え方もあります。――そうしますと、ここで何が敗北したのかというと、つまり天皇制武族（ママ）、あるいは権力全体が統一国家を成立せしめる以前に存在した、そういういわば日本の大衆全部ですけれども、全大衆が総敗北したというふうに考えることができます」

「宗教それからいろいろの風俗・習慣、そういうものすべてを含めましてこれを共同幻想というふうに呼びますと、その共同幻想というものと、――その逃亡せしめた勢力の共同幻想というものを交換するということなんです」

「たかだか千数百年前に存在したにすぎない統一国家の勢力というものが、あたかも遠い以前から――存在したごとく装うことができます」

「国家権力あるいは法権力というものは首のすげかえが出来るということなんです。つまり――古代天皇制の統治国家の起源のところへ溯っていくわけですけれども、――よそからやって来て「バーッ」というふうに統合するということは可能だということなんです」(一九七〇年、社学同明治学院大学支部政治集会にて)

いずれも気心のしれた政治集会での発言なので、僕の聞いた紀伊國屋ホールの講演より、たぶんずっと判り易い表現だろう。

要するに吉本さんは、あとからやってきて「バーッと」共同幻想をからめとってしまった天皇制国家の統治原理を、そのからめとられた側からの視点で見やぶり、統治そのものをひっくり返してしまおうというわけだ。そして、その、からめとられたものの痕跡は南島によく残っているから、南島の習俗の中から天皇権力があとづけにまとったものを見分け、より分けて裸にしてしまおうと。

しかし、そんなことが出来るものだろうか。

南島に色濃く残っている、征服色の強い天皇制日本以前の遺風といえば、それは「縄文的なもの」ということだろう。実際、カラフトから琉球に至る長い日本列島弧に住んでいた縄文時代人が、半島から渡来した弥生人の浸透圧で南北に押しやられたことは、大規模な遺伝子調査で既に確かめられている。しかし、今日それを言い、思い慕っても、それは情緒的な縄文ブームを後押しすることにしかならない。

だいたい、天皇家が奥深い秘儀としている婚姻や葬祭のしきたりが、南島の習俗と似ているかどうか、僕は知らないし、知りたいとも思わない。

思わないが、もしそうだとしたらそれは、南島のみが、まだ完全には天皇制日本に「バーッと」

統合されておらず、「敗北」もしていないということになる。これは吉本さんに指摘されるまでもなく、歴史的に正しい。

長い琉球弧は大昔から与論島以東と、沖縄本島、先島諸島に分かれていたのではないかと思う。現在の、鹿児島県と沖縄県の県境、つまり「沖縄返還」以前の、日本とアメリカ統治下の「非日本」の境界で、だ。

「ヤマト」と日本本土を呼ぶのが琉球列島のどこまでの人なのか、僕は識らない。しかし、この「ヤマト」は疑いもなく「邪馬台《やまと》」である。邪馬台国の昔から、琉球は、間違いなく沖縄本島とそれより西の島々は「非邪馬台国」だったのだ。

では、沖縄以東の奄美諸島はどうか。これはよくわからない。

しかし、邪馬台国が男王をいただく隣国の狗奴国と仲が悪く、度々抗争をひき起こしていたらしいことはかの『魏志倭人伝』に記されている。それは女王卑弥呼にとって悩ましい問題だったらしいから、遠い沖縄との抗争とも思えない。与論島以東、奄美諸島全部と南九州、「クマソの国」と呼ばれる球磨郡・曽於群までが（時々エリアを伸び縮みさせつつも）ヤマト国と非ヤマト国（沖縄）の間の、干渉地帯だったのではないかと、僕は考えている。

そういうことを教えられたのは、度々告白しているのだが、素人歴史家原田常治《つねじ》さんの著書『古代日本正史』（同志社）によってだ。

論議の的になっている『魏志倭人伝』の読みも、おおよそで言えば原田さんのが一番正しいのでは、と、今も思っている。

長くなるので「原田説」の紹介はしない。紹介はしないが、ひとつだけ他の説にはない特徴をあげると、中段の地理説明で延々と国名表記が連なる箇所に注目している点だ。「邪馬台国に至る、女王の都する所…」に、短い文をはさんでつながるくだりだ。

そこはこうなっている。

「次に斯馬《しま》国有り。次に已百友《じはき》国有り。次に伊邪《いや》国有り。次に郡支《たき》国有り。次に弥奴《みな》国有り。次に好古郡《こかた》国有り。次に不呼《ほこ》国有り。次に姐奴《つな》国有り。次に対蘇《つさ》国有り。次に蘇奴《さな》国有り。次に呼邑《こお》国有り。次に華奴蘇奴《つなさな》国有り。次に鬼《き》国有り。次に為吾《いが》国有り。次に鬼奴《きな》国有り。次に邪馬《やま》国有り。次に躬臣《こじ》国有り。次に巴利《はり》国有り。次に支帷《きい》国有り。次に烏奴《あな》国有り。次に奴《な》国有り。

此れ女王の境界の尽くる所なり」

この異様な連らなりは「列島」を示す表記としか考えられない。そして、原田氏によると二十一のこの国名（島名）は、現在（一九七〇年代）の奄美諸島の、人が住む島の数にぴったり合致するというのだ。

「其の南に狗奴国有り…」と倭人伝の記述は続き、「鯨面《げいめん》文身」とか「以て蛟竜の害を避く」とか「好んで沈没して魚蛤《ぎょこう》を捕らう」というような南方的な描写になる。そして極めつけの、

「その道里を計るに、当《まさ》に会稽（浙江省）東冶《とうや》（福建省）の東に在り」

の一文でもって沖縄本島の位置を正確に示し、一段落となるのだ。

沖縄は邪馬台国《ヤマト》ではない。従って日本《ヤマト》でもない。その事実が日本を記述する異国の権威ある歴史書にこれほどはっきりと記述されていることに驚かざるをえない。そして、つい百五十年前の琉球処分で琉球王国が消滅するまで、文字通り有史以来、沖縄が非日本であったことには言葉を失うばかりだ。

三、「国体＝象徴天皇制」の歴史化

沖縄は元来日本ではない。だからそこに「日本の天皇制権力」によって「統合」される以前の風俗・習慣＝共同幻想が色濃く残っているのは当然だ。しかし、日本に先ず政治的に統合されて以降は、それはいずれ「総敗北」してゆく運命からのがれられない。

政治的に極論化すれば、沖縄は「独立」しなければ、基地問題を筆頭とする現在の桎梏を脱し、名実共に天皇制国家「日本《ヤマト》」に包み込まれることを拒み、かろうじて残る「非邪馬台」の遺風を護ることはできない。

『南島論』の論理を敷衍すればそのようになる。

つまり、日本の「革命」には結びつかない。「包み込まれ」「統合される」先住民の「敗北の歴史」を逆ベクトルの攻勢に転じさせる方法を、たぶん吉本さんはこれ以降の論の展開の中でも、示してはおられないだろうからだ。

『南島論』の論法によれば、象徴天皇制の下でも、沖縄（南島）にかろうじて残る「非邪馬台国」の残滓は、いよいよ日本《ヤマト》に吸収され、「あたかももともとそうであったかのように」共同幻想化されるしかない。戦争責任を生きる今上天皇が心をこめて寄り添っても、縄文以来の原日本人に続いて、「どこから来たかわからぬ」天皇家種族の統治する日本に、沖縄は「敗北」する運命にある。

そういうことになる。

「歴史化」という方法はそれとは違う。

もっと単純素朴で、具体的だ。


天皇制の命は「万世一系」だ。これをくつがえせばいい。

簡単なことだ。『記・紀』を読めばいい。

従来、『記・紀』は天皇制の正当性を証明する書物だ、とされてきた。天皇制を敵視する革命家も、「実証性」を大切にする真摯な歴史家も、まともに相手にすべきではないと考えてきた。が、そうではない。

古代の人々は案外に正直だった。あるいは、今日の人々に較べて「嘘をつくこと」が下手だった。そして、天武天皇や藤原不比等や、雄略天皇のような古代の独裁者も、真実をあとかたもなく破壊し、ねじ曲げるような犯罪的な強権発動を、しなかった。

それは古代の人々の理性でもあっただろう。しかし、それよりも大きかったのは、どんな強権によっても意のままにできない、世間に汎《ひろ》まっている云い伝えや、噂の力だったのではないだろうか。

文字の使用範囲がごく一部に限られていた時代である。今日とちがって権力の言論統制は機能しづらい。国民に「公式」の歴史記述を押しつけようとしても、国民の大多数はその記述そのものを読めない。

いきおい、「世間で云われていることにはさからえない」ということになる。人の口に戸は立てられないのだ。権力者にできるのは、学者達に圧力をかけ「可能なかぎり」という範囲内でそれを都合よくねじ曲げることだけだ。

『記・紀』の記す古代の王位継承は、醜い争いや、謀略や、裏切りや、嘘に満ちている。それらを『記・紀』はかくさずに書くのだ。その歴史学的使命感は、むしろ見事というしかない。

例えば『日本書紀』は「一書《あるふみ》に云う」を連発する。「諸説ある」という意味だ。いろいろと資料にあたったが様々な云われようがある。「これが本当」と判定はできないから異説も書き添えておく、というのだ。なんという謙虚で誠実な姿勢だろうか。

「不都合な真実」を、ほぼそのままに書いている箇所もある。そのもっとも決定的な例が「神功皇后の三韓征伐」の件りだ。

神功皇后は新羅の亡命王子の後裔であることを誇る氏族・息長氏の出で、夫はヤマトタケルの子とされる第十四代の仲哀天皇。

彼はいたって父おもいだが、強い女房に支配されがちな心細い王でもある。その彼が九州で妻と対立する。反乱をくりかえす熊襲を鎮めてとりあえず国内を安定させようとする仲哀に、妻の神功は外征を迫るのだ。「海のむこうに国が在るというがそんな国は見えない」といぶかしがる彼は不自然に急死してしまう。

「邪魔者」がいなくなって、神功皇后は忠臣武内宿禰をともなって雄躍海を渡り、一族の故地である韓半島南部を征服して凱旋帰国する。この時に子をもうける。子は仲哀との間でできていたのだが、遠征は「十月十日」より長い間だった。それで皇后は生まれ落ちようとする胎児を石を抱いた腹帯でおさえつけ、九州に帰って早々、その子を産み落とした。これが第十五代応神天皇となる。

無茶苦茶な筋書きである。

神話解釈を専門にする人はこれを王の貴種性を誇張する書法だとする。あるいは、こういう無茶苦茶な内容だから、そもそも「三韓征伐」というような史実はなく、神功皇后も、三百余歳も生きたと云われる忠臣武内宿禰なる人物も実在しないとする。

そうだろうか。

人間は十月十日胎内にいて産まれるというのは今も昔も変わらない生物学的な真実で、だいたいそういうものだということは昔の人達も知っている。それに合わない出産となると、普通は「いったい誰の子だ、そいつは」となる。「貴種」どころではない。どこの馬の骨かということになる。神聖な王の系統を順序立てるために、常識的にはそんな危ない橋を渡ることはしない。

『記・紀』の流れもそうなっている。

「いったい誰の子だ。そんな奴の相続権は認めない」と正当にも主張して、仲哀と先妻との間に生まれた二人の皇子が神功の帰国を阻止しようとするのだが、逆に彼らは「反乱者」として殺されてしまう。

こういう不自然ないきさつのせいか、神功とその子は王都の在る大和平野に入らず、大坂平野に権力の基盤をおく。以後数代続く「河内王朝」の起《お》こりである。

この「壮大な」エピソードは戦前は最も有名な皇国神話だった。神功皇后と武内宿禰の肖像画は紙幣に最もよく登場した。

しかし、戦後、一転して二人は不人気キャラクターの代表になった。

韓国遠征なんてありえない。五代の帝に仕えて三百年も生きた「忠臣」なんて！　石の腹帯なんて‼というわけだ。

かえって、このエピソードは江上波夫の仮説「騎馬民族征服王朝説」の下敷きにされて、そっちのほうでむしろ有名になった。

「天皇制を無化」するという意味では、天皇一族は外からやって来た征服者だとするほうがストレートで判り易く、戦後の気分にマッチしたのだろう。江上波夫は文化勲章も受章した高名な学者で天皇に「御進講」もしたはずだが、昭和天皇は自身のルーツについてのそういう「解説」を、いったいどういう気持ちで聞いていたのだろうか。

「騎馬民族征服王朝説」は、さすがにもう当初のままの形では相手にされていない。しかし、変わって「三韓征伐」が浮上するきざしもない。

大王陵とされる古墳を「○○天皇陵」などと呼ぶべきではないと主張された森浩一先生は最も厳格な実証主義歴史家の一人であられたのかもしれないが、最後の御著書『敗者の古代史』には神功に排除された二皇子、香坂《かごさか》王・忍熊《おしくま》王への哀歌ととれる一章がある。先生は「三韓征伐」の記述を、「荒唐無稽な神話」とも「外来の征服者の事績の反映」とも見ておられなかったのだろう。さすがの炯眼だと思う。

ごく普通に考えれば、応神天皇の「父」は武内宿禰ということになるだろう。「孝元天皇三世孫」という記述もあるが、彼の素性ははっきりしない。強調されているのは「忠臣」であるということだけだ。その「臣」と渡来系氏族息長氏の女との間に生まれた子が皇位を継いだとなると微妙な問題になる。

建国神話には二本の太いルーツがある。「天津神」の後裔とされる日向族と「国津神」の裔の出雲族の流れだ。皇統というのはこの二本の流れが撚り合わされたものなのだが、応神が神功皇后と武内宿禰の子であった場合には、ここで「皇統」はほとんど断絶する。

孝元の三世孫云々は、それこそ編集者の後智恵のレベルで、とても疑念を支えきれない。彼の王族としての血はあまりに薄く、神功に至ってはそれが「皆無」だからだ。

「十月十日」を越える日数、胎の中にいて生まれたという苦しい言い訳を『記・紀』がするのはこの「断絶」を弥縫するためだ。まさしく、古代の人ならではの不器用な嘘、正直さの顕れであると言っていい。

「皇統の断絶」が疑われる箇所は他にもある。残虐な武烈天皇から継体天皇への継承もそうだ。後世のことで『記・紀』の対象からははずれるが、南北朝の対立も「正統」を巡る大きな論争を生んだ。

僕はしかし、皇統の断絶によって天皇の系譜が無価値になるとは考えていない。「万世一系」とはもともと「幻想」であり、嘘を含んでいてもいいと思うからだ。

ただ、「嘘がある」ことがあまりにもはっきりと判れば、「盲信する」必要はないのだと無理なく思うことができる。それでいいのではないか。

もともと「系図」などというものは嘘を含むものだ。苦し紛れの縁組みや出生のごまかしなどは普通にあって、むしろ、それでなくては何十代というような長い家系は説明できないものなのだろう。

天皇家の場合、それが有史以来一二五代も続いている。これは大変なことだ。

天皇家に次ぐ系譜となると天橋立に在る古社・籠《この》神社に伝わる社家海部《あまべ》氏の系図で国宝になっている。三輪山の神・饒速日命《にぎはやひのみこと》を祖とする尾張氏につながっていて現宮司までで八二代を数えるという。やはり天皇家はすごい。

「天皇家」というのは跡づけられた長大な系図を持つ古代王族の子孫で、あまりにその出自が古くまでたどれるから「国民統合の象徴」になってもらっている——そういうことでいいのではないだろうか。

古代以降、概ね、天皇は政治的実権を持たなくなった。「象徴」であることが常態化した。しかし例外的に王として実権を持つこともあって「親政」を試みた時期もあったが、それはうまくいかなかった。明治憲法下での、天皇を立憲君主とした時代は、もっとも酷くそれが失敗した時代で、それは時代錯誤の祭政一致に政治が迷い込んだからで、天皇が決してふたたび「現人神」とならぬようしっかり予防を怠らないのであれば、国体として、つまりそのような歴史的存在としての王族を象徴として持つという特有な国のかたちとして、天皇制は存続し続けてかまわない。

そう僕は思っている。

要するに、二度と再び、国民が「天皇のための死」を強要されたり、「天皇の赤子」であると思わせられたりしなければそれでいいのだ。

べらぼうに古い家系を持つ、生き神様ではなく、生きた歴史のような特殊な人達、そのような存在として国民が自然に天皇家を見ることが常態になれば、天皇制は「無化」されたことになる。

天皇制の「歴史化」とはそのようなことだ。だから、『国体論　菊と星条旗』の白井氏のように「お言葉」に過剰反応する必要はない。『南島論』の吉本さんのように、わざわざシャーマニズム次元での「神聖」をほじくり返して、「超人格化」という、「寝た子を起こす」ようなことをする必要もない。

僕は、そう思っている。

V 「サブカル屋」の現場から

一、歴史を描く、ということ

つい数日前、『ヴイナス戦記』という、僕のアニメ時代の最後の作品を観た。一九八九年という歴史的な年の公開で、興行成績も、たぶん「歴史的に」不入りだった（はずだ）。

社会主義が終わり、昭和が終わったこの年で僕のアニメ時代も終わった……というようなことを、斉藤光政さんとの共著『原点』に僕は書いたが、この「記念碑的な」作品『ヴイナス戦記』を、僕は以来三十年、一度も観ていなかった。僕が観なかっただけではない。世間にも、僕は「観せなかった」。

「封印」していたのだ。

他人に傷を触らせないという、まったく個人的な理由でそうしたのだった。

が、時代が変わってネット社会になり、この「封印」が効いていなかったことが判った。製作会社S社の不誠実さから、何ケ国語かの海外版がつくられ、それが逆輸入されているというような事情も人に教えられた。意地になって「封印」していたことが阿保らしくなった。

たまたま、僕の住む街の小さなシネコンが1スクリーンを提供してくれた。二〇人を超える旧スタッフも集まり、35ミリフィルムの回転で、それは映写された。

恥ずかしい話だが、僕はすこし、感動した。


『原点』で書いているのだが、『ヴイナス戦記』という原作漫画とそれを元にした百分強の長編映像を、僕は自分の「恥」だと思い続けてきた。

既に終わりが見えているのに、おそらくは半永久的に終わりがこない「冷戦時代」という時代の閉塞感に気を滅入らせ、本来「好きでもなく」入ったアニメ界でそこそこの才能を使い果たし、何を云うでも、何を訴えるでもない映像をこしらえて、案の定興行的にコケ、誰にも気付かれぬまま「引退」した自分の人生最大の屈辱。そう思ってきたのだった。

これも『原点』で書いたことだが、冷戦終結後の世界の動きが、僕の敗北感にさらに駄目を押した。ロシアの混乱、ユーゴの内戦、湾岸戦争、ネオコンの擡頭……。そうした「結局なにも変わっていなかった!」という意外感に満ちた様々な出来事が、「何が時代閉塞だっ」と僕をうしろからド突いた。

当時は要するに、「ネタに困って」いたのだった。

八〇年代というバブルの時代にたまたま歩調を合わせて、アニメというサブカル領域も急速に膨張していた。「ガンダムブーム」の後を追ってオタクアニメが雨後の筍のように芽を出し、それを尻目に「正統派」宮崎アニメが擡頭して国民的アニメの座を占め、大友克洋のような異能が他業種から侵入し、若い親父キラーの庵野秀明グループが評論家人気をかっさらっていく。そういう様相のいわゆる『アニメブーム』が、社会的な汎《ひろ》い認知を得て盛りあがっていたのだ。

そういう中で僕は、「何を、どうつくっていいのか判らなく」なっていた。だから、時の時代感に合わせて「行き詰まった状況下の若者のなげやりな行動」をドラマ仕立てにし、「なんとなく、これでもいいのでは」と思うことにしていたのだった。

三十年の時を経て、ほとんど忘れかけていた自作は、実際そのように出来ていた。

粗暴なギャンブルオートトレースにあけくれていた少年達が、突然の敵国軍の侵攻に遭って結束し、反抗する。理由は自分達のホームスタジアムが敵の前進拠点にされたのが「気にいらない」からで、たまたま手にいれた武器で無謀に反撃し、ひどい目に遭う。

グループの中で最も反抗的な主人公は、結局正規軍のタンクバスター部隊に一本釣りされ、敵将の乗る巨大タンクとたまたま一対一で対決する流れになり、そして「運良く」勝つ。そういう話だ。

格別のカタルシスも、明日への希望も、メッセージも、思想のごときものも、なにもない。「ネタがない」作者が、苦しまぎれにひねり出したということがよく判る。

舞台になっているのが、これも「たまたま」小惑星が衝突して部分的に「地球化《テラフォーミング》」された金星だ。そこを緑化して将来的にも人が住み続けることができるように、と、一応は公共事業なぞもしているのだが、その片方で早々に仲間割れして「国家」が出来、戦争が起きる。当然、若者達は年長者達の「政治」を信じない。刹那的で、反抗的な生き方に流れ、「なにか面白いことが起きないか」という危うい期待感を無責任に膨らませている……。

今にして思えば案外に「脱政治」以降の情況を捉えている。ちがうのは、ベトナム戦争が終わり、冷戦の帰趨が（少なくともソ連側の勝ちはないというふうに）見えはじめ、経済もまだ当分は成長基調で「世界は大丈夫」という楽観気分が現実世界のほうには（特に日本には色濃く）あったことで、現在は、その大丈夫感も相当あやしくなってきている。

「それほどひどい仕事じゃなかった」

そう僕は思った。

小さな自分の会社が、低予算で、人を必死にかき集めてこしらえたにしては、「出来」自体はそこそこなはずだという自負だけは当時からあった。問題は僕の敗北感で、文字どおり「手のひらを返す」ような業界の冷遇ぶりにキレたこともあって、僕はアニメというサブカルの一領域と絶縁したのだった。

『ヴィナス戦記』のスタジオがあったのは田無という西武沿線ではちょっと繁華な町の街道沿いだった。永年つきあって来た「サンライズ」とも喧嘩別れして、自分で借りた小さなフロアだった。

再開発された駅前一帯は今でこそ巨きなストアやマンションですっきりしているが、当時は「消防車が入れない」ということで問題になったほどの迷路だった。その迷路の一角に小さな本屋さんがあった。新着の雑誌が店先にあることで、かろうじて「古本屋さんではない」と判るような店で、隙間が目立つ棚の片隅に、黄色っぽい「その本」はあった。

先に一部を引用した原田常治著『古代日本正史』と『上代日本正史』だ。

黄色っぽいのを「黄ばんでいるのかナ」と思ったほどの地味な印象のその本が、どうしてその本屋さんの貧しい商品棚に置かれていたものか。とにかく、この出会いが僕に「古代史を描く」気を起こさせてくれた。

同じ頃だったか。以前からお世話になっていた校條《めんじょう》満《みつる》さんというベテラン編集者さんから「古事記を描きませんか」というお誘いもいただいた。

二つ返事、だった。

僕の漫画家転業第一作、書きおろし本『ナムジ』全六巻がこうして始まった。

古くからある神社の由来、いわゆる「伝承」を素に歴史を説き起こす原田さんの「古代史」は、もしかすると「サブカルチャー」なのかもしれない。

「学問」といえば、それはもちろん堂々たるメインカルチャーである。「〇〇大学教授」のような肩書きを持った学者の方々は、我々素人にも読めるような入門書や解説書の類いの本も書いてくれるが、本職的には専ら難しくてとっつきにくい論文を書いておられる。そういうもので築きあげた地位と実績をバックに発言し、影響力を行使し、認知されている。

想像するのだが、そういう世界にはたぶん面倒なしがらみや、束縛や、制約がある。「社会的に認められる」ということの代償としての不自由さがある。「サブカル」には、それがない。

原田さんの上記の本は「トンデモ本」の類だ。原田さん自身が小さな出版社の社長であるという地位を利用して出版したという事情からすれば「私家本」だ。だから「学問」的とはお世辞にもいえない内容だし、当然の報いとして「学界」というメインカルチャーからは、現在も、当時も、相手にされていない。

サブカル屋の僕の『ナムジ』以下の一連の仕事は、このサブカル本をほとんど下敷きにしたものと言っていい。

それ以前には、一時かなり流行した古田武彦氏の、いわゆる「古田史学」との出会いが、あるといえばあった。

古田武彦という人も「学界」というメインカルチャーの世界では不遇な身の上だったのだろう。「反中央」「反津田史観」のその立場はかなりかたくなで、論理は尖っていて喧嘩腰だった。その外《け》連味《れんみ》が、これも想像するのだが、氏を一種の袋小路に追い込んでしまったのではなかったか。

大和王権に対置する「九州王朝説」への過度の執着と、同様の「地方中心史観」の発露であった

「東日流《つがる》外三郡誌論争」で氏は窮地に立ち、劣勢のまま死んだ。

古田史学敗退の決定打になった『偽書東日流外三郡誌』の著者が『原点』の僕の共著者であり、この本のことでもお世話になった東奥日報社の斉藤光政さんであることには不思議な縁のようなものを感じる。

斉藤さんが新聞記者の執念で古田教授を追いつめた状況の一端は斉藤さんの口から直かに聞いた。メインカルチャーの雄をめざし、あくまでもメインカルチャーの人として立ち続けなければならなかった古田武彦という人の姿は、そういう立場とも、野望とも縁のない僕には、なんだか傷ましく思えた。

原田常治という人はそういう剣呑な野心を持たない人だったのだろう。「老後の道楽」として、奥さんを伴って古社や古伝の地を巡り、奥さんにシャッターを押させて自身のそういう姿を図々しく自著に収め、悠然と自説を放言しつつ原田さんは逝った。サブカルを生きた人の「至福」を見るような心地がする。

「古事記は半分が嘘、日本書記は三分の二が嘘」というのがその原田さんの自論だが、それぞれを「半分が本当」「三分の一が本当」と読み換えるだけでも面白い教唆が見えてくる。前にも書いたような、権力でさえも「戸をたてる」ことができなかった大衆レベルの言い伝え、語り伝えの集積としての歴史が見えてくる。

『ナムジ』に始まり、続編の『神武』、小品の『蚤の王』、そしてつい先日完結した『ヤマトタケル』の四作は、そうした「伝承」をベースに、ほとんど悪ノリに近いまでに、僕がサブカル味を加えて作った「怪しい」料理である。美味いか不味いかは判らない。しかし、食べても死んだりお腹をこわしたりは、たぶん、しない。そう思っている。

二、サブカル・アナーキズム

「サブカルはゴミ」と、以前に言ったことがある。北京大学というような大層な所で話をした時にも、僕はそんなふうなことを言った。

「サブカルチャーと呼ばれるもののなかには、ほとんどゴミでしかないものや、有害なものやグロテスクなものもいっぱい混じっている。もしかするとほとんどがそうなのかもしれない。しかし、それを選別して『良いもの』と『悪いもの』とに色分けしたりしてはいけない。そうするとサブカルの命が失われる。『自由』こそ、サブカルにとってとても大事な命なのだから」。そのようなことを、北京大学という特異な場所柄を意識しつつ、僕は話したように思う。

今日《こんにち》は、僕が迷い込んだ一九七〇年ごろとは比較にならないほど「サブカル」が見直されてきている。特異で有能な「作家」達が既に相当活躍していた、大衆小説や、漫画や、ポピュラー音楽の世界は、その頃でもかなり社会的に認められていたが、「アニメーション」は、特にテレビ・アニメーションとそのスタッフ界隈は、明らかに「陽の当たらない世界」だった。

そういう世界に「世界に誇る」というような冠詞がつき、政府が文化政策の目を向けるなどという情況は、まったく、想像もつかないことだったというしかない。

そういう世界の、さらに暗い片隅を這い回って来て、落伍して、そして現在もほぼそのようにしている僕は、当然そんな世相を素直に寿ぐ気にはなれない。

うっかりしていると「良いもの」と「悪いもの」とにより分ける干渉が、お上からも世間からも、絶え間なく来ると思っている。のみならず、同業者も「選別」すると思っている。なんのことはない。かく言う自分も、心の中では絶えず選別している。「これは駄作だ」「こんなモノのどこがいいんだ」「どうしてこんなモノを！」と。

しかし、それを評価の基準にしようとは思わない。思わない、ことにしている。自分の眼力には自信がないし、世の中の良し悪しの基準は絶えず変わっていくし、いわゆる「流行」にも、自分はとてもついていけないからだ。

サブカルはゴミだ。アウト・ローだ。

そう考えると腑に落ちることがいくつもある。

サブカルじみていたかつての学生運動が、「背中の銀杏が…」と高倉健を気取ったり、藤（富司）純子の「お竜参上！」にシビれたりしていたのは理由のないことではない。

ヤクザや芸人はかつて「良民」ではなかった。「賤民」であり、河原乞食であり、差別を受ける者だった。そして、そういう立場に居直る輩だった。そういう気概は、差別を峻拒する現代の社会にあっても依然あっていい。

ゴミだ、恥部だ、半端者だと自認して、そのうえで、「だけど、あなどってくれるなヨ」と、いつでもひらき直れる気概が、サブカル屋には必要だと思う。そういう気概を持たぬ者が「表現の自由」に甘えたりするとしばしば問題を惹き起こす。「選別」の機会を事あるごとに狙っている権力側の好餌になり、同業者に迷惑をかけ、自身も、他人に泣きつくようなみっともない破目になる。

そのような例は、かつては性表現にかかわるものが大半だった。今、その主流はレイシズムに移ってきているように思う。

「良いものは良い」というような戦後的な価値観に飽きた反抗的気分が、誰でもが不特定者を相手に発言できるネット社会に便乗した悪童ぶりになって顕われている。その影響が、元来お行儀の悪いサブカル界にも出ているのだろう。

お行儀の悪さが弱者（と見る者）への傲慢さになって出る。昨今危うくなってきた優越感が、中国や韓国に対する軽薄な強がり愛国心になる。みっともない。

ただし、愛国心がみっともない、とは、僕は思わない。

目下、ロシア・ワールドカップが盛りあがっている。日本は久しぶりに予選リーグを勝ちあがって、今夜か明日夜には（いいかげんだな）ベルギーと決勝リーグ初戦を戦う。格別サッカーファンではないが、僕はもちろん観るつもりだ。

先日、ある新聞のコラムで辛口が売りの女性コラムニストが書いていた。ワールドカップはうっとうしい。なるべく期間中はサッカーファンに近付かないようにしている。この次はオリンピックか。ああ、当分うっとうしい…云々。

人はそれぞれだからいいが、「これだからリベラリストは駄目なんだっ」と、僕は思った。これだから、結局リベラリズムは大衆に負けるんだ、と。

その女性コラムニストのリベラリズムが「イズム」でなく、単に「生理的なもの」であるのならそれでいい。好き・嫌いをとやかくいうことはない。しかし、少々であっても「イズム」の色を持っているなら、そんなものはいざという時には（「オリンピック金メダル」の某柔道選手がはからずも言った品のない言いぐさだが）「屁のつっぱりにもならない」。

小熊英二氏が大著『〈民主〉と〈愛国〉』で言っておられることだが、普段つい直結させてしまう「民主＝リベラル」「愛国＝右翼」の図式でさえ、戦後史のなかでは複雑に屈折してきている。「民主主義」はマッカーサーに（『日本国憲法』の形で）強権付与されたが、やがて左翼陣営の拠り所になった。「愛国」は今でこそレイシストの好むところだが、かつては「民族主義」と共に反米スローガンとして左翼に重宝がられ、〝我が祖国…〟と労働歌にもなった。

「民族」も然りだ。マルクス主義の公式の定理では「民族意識」などというのは観念の産物だから革命にとって邪魔物でしかない。しかし、天下のスターリンが肯定的な論文を書けば、世の共産主義者達は必死で学習して右へならった。「民族・民主統一戦線」は、永く（ひょっとして現在《いま》も？）日共のもっとも代表的なスローガンになっている。

「日本民族」というのは日本列島でできた混血民族だが、その主成分は大陸系とよばれる弥生人だ。つまりは朝鮮人や満州人に近い。北一輝が「天皇は朝鮮人顔だ」と言ったのは有名な話だが、日本が大陸進出に熱中している時には、それは不敬な物言いにはならなかった。かえって、朝鮮併合や

「五族協和」のスローガンの後ろ支えになった。

「日本人単一民族説」は存外に新しいと、小熊氏は別の本で書いておられるそうだが、そちらのほうは、僕はまだ読んでいない。

正直な話、「単一民族の国」日本に生まれて良かった、と、僕は思っている。厳しい民族対立にも、多言語社会の厄介さとも、おかげで無縁でいられるからだ。だから、さして抵抗感を持たずに、スポーツのナショナルチームや日本人選手を僕は応援できる。なによりも、他国の言葉や習慣を何も知らない僕は、日本以外の国ではほとんど幾日も生きていけない。

僕の生まれた北海道は、古代の日本列島をミニチュア化したような混血容器だった。東北各地を中心として、内地のあちこちから渡ってきた人々が、固まったりほぐれたりしつつ「混じり合い」をじわじわ進行させていた。だから、北海道にいる間には、僕は「日本人の単一性」に、いささかの疑念も抱くことはなかった。

しかし、弘前に行ってそれが若干変わった。

津軽氏の祖とされる大浦為信は、肖像画で見る限り「蝦夷《えぞ》」の色が濃い。茫々たる髭、鋭い眼光。普通に日本人であるとは思えない魁偉な容貌である。

為信ほどの異相の人はいないが、津軽にはややはっきりと「津軽の顔」がある。いまどきの形容を使えば「醤油顔」ということになろうか。棟方志功の版画のような顔で、個体差はまさに醤油の匙加減という程度だ。

蝦夷、といえばもちろん北海道が本場だ。そのはずなのだが、しかし、松前藩の時代からのアイヌ人への圧迫があまりにも苛烈だったために、明治の初めには、蝦夷地の先住民・アイヌ人は少人数のか弱き民になり果てていた。だから、差別を含むアイヌ問題は、北海道では多く「地域問題」でしかなかった。アイヌ語由来の地名の上で暮らしながら、「異民族」の存在を意識しないままで、多くの北海道民は生活できたわけだ。

津軽の人には、その顔の特徴以外にも心に独特の屈折がある。「コンプレックス」と「誇大妄想」だ。手頃な代表が寺山修司と太宰治だろうか。太宰の出身地である五所川原市（旧金木町）の芦野公園にある彼の文学碑の碑文が短くそれを言い当てている。

〝選ばれて在ることの恍惚と不安、共に我にあり〟というのだ。なんと素直で正直な物言いを、太宰は後世向けに刻ませてしまったことだろう。もっとも、後世に向かって告白して彼は早世した。恍惚と不安のアンビバレンツに、まるで引き裂かれるように、だ。

コンプレックスと誇大妄想が生んだ最大の戯画が先にも触れた『東日流外三郡誌』だろう。太宰と同じ五所川原在の和田長三郎という人が「発見した」とされた大量の「古文書」は超古代に津軽で栄えた王国の記録とされ、巷にあふれたトンデモ本のネタとしてはエース級の扱いで、先述の古田武彦氏を含んだ学者間の論争にも発展したのだが、現在では「偽書」であるとして完全に決着をみている。

この、和田という人の悪ノリぶりが可笑しい。

地元の村誌が公式にそれをとりあげたり、中央の出版社や雑誌が反応したりしたことで彼は調子づいてしまったのだろう。「古文書」は続々と発見され続け、それに記された古代の「秘史」も調子が脱線してきて、「なんだかおかしい」ということになった。いわば墓穴を掘ったのだ。

長三郎さんを酔わせた嘘の恍惚感は敗者意識の裏返しだ。その敗者意識の裏には、安倍氏という俘囚長の貴種をかつて頭領として担いだという津軽人の半端な誇りがある。これも、たぶんいけなかった。大言壮語が止まらなくなり、しまいには本人にまで嘘が本当に思えてきたのではないかと思う。

「神武東征（東遷）」を史実と把えて描いた拙作『神武』には、敗者となった長髄彦《ながすねひこ》とその兄が大和から東北へ落ちてゆく件りがある。個人的には、津軽十三湖に伝わる長髄彦伝説には今も惹かれているのだが、長三郎さんの無責任な暴走でそれにもケチがついた。「津軽人気質」を幾分か知ってはいる身だが、やはり「いいかげんにしなさいよ」と言いたくなる。

蝦夷《エゾ》と呼ばれ、明らかな異民族と見なされるようになる以前は、東国の荒ぶる武族は蝦夷《エミシ》と称された。蝦夷の側でも、大和《ヤマト》と同化を進めながら、奥州に藤原氏の王国を築くまでは、弥生人成分の濃い大和王権との共存は可能と思っていたのだろう。だから、大和王権の東、北への漸進はよどみなく進んだ。

が、南の琉球弧ではちがった。

前にも書いたように、沖縄はもともと日本ではない。邪馬台国の時代から日本《ヤマト》ではない。琉球国、古くは狗奴国という全く別のクニだった。

日本《ヤマト》との境界は与論島の西だ。だから同じ琉球弧でも、奄美諸島は琉球国に属さない。

「対話（訊き書き）」にも収録されると思うが、精神科医として沖縄で務め、戦争時に受けた精神的外傷の遅発性発症事例を見つけ出した旧友の蟻塚亮二氏は「奄美と沖縄は違う」と、僕の問いに対してきっぱり答えた。

奄美には「沖縄に（琉球国に）いじめられた」という意識が残っているという。優勢だった琉球国の勢力がしばしば東漸し、邪馬台《ヤマト》との境界に迫った時期があることを云うのだろう。

復元された首里城を見ても判ることだが、城壁の石積みも建物も明らかに日本とは違う。さりとて、中国でもない。沖縄は沖縄なのだ。有史以来、驚くべきことに、ずっと。

その沖縄を、明治初期日本は併合した。そして同化政策を進め、先の大戦では本土の防波堤とし、戦後はアメリカの占領にまかせて軍事基地化を黙認した。この非道な処置から発生するストレスが、ほとんど臨界に達して現在《いま》沸騰している。

「沖縄」で、日本のナショナリズムは試されるのではないか、と思う。

沖縄が「独立」を欲した時、日本が、日本人がどう対応できるか、という点で、である。

もちろん、沖縄に独立をうながす必要はない。日本にも、日本人にもその権利はない。それは沖縄人が発意することだからだ。

だから、沖縄人が、その多数が「独立」を口にした時に、日本人の「ナショナリズム」が厳しく問われることになる。

その時は、もはや尖閣がどうこうなどという問題のレベルではない。尖閣は沖縄の付属物だから、独立すれば、それは当然沖縄の領土に含まれることになる。領土問題は少なくとも日本と中国の間では、消滅する。

「固有の領土」などという、文科省の学習指導方針も論拠を失う。当然、単一民族国家観も変更を余儀なくされる。「保守」も「革新」も、「左翼」も「右翼」も、たぶん入り乱れて右往左往《あたふた》することになるだろう。

沖縄の人達の運動を、ヤマトの政府が軍隊や警察を使って弾圧するという、反基地闘争に対するそれとは比較にならないようなおぞましい事態が現出するかもしれない。

我々皆の心の中にあるナショナリズムを省みる時には、そんな状況をこそ想定してみたい。サッカーやオリンピックの応援レベルで云々してみても、ナショナリズムの本題は決して見えて来ない。

「アナーキズム」という項の見出しにもかかわらず、話が「ナショナリズム」のほうに流れた。しかし、ふたつは決して相反するものではないと僕は思っている。

ロシア革命時、最もよくボルシェビキに抵抗したアナキスト、大杉栄も心酔したネストル・マフノはウクライナの愛郷主義者《パトリオティスト》だった。白軍とも赤軍とも戦った彼の軍団は、最後まで彼らの愛する故郷グリャイポーレ村を捨て去ることはなかった。

一九六〇年代末のベ平連運動はあきらかなアナキズム運動だったが、その「ゆるさ」のために、革命派を気取る活動家達からは足手まといの同伴者に見られた。が、鶴見俊輔や小田実の醒めた目は、かん高く「世界革命」や「インターナショナリズム」を叫ぶ者達よりも、ずっとよく国と個人のつながりを見ていた。

アナーキズムは柔軟でなければならない。雑多で、寛容で、懐疑的で、時にヘソ曲がりで、心情と欲望にあふれていて、そして、何よりも自由でなければならない。そういう性質のために、アナーキズムはしばしば行儀が悪く、非常識で、非生産的で、時にはまったく馬鹿のように見え、じっさい馬鹿だったりもする。

これはまったくサブカルそのものではないか。

前衛と称する党や尖鋭な党派が批判したように、アナーキズムが革命を成し遂げたことは未だかつてない。かつてない、だけでなく、間違いなくこれからだって、ない。

しかし、それよりも間違いなく言えることとして、アナーキズム的な多様性や自由さを圧殺した「革命」は、歴史上どれも、革命ではなかった。最も近い経験である社会主義革命も、物理的圧制をくつがえした後に精神的な圧制の王国を築きあげて終わった。その冷たい現実とその後の荒廃を、言葉もなく見せつけられているのが現在という時代なのではないだろうか。

偉そうに言うようだが、

人は、所詮在るようにしか在ることができない。弱くて、わがままで、嘘つきで、気まぐれで、欲深くて、貴重な体験をしてもすぐに忘れる。

しかし、人はそんな様々なダメさを足場にして先へ進む。弱い者は体を鍛えてもう少し強くなろうと思い、嘘をついた者はいつか相手にあやまろうと思い、気まぐれは少し反省し、欲深い人はやはり少し反省しつつ、明日はもっと得をしようと頑張る。

そういう人々を描くことが好きだ。

古代の歴史でも、宗教でも、勝負事でも、空想的なつくり話でも、対象は何でもいい。そう思いながら、サブカル屋としていくつもの物語をつくり、形にしてきた。そうするうちに月日が経ち、新しい題材にとり組める機会はもう少なくなった。

実は、この稿を書き終えたらそのすぐ後に、僕にとってはたぶん最後の長編漫画に手をつけようと思っている。

題材は「シベリア出兵」だ。

題名も決まっている。

『乾《いぬい》と巽《たつみ》』、二人の若者の名前だ。

乾君は無学で実直で無骨な砲兵、巽君は若い新聞記者だ。この二人がどうなるか、まだ全然見えていないのだが、先行きが見えぬまま仕事を始めるのはいつものことだ。

「神話を歴史化する」というテーマで古代史シリーズを描き続ける一方で、やはり続けてきた近現代史シリーズの、これは文字どおり「最後」の作品になる。

時代的には、シリーズ最初の作品『虹色のトロツキー』と、最新作『天の血脈』をつなぐものになる。

完結させられれば、日清戦争の前夜から始まる『王道の狗』から『虹色――』の満州国・ノモンハン戦争まで、僕のつむぎ出した様々な人間達が織りなす近現代史がひとつながりになる、はずだ。

所詮はサブカル。その程度のものでしかない。しかし「ゴミ」だとは誰にも云わせない。選別する人の眼力や尺度は知らないが、「つまらない」とも云わせたくない。

と、こんな手前オチでこの文章を締めくくりたい。

おわりに――「旅」の総括

聞き手　編集部　杉山尚次

――（編集部）ここまでの「対話」と「論考」の流れを、議論の「旅」と見立てて、最後に「旅」の総括のお話をうかがえたらと思います。

▼断じて「ガラパゴス左翼」ではない

――まず、連合赤軍のおふたり、青砥さんと植垣さんですけれども、改めてお話しされて、特に植垣さんに対するイメージが変わったとおっしゃってましたよね。

●安彦　それまで彼には申し訳ないような思い込みがあったのでね。昔の言葉でいうと「単ゲバ」（単純武闘派）というか、そういうタイプかなと思っていた。フルートを吹いたり、コーラスをやっていたりみたいな、ぼくが知らなかった面もわかって、特に二回目の対談の時に、本当に彼には失礼な言い方になるんだけれども、奥行きのある男なんだなと思いました。

永田洋子との関係は、最初の時に聞き漏らして、聞けなかった部分で、これはどうしても聞かなきゃいけないと思っていたんです。後日談を含めて、あそこまで核心を捉えていたと思わなかった。そこが一番、植垣という人間を実はわかってなかったんだなっていうことになります。

――昔の左翼というと、どうしても塩見孝也（元赤軍派議長）さんみたいに、かつてと同じイデオロギーを繰り返す人をイメージします……。

●**安彦**　植垣の塩見離れっていうのも鮮烈でしたね。あそこまで決定的に別れていたとは。直接に罵倒しちゃう。「人殺しッ」「殺して初めてわかるんだ、だまってろ」みたいな関係になっていた。当時でいえば兵士と最高幹部、それが、はっきり言って、塩見を乗り越えていたというんですかね。

――青砥さんにしてもそうだと思うのですが、みなさん本当に現在の国際情勢とかに目を配ってらっしゃる。それだったら何時間でも語るぞという勢いがあったと思うんですけれども、そのへんは？

●**安彦**　世間的には、青砥、植垣というと連赤の「兵士」。せいぜい準幹部。それに対して塩見とか森とか、あるいは永田とか坂口は違う、証言の重みが違うんだみたいな見方があるんじゃないかという気がする。それは完全に間違い。昔のウエイトで推測すればそうなるんだけど、彼らの話を聞いてみて、そういうのはまったくないんだとわかりますよね。

昔の名前が圧倒的ですから、若松孝二も同じだと思うんです。彼は〝現役〟のまま死んだけどね。若松が何か言うと、宝島の文庫じゃないですけど、巻頭にきたりする（190頁参照）。でも、どういうレベルの話をしてるんだこいつは、ということです。若松も塩見も同じだとぼくは思うんですがね。

――「ガラパゴス左翼」って感じがします。

●安彦　単純にそうですよ。ただ声がでかい。「元気ですね、お年なのに」って感じで。十年くらい前、若松孝二や足立正生あたりに、ちょっと懐かしいビッグネームの映画監督という感じで、スポットが当たったんですよ。大塚英志が若松孝二と対談したりしてね。塩見孝也も新宿でトークライブをやったりしていた。懐かしい語り部なのか、人間広報なのか知らないけれど、中途半端な気分でその話を聞いて、「お元気なのはいいことだ」みたいに評価する、あるいは面白がったりする。しかし、それはお茶を濁してるわけでね、実は全然笑えない事態なんです。

いろんなことの裏表を判っているはずの大塚英志なんかが若松孝二について「元気だ、変わってない、ある意味見事だ」みたいに肯定的なことを言う。それはいけないんだっていうことですよ。

――「見事」じゃないと思います。ずいぶん前ですが、塩見さんの本（『赤軍派始末紀』二〇〇三年、彩流社）を読んで絶句しました。「えー、まだこういうこと言ってるの」って思いました。「時間」がないわけです。時間が全然経っていないし、当然歴史性はない。ご自分で考えてらっしゃる妄想だけで世界にむすびつく。まさに「セカイ系」ですよね。であるからこそ、安彦さんが今回提示されている「歴史化」という概念が有効だと思うんです。現在の状況に対する強いカウンターなんだ、とぼくは解釈しています。

こういう本書のような企画をすると、〝要するに左翼ものね〟というふうな括りをされちゃうところがあると思うのですが、「そうじゃないぞ」って強く言いたいと思うんですよ。青砥さんも植垣さんも全然そういう方じゃないじゃないですか。新しい思考のあり方を示していると思います。

植垣さんには、前にもインタビューさせていただいたことがあるのですが、そのときも今回も、社会の現状について新鮮な見方を教えていただきました。僭越ですが、植垣さんはずっとご自分の思考を磨いていらっしゃる感じがしました。

●安彦　流されてないですよね。言い方はおかしいけど、心強い感じがします。

▼「転向」をめぐって

――そういう意味で言うと、全共闘のお三方、西田さんも、日角さんと工藤さんも、〝かっこいい〟と言ったら変ですけど、いい感じの時間の過ごされ方をされているような気がしました。

●安彦　西田は家業を継いで、見事に市民的な生き方に自分を同化させてる。故郷にいるということも含めてそうなんだけど。

工藤と日角については、工藤はご存じのように「安倍はよくやってるじゃないか」という言い方をしている。思想的な転換があるんですよね。その転換のターニングポイントについては聞きそびれています。日角もそうなんですよ。彼が三里塚の管制塔占拠について「ひじょうに胸のすくような勝利だった」って、遠くを見る目になって語るわけですよ。それと現在の「俺は絶対平和主義者だ」という言葉には落差がある。それから「転向なら転向でいいよ」という彼の最後のセリフなんだけど、「転向でいいよ」じゃなくて、どこをもって「転向」と思っているのか、聞きたくもあった。だけど一番デリケートな部分だということもあって、あえてそのままにしました。そこに触らないことが、訊き書きとしてどうなのか、画竜点睛を欠く生温いものになってるんじゃないかとも思うけど、やっぱりそこは微妙な部分だなという気はするんですよ。

――植垣さんとの対談の中でも出てきた「転向」という言葉、いまも出てきましたけど、吉本隆明さんの転向論に『わが転向』（九五年、文藝春秋）という本があります。（そのなかでと思ったのですが、他の『生涯現役』〔二〇〇六年、洋泉社〕という本で）、氏は転向という概念を倫理的に考えていないと述べているんです。転向することは「悪い」とか「いい」という問題ではないんだ、ということです。現実に対して思考を変えることはある、それは特別なことではない、変わったらそうだって言えばいいだけの話で、そこに倫理をもってきちゃうから、おかしなことになる。そういう考え方だと思うんです。それを読んで、ぼくはひじょうにスッキリしました。

●安彦　だから転向と、さっきの「ガラパゴス的」な非転向、同じですよね。それを周りが「お見事ですね」って言ってはいけないんだっていうことですよ。

――それを「お見事」って言ったのは日本共産党。

●安彦　それを「お見事だ」と言ってたら、生涯頭が上がらないんですよ。塩見に対してもそうですしね。若松が「（全共闘運動から）そろそろ抜けたいと思っていた奴らが運動から手を引いた、ホンモノの奴らはあれ以降もずっと続けている」みたいなことを再三言うんだけど、そういうことじゃないんだよ。彼らはそれぞれの生を極めて、それで変わっている。変わるべくして変わったんだっていうことなんだよね。それに対して、若松的な言い方はまったく本質を見ていない。日角でも工藤でも見事に生きて、それを反証してると思います。

▼原敬と安倍晋三

――そういうアナクロに対して、工藤さんが「安倍もいいじゃん」と言った、その理屈がすごく印象的でした。つまり、国際政治、世界に向けてどういうふうに日本の位置を示していくかということを今までやってなかったでしょ、それを安倍はやろうとしてるじゃないか、それは評価していいんだということですね。そういう評価の仕方って面白いなと思ったんですね。それを〝東大安田講堂組〟の方がおっしゃるということが面白いと思いました。

●安彦　どういう視点から見るかっていうことですよ。彼がそういう自分の生き様も含めて、ひとつの価値観一色に染めてるかどうかとはまた別に、そういう視座もあっていいじゃないのか、ということだろうと、ぼくは思って聞いたんです。リアルポリティクスというか、そういう観点で見れば、安倍的な発想、考え方はまったくありなんですよね。

いま取り掛かっている仕事の対象が原敬の時代なんです。原敬なんかは、すごく安倍に重なるんですよ。対米協調ということを第一義に考えて、この国とコトを構えちゃいかんと。一九一八年からのシベリア出兵の時、アメリカと歩調を合わせることに一番こだわるんです。だから言ってしまえば、基本的には安倍ですよ。それがどういう論理的な一貫性や倫理性をもっているかという問題は置いといて、現実的に考えてどの国と仲良く歩調を合わせてやるかといったら、それはアメリカでしょっていうふうなね。

長い歴史でその後を見ていけば、それは正しかったわけです。何が間違ったかって、アメリカと戦争しちゃったのは一番の間違い。安倍なんかは、親の遺言かおじいさんの遺言か知らないけど、それが骨身に染みてるわけですよ。だから、それはある意味、至極もっともだともいえる。

言い方が適切かどうかわからないけど、ただそれが美しいかって言ったらまったく美しくないわけですよ。芸術性が政治に必要なのか、政治にとって美とはなにかみたいな問題が出てくる。

――安倍首相は器が小さい人物に見えます、そういう意味では美しくない。

●安彦　しかし、美しさを求めたら、それは間違いをもたらすことになる、という現実政治のロジックは当然あります。「政治は術《アート》なり」と言ったのは原敬の親分の陸奥宗光で、後藤新平なんかもそういうタイプですけど陸奥も後藤も間違った。そういう意味で、安倍のような考え方は、政治家としてはありなんだよっていうのが、たぶん工藤なんかの考えだとぼくは思った。

――政治の領域の幅の広さと言いましょうか。ひとつは、また吉本さんになっちゃうけど、政治は「幻想性」を本質とします。だから、反対派の人をぶっ殺してもその人がもっている政治性は消えないから、そういう行為には意味がないんだという言い方がひとつあります。けれども、もうひとつはさっきもおっしゃったとおり、リアルポリティクスの動きは、そういう本質を飲み込んじゃうところがありますよね。安彦さんは、どういう領域にも対応できるぞという考えをされてるように思えるのですが。

●安彦　対応できるというか……、要するに選択の問題だろうって気がするんです。われわれは一般市民だから、政治に何を求めようがそれは自由なわけです。もうちょっとロマンがあったほうがいいとか、倫理性があったほうがいいとか、いろんなことが言えるわけです。でも、政治を専門にやってる政治家にとったら、そんな甘っちょろいもんじゃない、それこそリアルに徹しなきゃいけないとか、いろんなことがあるわけですよ。たぶん安倍さんなんか、そう思ってるだろうと思う。ただ、リアルに徹するということが、現実的な繁栄以上のものをもたらすのか、という問題もありますよね。

この間、河北新報から、改憲の問題で憲法について聞きたいと取材されたんです。憲法を読むのは何十年ぶりだろう、中学生頃に読んだことがあるけどと思って、ネットで見たら全部出てますからね、条文を全部読んだ。そのときに、一番惹かれたのが憲法の前文なんですよ。「国際社会において、名誉ある地位を占めたいと思ふ」という件《くだり》です。「名誉ある地位を占め」尊敬を得られるのかという、そこのところなんですよ。

今のこの状態で、「戦争しない日本」が尊敬を勝ち得たと言えるんだろうか。「誰も死んでませんよ、平和憲法をずっと守ってノーベル賞級ですよ、尊敬して下さい皆さん」と言えるのか。言えねえだろうってことです。そこが一番の違和感なんですよ。美しくない。実際にはアメリカ追随で、それ〝御用聞き〟やってるじゃないか。そういう欺瞞ね。現実政治を第一に考える人から見たら、それは単なるロマンチシズムだよということになる。前文はあくまでも理念だということにしてもね。

――そもそも憲法自体が理念的なものですよね。国家の仕組みを決める理念。で、これまで日本は敗戦後、戦争をしてません。すると九条は、戦争の歯止めになっているでしょうか？

●**安彦**　それはすごくなってるんじゃないですか。河北新報の取材の時に、「どういう道があり得たと思うか」と聞かれて、「まさに憲法が書いてるように、愚直なまでに非武装、非戦の理念のまま、国の営みを実践する道はあったんじゃないか」と答えました。たとえば警察予備隊を作っても、「それは国軍じゃありません、国権の発動たる戦争を行ないません」ということで、まるごと国連に預けちゃって「国連軍としてお使いください」みたいな提案をする。

そしたらその記者さんが、「それは『沈黙の艦隊』ですね」って反応した。『沈黙の艦隊』ってそういう話だったのかって言って笑ったんですけど。もしそうだとしたら、かわぐちかいじという人は、気質的には見事に僕と反対の人ですけど、それはわかるなという気がするんですよ。

諸般の事情で軍隊を持った。じゃあそれをどうするかというと、世界平和のために使います、国の利益のためには使いません、と公言する。そうすると、外地に行って、仲裁に行って、戦争にも巻き込まれて、死人も出ちゃう。でもそれは仕方ないんじゃないですか、という考え方です。自衛隊のＰＫＯ活動について今でも、駆けつけ警護もいけませんとか、軽武装じゃないといけないとか言っているわけですが、それよりも、よっぽど尊敬を勝ち得る行為になるわけですよ。

――安保「ただのり」論ですね。

●安彦　ひじょうに微妙な問題です。自衛隊が丸腰に近い状態で紛争地域に行って、攻撃を受けたら「助けてくれ」って言うのがいいのかということですね。それはだめでしょう。ひじょうに危ない、最も危ない状態に自衛隊員を置くことなんです。こういうと、全く保守の論理になるんだけど、でもそういうことなんですよ。

――「保守」とおっしゃたんですけど、ぼくの理解では、加藤典洋さんの提示された「九条」を強化する改憲案は、けっこうそれに近いと思うんです。国連が改組することを前提に、国連の機関に自衛隊を参加させるという発想だと思います。だから、単純な不戦ではない。加藤さんの発言をウチの本から引用します。《ぼくが『戦後入門』のなかで言っているのは、いまのＰＫＯ活動軍のようなものとは、まったく違います。その延長上に考えてもらっては困る。…日本が国連軍として自衛隊を差しだす第一条件は、国連として軍事参謀委員会方式を再建すること、それへの合意を国連が行なうことです。…その働きかけを行なう担保として、日本は自衛隊を、他国にさきがけて国連待機軍として用意する。そして安保理常任理事国以外に、広く開かれた形の、国連警察軍軍事参謀委員会の立ち上げを提案する。…》（『沖縄からはじめる「新・戦後入門」』二〇一六年、弊社刊、126頁）

●安彦　加藤典洋さんの本は、あまり読んでないんだけど、国連を改組しなければそれができないとなると、どっちが先かという話になっちゃうわけですね。たとえば国連を改組して、日本を常任理事国にしてくださいっていっても、それはアメリカ側を一個増やすだけですから、誰も相手にするわけがない。当然ロシア、中国が認めない。

だから、国際貢献するには、それこそ血を流すまでやって、その上でこれ違うでしょ、だから改組しなさいっていうほうが、はるかに説得力が出てくるわけですよ。あと先が違うと思う。現状で改組しましょうといっても、それは絶対にない話で、それを発議する権利さえ、日本にはないと思いますね。

――この議論、ぼくが加藤さんの論理を単純化しすぎているかもしれませんし、議論の代理もできないので、ここまでにさせていただきますが、加藤さんは一貫して、戦後民主主義や憲法とかに居心地の悪さを感じるということを表現していると思うんです。で、全共闘世代の多くの方々はそういうふうに考えていると思っていたら、湾岸戦争のときに、全共闘世代の文学者などが憲法を根拠に戦争反対みたいな単純な反応をした。「それはないだろう」というのが、『敗戦後論』（一九九七年）を書いた原動力で、それが『戦後入門』（二〇一六年）に展開していったというようなことを語っておられました（前掲『沖縄からはじめる「新・戦後入門」』90頁）。

▼生理的に違う、ということ

●安彦　だからあそこ（安保法制等反対のための国会前での行動）には行けないなと。忸怩たる部分なんですね。これは何なんだろう、でもあそこに行けない。日角みたいに国会前に行って、わっしょいわっしょいと押したりするのもいるわけだけど、基本的に「どうもあそこには」っていうのが、世代的な感じ方だと思うんですよ。

――世代は違いますが、ぼくも数回行って「違うな」と感じました。つまり、安彦さんもどこかで述べられていましたが、「諸要求」というマヌーバーを使って、実は自分らの組織化をはかるのが欺瞞であるのと同じように、入口の敷居を低くして、つまりシュプレヒコールをラップにしたりして、いろんな人を組織化しようというやり方は、やはり欺瞞じゃないかなって思うんです。要するに民青のやり方ですね。昔の「歌って踊って」の代わりにラップをやってるだけ。政治的なことはすごくドロドロしたことなのに、ソフトにスマートにやればうまくいくんだみたいな発想は、違うと思います。

●安彦　同じぬるい入口でも、べ平連なんかが提示してたのは、違ってたんですよ。生理的に違うものがあったんです。運動論的に限りなくぬるくて、限りなく過激にもなりうるっていうね。シールズなんかそういう方向性は出せてないでしょ。ぼくが不勉強なだけかもしれないけど、たぶん現場に行っても、それを感じないと思うんですよ。一言で言うと、アナーキーな発想ってのが、たぶんあの運動の中にないわけですよね。

――人はたくさん集まりましたけどね。それは結構なことだとは思いますが。

●安彦　次の選挙でよろしく、になるわけですよ。そういうことじゃない。生理的に、あの時代に「共産党じゃない」って思った連中は、その嗅覚を持った連中なんですよ。「未成」なんかもそうですが、（社会主義リアリズム）芝居を一個やって、「違うな」って感じる。そういう嗅覚が、今の若い人たちにはあるのか、ないのかっていうことですね。

――その嗅覚が大事だということですね。これは全体を通して重要ですね。

●安彦　だからそれが社会の格差に目覚めて、あるいは差別に目覚めて、これじゃいけないっていうんで、小林多喜二を読みました、みたいなことになっちゃうのはなんか違うだろうって気がするんだよね。そういう書き手をもてはやすメディアを含めて、違うと思う。

▼ジェンダー問題について

●安彦　今どうしても熱くなるのは格差と差別ですね。杉田何某が叩かれてますけど、ちゃんと話を聞いてやれよという気がする。『新潮45』にどんな文章を書いたのか読んでないけど、党の上の人に「謝っとけ」みたいなことを言われて、「すみませんでした」って言って、それきりでしょ。あそこでやめるからいけないんだって気がいつもするんですよ。もっと言わせろよって。

――ちゃんと議論をですね。

●安彦　ぼくはＬＧＢＴとかジェンダーに関しては、そうとう保守的です。展開次第では、杉田的なものでも、けっこう支持できます。つまり、「どういう差別があるんですか」ということ。あと、「非生産的」といっても「その生き方を否定してますか」とかね。「相模原の犯人と同じだ」みたいな叩き方をするわけですが、「同じじゃない」と思うんですよ。家族の再生産という意味で生産的じゃないということを言ったんだろうし、生き方の否定までは言ってないと思う。行政的に支援を与える必要があるかないかってことを、彼女は言ったと思うんですが、それに対して「生き方を否定するのか」というひじょうにナーバスな反応をする。

それは、問題を差別の方向に、むしろ先鋭化させる方向にどんどん追い込む論理じゃないか。「生き方を否定された」というふうに、障害者の方たちも含めて声を揃えるわけですが、それは違うって気がするんですね。

むしろ人権派というかリベラルの人たちの器量の狭さが、ものすごく出ちゃっている。それこそが差別の根源に繋がるんじゃないですか。片っぽが尖れば、当然と反対も尖っていって、ネットやなんかでいろんなことが出てくる。それが変に屈折してヘイトになるわけですよ。

▼議論にならない

●安彦　断絶するだけですよ。自民党の長老なんか選挙のことしか考えてませんから、「たたかれるだけだから、もう言うな」って黙らせるのは、これもひじょうにいけないんだけれど、ひたすら過剰に反応して問題を尖らせるのも、実に問題だと思います。

ロバート・キャンベルという人が、ゲイであり、二十年来日本人の男性と住んでいることをカミングアウトし共感を呼んだということで、共同通信のインタビューに答えた記事が東京新聞に出ていました（八月十八日）。その時に、指し示すほうの「指向」と好みの「嗜好」を取り違えた議論をしていると語っておられた。その際、私のは好みの「嗜好」ではない、指し示す、向き合う「指向」（で自分の芯のようなもの）だと語っている。それは違うと思った。

ぼくは、「性的指向」はむしろ「好み」でしょ、と思うんです。努力して変えられないのは「好み」のほうです。だから変えられない、性意識ですから。一方キャンベルさんは「好みと言うから間違うんだ」という。それで、「変えなさい」という同調圧力が加わるのがいけないという。

そういうところをもっと議論すべきだと思うんだけど、キャンベルさんが書いたら、東京新聞はありがたいって、全文を載せるわけですよ、一方的にね。反論はたぶん載せない。僕は性意識の本質はまさに嗜好じゃないかと思う。

それは、自民党の誰かが言ったみたいに、「趣味でしょ」ということに限りなく近づくわけですよ。ただ趣味だったら、そんな悪趣味やめなさいと言われてやめられるけど、性的嗜好はやめられない、生まれついてのものだと。だから差別してはいけないわけです。でも、そういうふうな議論にならないいんですよ。キャンベルさんがこうおっしゃってます、なんとか議員はけしからん、ということだけなんですよね。

ジェンダーの議論なんて、だいたいそういう感じですよね。移民問題もそうですけど。リベラル側は、もっともなことを言ってるようで、やっぱりトランプの支持率とか、安倍さんも含めてそうでしょうけど、下がらないのは、反対勢力の議論が核心をついていないからです。移民問題にしたって、単純にメルケルがよくてトランプが悪いということじゃないんですよ。

▼「カルチャー」が出尽くしてしまったことの意味

――少しまた「旅」のほうに戻ります。いまも少し出てきましたけど、芝居をやっておられた「未成」の方々とも面白いお話をすることができたように思うんですが。

●安彦　当時「難解」であるってことが自己目的化して、ええ格好してたんじゃないかと、ある意味挑発でもあるんですが、大変失礼な発言をしたかもしれません。

――でも、虫プロのとき、アングラ芝居をやっていた人のお話があったんで、ひじょうにわかりやすかった。

●安彦　映画とか芝居とは一方的ですからね。「文句あるんなら、お前らもやってみろ、作ってみろ」と言える部分があります。ただその難解さに自己陶酔して、そこに逃げ込んで、「どうだこっちに来てみろ、来られないだろ」というのは、ずるいんですよ。表現者のずるさだったと思う。どれだけ表現者たちがそれに気づいていたかは、やっぱり問われなきゃいけない。

そのカウンターカルチャーがなぜ消滅したのかは、大きな問題だと思うんです。そもそもカウンターカルチャーとは何なんだ、ということ。今現在それがあり得るのかということを含めてね。

まあカウンターでも、アングラでもいいわけだけども、ひとつの悪ぶったファッションとか自己表現は、六〇年代に大体全部出た。ヒッピーとか風俗的な形も含めて、あの時代に出尽くしてるんじゃないですか。あとはだいたい繰り返しですよね。

——音楽的な意匠とか、ファッションも、デザインも、ぐるぐる回っているわけで。

●安彦　確信的なお行儀の悪さ、それが出尽くして、「それ以降出ないね」ということを、「終わっちゃったね」と言うことがどうなんだろうという、ちょっとしたわだかまりもある。それがあの時代に出たということの時代背景もあるわけです。

なんだかんだ言っても、体制が基本的には揺るがないという確信があったわけですね。だからそれに対して異を唱えることはかっこいいことだって思えた。しかし、揺るがないと思っていた体制が崩壊しちゃった。そうすると、何に対して異議を唱えるか、カウンターをかませばいいのかということがわからないわけです。

だから「今尖ったやつがいないね」というのは、文化の現役世代に対して、ひじょうに不遜な言い方になる。戯言に近いことかもしれないという気もする。あの時代だから、そのカウンターがあり得た。両体制に対して、なんだかんだ言っても社会主義が続くんだとか、何だかんだ言ってもアメリカ帝国主義が強いんだ、負けないんだって思ってた。でも、アメリカが負けちゃったとか、ソ連がなくなっちゃった。そういう事態を想定してないわけですから、親に歯向かって〝ええ格好〟してたら、親が死んじゃったっていうようなものですよ。

——カウンター自体がなくなった。

●安彦　なくなっちゃったんですね。新しいファッションが出ないのも、当然だろうと思う。どんどんどんどん、ある意味いい子になっていくのもそうだし。「そんなかっこつけて、悪ぶってんじゃねーよ」ってことになる。テレビというメディアだって昔は圧倒的だから、「私は出ないよ」というのがかっこよかった。でも今、「テレビに出ません」といったって、何もかっこよくない。ネットやりませんとか、ツイッターやってませんとかは、まだちょっとかっこいいのかもしれないけどね。

▼偶然の出会い

――また話が飛びます。蟻塚さんとのお話は、東奥日報の斉藤光政さんが仲介なさったんですか？

●**安彦**　あれは、なんか運命的でしたね。東京新聞に載った蟻塚氏の記事がいきなり飛び込んできた。それも半端ない大きさの写真が目に入った。特徴のあるあの顔ですから、「なんだか見たようなやつ」って思って読んだら、いきなり冒頭で、弘大の医学部出身だとある。「あいつだ、こんなことやってたのか」と思って、斉藤さんに彼のこと聞いたわけです。斉藤さんがさっそく調べてくれて「地元でなかなかの有名人で、市長選にも出てます」って教えてくれた。それじゃあ、バリバリの共産党エリートで通したんだなぁと思っていた。

その後で、たまたま（前著の）『原点』の取材で弘前に行った時、彼が青森でシンポジウムをやっていることを斉藤さんに聞いたんです。で、どうしようかと思った。行っても玄関払いで、「そんなやつ俺は知らねぇ、帰れ」って言われて、塩を撒かれるかと思いながら行ったんです。恐る恐る入って、「どうも」って会ったら、「よう」って言って、全然わだかまりがなかった。感動しました。

シンポジウムをやってたのも「偶然」ですからね。それで〝より〟を戻すようなことになった。聞いてみたらあの通り、共産党で順風満帆のエリートとかはとんでもない話だった。ほんとうに運命的な気がしますね。今相馬の病院をやっているということも含めて。

――ひじょうに面白い対話で、共産党で、たぶんはみ出し者なんだろうなと思いました。ああいうことを書いて大丈夫でしょうかと心配になるくらいですけど。

●安彦 党籍はないんでしょうね。自然消滅的になくなったみたいです。

――合わないでしょうしね。

●安彦 いろんな話、島成郎の話とかも、すごいという感じがした。

――島さんは北海道にもいたことがあるようです。

●安彦 島成郎が精神科医だったこともぼくは知らなかった。

――吉本隆明さんと相当仲が良かったみたいです。

●安彦 蟻塚君と出会った、再会したっていうのも、僕にとっては旅の大きい出会いでした。ある意味の「始まり」が、「ベトナム」についての彼との二人三脚だったですからね。それで喧嘩別れというか、「お前も変わったな」って、どっちがって言ったんだけど、お互い「お前が先だよ」って（笑）。売り言葉に買い言葉。

▼個人の資質について

——最後の氷川さんとのサブカル対談、けっこう衝撃的でした。いきなり「なろう系」ですから……。

●安彦　氷川さんはお馴染みで、いろんな話を聞いているんだけど、「セカイ系」は、サブカル批判の目玉だった。しかし開口一番、「終わりましたよ」と言われたのは、ちょっと脱力だったですけどね。

——でも、「セカイ系」について批判されようとした事態は、より進んでるということですよね。

●安彦　見事な断定だった。ああいう断定的な言い方は、氷川さんはあまりしてなかったと思う。だから、とても衝撃があったけれども、いい話が聞けたっていう気がしますね。さすが彼は、一部始終を本当に見てきた人ですからね。大学の専任教授になって、研究者的な磨きがかかってきたんじゃないですかね。

——今ちょっと、氷川さんと同じ世代の人を調べているんですが、優秀な方は、これはいい意味でいうんですが、みんなオタク的なところがあります。徹底した情報の収集と解析をベースにしておられる。大塚英志さんや宮台真二さんとか、みんなそんな感じです。

●安彦　氷川さんは、今大学に席があるけれど、ずっと学者にならなかったということ、ギリギリ今までそういう職業的な研究者じゃなかったこともあると思うけど、観察をタメにしていないという感じがするんです。宮台さんはわからないけれど、大塚なんかは、おおいにタメにするところがある。それが嫌だと言えば、嫌なんですがね。まあ仲悪いから言っちゃうと、大塚はサブカルを自分の出世のネタにした。「俺以上にサブカルのことを知ってる奴はいねぇんだ俺に聞け、俺の本読んだら、みんな書いてある」みたいな態度。それで博士号も取って、ある意味上り詰めた。

氷川さんっていう人は、そういう処世術の方向に行かなかった人ですね。だから、「カラーフィルター」をかけてないという気がするんです。なんだかんだ言っても、大塚なんかは相当フィルターかけている。

▼差別の構造について

●**安彦**　連合赤軍の永田洋子の話なんかもそうだけど、個人的な資質を云々すると、「それはいけない」って必ず言われる。植垣との対話でも聞きましたよね。個人的な資質ってけっこう大きいし、そういう部分もあるんじゃないかと。だからスターリンがああいう性格じゃなかったら、ああいうひどいことはなかったと言うと、そんな短絡のさせ方はないって言われた。でも、結構あると思うんですよ。毛沢東にしても、器量の狭い男で、だから文革をあそこまでやっちゃったみたいなね。──スターリニズムでも、粛清でもそうですけど、普遍的な構造として、いろんな事件を起こす構造はあると思います。それもあるけれども、個人の役割、顔をもった人間がやるという両面があると思うんですね。

●安彦　そういう資質と思想なりが同調しちゃう時に、大変恐ろしいことがあるわけですよ。その同調をうながす要素が本質的にあるんです、スターリニズムには。そして当然レーニン主義（ボルシェヒズム）にも。

——それをリアルに表現するのが「歴史」と捉えていいでしょうか。

●安彦　それはあると思います。『応仁の乱』が売れて、いろいろ書評が書かれている。要するに、この面白さは唯物史観的な捉え方じゃわかりませんよ、というふうに、端々から聞こえてきます。いろんな人の性格やら何やらってことをいろいろ分析していくと、この人間関係のこのぐちゃぐちゃ感がたまらないみたいな、たぶんそういう本なんでしょう。それは正しいし、科学的と称して、ずっとありがたがられた唯物史観という歴史観が、圧倒的に切り落としてきた部分だと思うんですね。

それから「士農工商」という階層把握では捉えきれない社会構成についてです。海洋民もそうですし、狩猟する人たちとか、そこから外れる人たちです。

一番典型的なのは部落差別の問題だと思います。「士農工商穢多非人」という差別構造は、室町あたりから始まる、とされていますね。そうじゃなくて、もっと本質的な問題は圧倒的に古くからあるんじゃないかと思うんです。なんとなくひっかかりとしてあったんですが、差別という範疇でいえば、これは民族差別に近いのではないかという気がしているんですよ。

柳田國男なんかは「山人」というわけです。彼は「山人」をある種の異民族として捉える。そうするとと柳田の民俗学が、初めて面白くなってくるんですね。太古に想いを寄せてひじょうにロマンチズムっていうんですか、そういう感じで。柳田に対しては、民俗的な習慣や道具とかを収集して何が面白いんだというのが率直にあった。でも、柳田が「山人」がいるんじゃないかということに、ずっとこだわり続けていたことを知った時、柳田って面白い人だったのかもしれないなと思ったんです。

柳田は南方熊楠に聞くわけですよ、「いるはずだ」と。南方が一生懸命、それこそ病気っぽいくらい資料収集して、「いない」って言うわけですね。「そんなわけはない」って、手紙でやり取りする。あれ面白いですよ。その「山人」の話は。

それから三角寛。あれも笑えますけどね。昭和になってからも、「山窩《さんか》はいたよ。一緒に暮らしてる」って大嘘つく。最初は悪気じゃないんですよね。でも、うけるからはまっちゃう。どんどんどんどん調子に乗って最後は大嘘になっちゃう。「山人」は柳田が気にした頃には、もうすでにいなかったんだと思うんですよ。南方熊楠が「やっぱりいない」というぐらいですからね。

ただ、イメージ的には、いわゆる階層序列には収まりきれなかった人たちがいた。古代のそれこそ神武以来の日本の王権が確立される過程には。そのくらいの歴史的な射程の長い中で醸成された意識が「差別」の中にこもってるんですよ。

中上健次なんかもそうだと思うんだけど、非差別民のいじけた意識じゃなくて、ひじょうに尊大な意識がある。中上健次というと麻原彰晃とちょっと被るんですすけれど、つまり傲慢なんですよ。「俺は路地の人間だ」というわけですが、あの居直り感は、やっぱり「士農工商穢多非人」からは出てこない。「征服されてやったんだ」みたいなね。それが、十津川のあたりに伝わってる攘夷思想にもつながっている。「俺たちの先祖が、神武天皇をヤマトまで届けてやったんだ」みたいな。そういうふうに解釈するしかない気がするんです。

「差別はいけない、差別されてる側に立ちましょう、寄り添いましょう」というのは、それはたぶん余計なお世話なんだろうな、という気がある部分するんですね。「気持ち悪いからやめてよ」みたいな。それがなんかさっきのジェンダー論議にもつながります。

▼勝つことはありえないという安心感

——前にちょっとおっしゃっていた三里塚への違和感も、そういうことですね。

●**安彦**　寄り添えないと思うんですよ。三里塚は敗北の神話になって、こういう農民闘争がありましたって、歴博の展示（351頁）なんかでもやってるんだけど、もし左翼が天下取って日本が社会主義国になったら、真っ先に弾圧されるのは、三里塚の農民みたいな、ああいう人達です。土地にしがみついて革命に従わない、「もう抹殺してしまえ」となる。「予定された敗北」が見えるから「連帯」できるわけです。勝っちゃったらどうするんですか。誰も考えないよね。さっきのアングラにしてもカウンターカルチャーにしても、そういう勝つことはありえないという安心感があったんですよ。

さっきも言ったけど、アメリカ帝国主義はやっぱり負けない、社会主義はなんだかんだ言っても
ずっと続くし、マルクス主義も問題あるけど、あれは科学だしな、みたいな。そういう前提があっ
て、その中で目いっぱい悪ぶって、自滅してもいいやみたいな美学を醸し出していた。勝つことを
想定してないわけですよ。勝てない、絶対に勝てないものの美学なわけです。

▼総括なしに「リベラル」などになれない

――安全な場所で、作り上げたってことですね。気味が悪いという意味では、出版界でも「志」出
版というのがあります。良心的な本を出してます、みたいな。

●安彦　「良心的」でしょっていうところに安住しているのが嫌ですね。今のリベラル派のいやら
しさは、そういうとこです。そういう「嫌らしさ」に、かなりの人たちが気づくようになっている。
だから人気がなくなるんですよ。

ただ、さっきの差別問題なんかが典型的だけど、差別はいけないという大前提があるから、なん
となく「嫌だな、良識ぶってやがるな」と思いながら、それに異を唱えると「差別に与するのか」
ということになってしまうのでつい同調する。その気持ち悪さですよ。

この話の根本に「社会主義」なり「マルクス主義」なりの、ものすごく大きな思想体系が終わっ
たということがあるわけです。政治システムとしても終わった。それに対して総括していないじゃ
ないか、ということがあるんですよ。これだけ大きな変動があったのに総括していない。そういう

中で、かつて「マルクス主義」や「社会主義」が現役だった時に、同じ脈絡の中で捉えられていた「良心的」や「リベラル」ということが、なんかヘソの緒が切れないまま、まだ生きてる感じがする。ひじょうに往生際の悪い、総括を意識的に拒んでるような人たちが、「良識的」って部分に、どんどんどんどんどん逃げ込んでる感じです。そこで生息してる。「ジェンダー」も含めてね。

——そんなものに与することはできない。

●**安彦** 「そこに隠れるんじゃねえ」ということ。ただそれを言うと、まさにその良識的なメディアなり、良識的な出版なり、文化に対して異を唱える、悪しき右翼になっちゃうんですよ。その気持ちの悪さ。だから気になるんだけど、村瀬学さんの『『君たちはどう生きるか』に異論あり!』(二〇〇八年、弊社刊)は売れましたか?

——じわじわと売れてます。

●**安彦** ああいう本が出てほしいですね。よくぞ書いてくれた。「なんとなく感じていたんだけど、やっぱりそうだったんだ」って感じがするんです。それは吉野源三郎さんがいけないというのではなくて、時代がそうだったわけです。良識的、良心的であることが、基本的に左翼的であったわけですよ。そう考えるしかなかった時代のものだけど、それがいまリバイバルで売れるということが、ちょっとまずいわけです。

これは「良心的な大人のメッセージですよ」というお墨付きが与えられて、「じゃあ読みましょう、読ませましょう」となる。ものすごく気持ちが悪い。あの中に、「人間分子観」ですか、そういう人間観がでてくる。村瀬さんはこれは根本的に気持ち悪いと、いきなり書いているのが、とても爽快だった。やっぱりそうなんだって思う。

『君たちはどう生きるか』の宮崎アニメが公開されると、また火がつくんでしょうね。宮崎アニメに対する気持ち悪さも、死んだ高畑勲さんも含めて、基本的にそういうことです。共産党でオッケーでいた人ですから。それに対して、「宮崎アニメっていうのは、共産党の匂いがするから嫌いだ」とか言ったら、お前は何を言ってるんだって、相手にされなくなります。でもね、宮崎さんとか高畑さんぐらい才能があると、それをうまく包み隠せるんですよ。だから、みんな「いいんじゃないの」となる。実は気持ち悪いですよ、ひじょうに。

▼気持ちが悪いものには嘘が隠れている

——気持ち悪さですね、やっぱり。今の状況についても、右傾化とかなんとかじゃなくて、そっちですね。
●**安彦**　右でも左でも、気持ちが悪いものの中には嘘が隠れてるんですよ。気持ちが悪いという、その生理的な感覚は、ものすごく大切なんじゃないですかね。「未成」の連中が、社会主義リアリズムの芝居をやったとき「いや違う、気持ち悪い」と思ったのは、ひじょうに逞しい感性だと思うんです。
——それがあるから、この本を作った。

●安彦　そういう時代に、自分で言うのもなんだけど、多感な青春期に出会って、それで「なんか違うな」と思った連中は同世代にいっぱいいるわけです。それが、その後の一九八九年の変動で裏付けられたわけです。「これだったのか、気持ち悪さの正体は」みたいな。これは、時代体験としては戦争体験のように圧倒的ではないけども、かなり大きいはずだと。それをうやむやにしていくのは、世代的にどうなんだということですね。

良識的というようなことが、それだけでまかり通るというのが、貴重な時代体験をうやむやにしている気がするんですよ。

▼風化すること

●安彦　あと、風化する、時とともに風化するということがよく言われます。いま危機に瀕してるのが戦争体験だと言われる。これは何度か書いているんだけど、「時代とともに風化する」というのは嘘だという思いがすごくあるんです。「時代が経ったからわかる」ということも当然あるだろうし、体験しなくても書けることはある。むしろよりよく書けることもある。体験してもあまりにもインパクトが大きいと、その意味がわからないことだってありうる。わからないまま死んじゃった戦争体験者もけっこうたくさんいるんですよ。「何だったんだ、あれは。えらい目にあったけど」って。そういうのを全部一緒くたにして「風化する」って言われるのも嫌だなって気がする。

それはカミングアウトなんかにも繋がる。「もう告っちゃいなさい」とかいう。隠すことは社会的差別を認めることだから、告白しなさいと。LGBTなんかでも、統計で七割以上は告白してないらしい。「いいじゃないか、それで、その七割に喋らせてどうするってんだ」って思う。「喋れないということの空気感が問題だ」とかいうわけですが、「いいんだよ、そんなことしゃべんなくたって」と思う。

リベラリズムの中にはものすごく性善的な楽観論があります。「理解し合えば差別はなくなりますよ」みたいな。でも、なくならないんだよな。アイデンティティにこだわりたいというのは、別にネガティブなことだけではなくて、やっぱりある。たとえば「移民がいっぱい来て、わけわかんなくなっちゃうのが嫌だ」という感覚。それは保守的で忌まわしい右傾化の兆しというだけではなくて、(どうしようもなく)「あるんだ」っていう気がしますよね。「そんなことってないですよ、みんなわかり合えますよ、どんどんいらっしゃい」って言ったら、実はそうじゃなくて、対立が先鋭化することがありうる。

だから、「移民は嫌だ」というのは、ナチズムの始まりではなく、むしろそこに対して楽観的で鈍感であることのほうが、その始まりの始まりなんじゃないかなという気がするんです。右傾化して、極右が出てきたとか、なんか出てきて危ないよっていうことで、赤ランプをつけるのが、基本的にメディアの風潮です。それはむしろ単純すぎるんじゃないか。

それに対して寛容であり続け、否定的であることが「良心的」だから、そっちにいれば間違えないというほうが、むしろ間違いを生むんじゃないか。

なんでワイマール憲法下の社会がナチスになったのか。それは非常事態法がどうだとかこうだとかだけじゃなくて、やっぱり第一次大戦の戦争の後のぐちゃぐちゃの中で、きれいごとに対して「それは嘘じゃねえか」というふうな大衆心理が働いた結果でもあると思うんですよ。

トランプの支持率がなんで下がらないとか、安倍さんもそうだけど、なんであんなにも醜い指導者が、一定程度支持され続けるのかというのは、やっぱりそういう社会心理があるんじゃないかと思うんですけどね。

否定の否定という消極的な肯定ですよ。それに対して「馬鹿だナァ」と言うだけじゃいけない。

二〇一八年八月十八日　於　安彦宅

あとがき

「世の中は時代が進むにつれて良くなる」という考え方がかつてあって、たぶん今も、あるのではないかと思う。その「良くなる」という基準は「人権が尊重されるようになる」ということだ。たしかに、人の命がなぐさみものにされたり、人を奴隷として商品にするというようなことは、ＩＳやアッシャバーブのようなアナクロニズム的な暴政の下で以外では、表向きは「ない」ということになった。ではこの「人権尊重」という基準は、歴史上等速度的に向上し、時代と共に世の中は生きていて心地良いものになってきていたのだろうか。

そんなに単純である筈がない。

時代には停滞の時もあり、逆行も、残酷な混乱もあった。それを冷徹な「物の法則」によって分析し、「概ね」進歩しているのだと捉えたのが『マルクス主義』という巨大な思想だった。

その思想は「科学性」を売りものにしていたから、世の中の「進歩」を信じていた人々は力強いうしろだてを得た気持ちになってそれによりかかった。そして、裏切られた。

むろん、マルクス主義に魅力を感じなかった進歩主義者たちもたくさんいた。その人達は結束し、権力と資本力を駆使して悪夢に勝利して「新保守主義」という短い春を謳歌した。その名残りは「グローバリズム」という胡散臭いキャッチフレーズになって今も残っている。

「アラブの春」は、かつての「プラハの春」のようには当初から心をときめかせてはくれなかった。その結末の無惨さが、成功しなかったプラハの春とは違って「成功した」ことの報いだったとは思いたくない。

「権利」「自由」といった、大づかみすぎる大義名分からはこぼれ落ちるものが、たぶん世の中にはいろいろあるのだと思う。ずいぶんと「良くなった」はずの今の世の中に、少なからぬ人々が不満を感じているのは、未だ進歩が足りないからではなく、そのこぼれ落ちるものにぼんやりと気付いているから、なのではないか。そう思えてならない。

二、三の事をきっかけに時代をふりかえりたいと思って四年余りになる。その間ずっと「本」というかたちにしてそれをまとめたいと思い続けたのは、自分がやはり「本」と「紙」の世代だったからだ。本と紙が斜陽とされる時勢もあいまって、希望の達成は簡単ではなかった。

最初に手をさしのべてくれたのは東奥日報紙の記者・斉藤光政さんだった。斎藤さんの身に余るような熱筆に煽られて僕は予定にはなかった自分語りをすることになり、それは『原点』（岩波書店）という望外の「かたち」にまとめられた。

今回の出版の経緯にも斉藤さんがかかわっている。「興味をもっている出版社があるよ」と教えてくれたのが斉藤さんで、それがきっかけで言視舎の杉山尚次さんに巡り合えたからだ。

杉山さんは、驚いたことに大学の後輩である。出版という世界で、弘前大学という地方大学の出身者と出会うことはめったにない。しかも、杉山さんは「事情通」であり、目効きの、良い仕事を既にたくさんされている編集者で、かつ、経営者だった。

一時は「自費出版も」と考えていたぼくは、この「斉藤―杉山」という青森人脈で（杉山さんは東京出身のシティボーイなのだが）たすけられた。お二人には、まったく感謝する言葉もない。「訊き書き」は、その過半が僕の個人的な営みで、時間の制約その他から「録音」「編集」という正規の段取りをふんでいない。「脳内編集」によるその再現を寛大な気持ちで受け容れてくれた諸氏にも感謝したい。

なお、訊き書きの相手は僕の選択に依る。選択しながら実現しなかったケースもある。それらは縁の有る無しや、相手の辞退や、物故に依るものだ。

逆に、予想もしていなかった再会による訊き書きの実現もあった。かつての仲間であり、一時期「敵対者」でもあった蟻塚亮二氏との出会いは、被災地、沖縄、そして国際的な水準での精神医学界の最前線というホットスポットにおける氏の活躍と共に、嬉しい。

大げさな言い方だが、この本をまとめられたことで、今はひとつ肩の荷を下ろせたような気がしている。が、もちろん、肩にはまだいくつか、下ろしたい荷物がある。その重さを、表現者のはしくれとして僕はむしろ心地良く感じている。

二〇一八年九月、記。

革命とサブカル　戦後略年表

１９４５年　日本ポツダム宣言受諾／１９４６年　日本国憲法公布
１９４７年　※安彦良和生まれる／１９５０年　朝鮮戦争勃発
１９６０年　日米安保条約改定、安保闘争／国民所得倍増計画決定
１９６５年　ベトナム戦争激化／ベ平連初デモ
１９６６年　中国で文化大革命／※安彦、弘前大学に入学
１９６７年　佐藤首相、訪ベトナム阻止の羽田闘争で京大生死亡
１９６８年　佐世保エンタープライズ寄港阻止闘争／国際反戦デー・新宿騒乱事件／全国に学園闘争拡がる／チェコ「プラハの春」にワルシャワ機構軍が侵攻
１９６９年　東大安田講堂攻防戦／全国全共闘結成／弘前大学全共闘本部を封鎖
１９７０年　日航「よど号」ハイジャック事件／日米安保条約の自動延長／沖縄でコザ暴動／※安彦、虫プロに入社
１９７１年　成田空港建設で強制代執行／ドルショック
１９７２年　連合赤軍事件／沖縄県本土復帰／テルアビブで銃乱射事件
１９７３年　石油ショック、狂乱物価
１９７４年　三菱重工ほか連続企業爆破事件
１９７５年　ベトナム戦争終結
１９７７年　三里塚闘争激化／日本赤軍がハイジャック、「超法規的措置」で獄中の6人出国
１９７８年　成田空港管制塔突入闘争、5月同空港開港
１９７９年　米中国交樹立／ベトナムがカンボジアに侵攻／中越戦争勃発／イラン革命／第2次石油危機／ソ連、アフガニスタンに侵攻／アニメ『機動戦士ガンダム』※安彦『アリオン』で漫画家デビュー
１９８０年　イラン・イラク戦争

1985年　中曽根首相、戦後政治の総決算を主張／日航ジャンボ機墜落／プラザ合意
1987年　国鉄分割・民営化
1989年　昭和天皇死去／消費税スタート／中国、天安門事件／独、ベルリンの壁崩壊／※安彦アニメ界を引退
1990年　イラク、クウェートへ侵攻／東西ドイツ統一
1991年　バブル経済崩壊、地価下落「平成不況」／湾岸戦争／ソ連崩壊
1992年　PKO協力法成立／※安彦『ナムジ』で日本漫画家協会優秀賞
1995年　阪神・淡路大震災／オウム真理教による地下鉄サリン事件／沖縄で日米地位協定の見直しを要求する県民総決起大会開催
1997年　拓銀破綻ほか金融危機／アジア金融危機
1998年　北朝鮮、テポドン発射実験
2000年　大店法廃止／※安彦『王道の狗』で文化メディア芸術祭優秀賞
2001年　小泉首相登場／米で同時多発テロ／米、アフガニスタン空爆
2002年　小泉首相北朝鮮訪問、拉致被害者5人が帰国
2003年　欧州連合（EU）誕生
2006年　北朝鮮、地下核実験
2008年　リーマンショック、世界同時不況へ
2009年　民主党へ政権交代
2011年　東日本大震災、東京電力福島第1原子力発電所事故／エジプト、アラブの春
2012年　自民党政権復帰
2013年　2020年夏季オリンピックの開催都市が東京に決定／特定秘密保護法成立
2015年　安全保障関連法成立／パリで同時多発テロ事件
2016年　天皇「退位」表明／英、国民投票でユーロ離脱決定／米国大統領にトランプ

（参考　『明日がわかるキーワード年表』細田正和・片岡義博、彩流社）

安彦良和（やすひこ・よしかず）
1947年北海道生まれ。66年弘前大学入学、学生運動の結果、除籍。上京後、アニメーターとなり「機動戦士ガンダム」「巨神ゴーグ」を生み出し、のちに漫画家に転身。作品『アリオン』『クルドの星』『ナムジ大國主』『虹色のトロツキー』『王道の狗』『天の血脈』『ヤマトタケル』『機動戦士ガンダム THE ORIGIN』ほか、著作『原点 THE ORIGIN』（岩波書店）ほか。

イラスト………安彦良和
装丁………山田英春
DTP制作………勝澤節子
編集協力………村山加津枝、植野郁子、田中はるか

革命とサブカル
「あの時代」と「いま」をつなぐ議論の旅

発行日❖2018年10月31日　初版第1刷

編著者
安彦良和
発行者
杉山尚次
発行所
株式会社言視舎
東京都千代田区富士見2-2-2 〒102-0071
電話 03-3234-5997　FAX 03-3234-5957
http://www.s-pn.jp/
印刷・製本
中央精版印刷㈱

ISBN978-4-86565-130-0 C0036
JASRAC 出 1810917-801